大是文化

U0021060

無字史記

沒有文字佐證的年代，
怎麼證明歷史存在？基因可以！
史學與生物學合作，解開華夏文明之謎。

歷史暢銷書作家、《世界遺產》雜誌前主編
波音 著

目錄

第四章

草原之路，激發東亞文明的傳輸帶 149

第五章

西域爭雄，間接導致中國換朝代 207

第六章

漢匈百年爭霸，西域族群大融合 243

第七章

人口南遷，走向南方，走出中國 273

第八章

跨越滄海，基因就這樣飄向遠方 307

推薦序一

沉默的歷史，追尋祖先的起源

「即食歷史」臉書部落客／seayu

當我拿到書稿時，覺得這本書取名很好。《無字史記》——「無字」卻又是「史記」，我起初覺得很矛盾，看後卻又恍然大悟。

今天人類遍布全球，已被看作是理所當然的事。人類文明誕生已有數千年歷史，為了理解人類過去歷史，歷史學家和考古學家透過研究古代文明的歷史紀錄，並以挖掘出來的遺跡和文物作為佐證，便得出舊時社會面貌和發生的歷史事件。

然而，人類誕生在地球後的歷史卻是以十萬、甚至百萬年計。若想了解這些還沒留下任何文字紀錄的史前人類——人類祖先時，又能夠依靠什麼呢？

答案其實一直埋藏在泥土裡，準確來說，是隱藏著答案的無字謎題。

我們遠古的祖先究竟長成怎樣？現代智人的起源在哪裡？祖先又是如何掌握今天我們用以果腹的糧食？分散各地而沒有運輸技術的遠古人類，其實是不是早已有頻密交流？人類如何從原始走進文明的黎明？這些都是我們追尋根源必須回答的問題。在過去一百年，隨著科技日新月異，先進工具終於幫助我們解開越來越多的史前人類謎題。

有趣的是，我們自身就是那些無字謎題的答案。

無論現在離遠古的祖先有多遙遠，我們體內都帶著由他們代代傳承下來的訊息，也就是基因。基因工程的出現，讓我們獲得研究自身基因由來的能力。透過比對考古學家挖掘出來的遠古人類骨骼化石和現代人類中的基因，便可以知道當初生活在原始大地的那群人類祖先究竟是誰，究竟從何而來。

不只這樣，伴隨著人類骨骼化石出土的動物和植物化石，同樣告訴我們遠古的人類祖先如何一次又一次的成功突破，留下寶貴的農業和畜牧技術給後世。他們雖無法透過文字告訴後人當時的成就，但遺留下來的生活痕跡，卻成為我們了解自身起源的寶貴線索。

《無字史記》把多年來歷史學家、考古學家、科學家和基因工程師等，跨學界的專業學者觀察和分析所得，編織成一部史前人類開拓史。生於現代的我們，能認識久遠而沒有文字和語言的原始時代，繼而追尋祖先的起源。

推薦序二

留取基因照汗青

國立清華大學分子與細胞生物研究所助理教授／黃貞祥

華夏文明幾乎是唯一進入信史時代（按：作為與史前史相對的概念，係指人類用文字記錄歷史的時代）後，歷史紀錄幾乎從古迄今從不間斷的地球文明。

官方和民間對記錄各種大小事件，可說有極深的執念，從獸骨、龜甲到青銅器，從竹簡、布帛到紙張，華夏民族無所不用其極的想功標青史。不僅官方要修正史，史家如司馬遷和司馬光，也為所編撰的史書付出巨大的個人代價。

然而，浩瀚如《史記》和《資治通鑑》的巨著，因當初各種史料的收集和整理不易，加上體量龐大，無不出現一些細節處的前後矛盾；加上不少名詞在不同朝代的更迭中產生了變化，讓後世產生了誤解；還有對異族過於籠統的泛稱等，讓人難以搞清楚，那些深刻影響中華文明的其他民族更豐富多彩的內涵。

還好，除了記錄在獸甲或史冊上的文字，還有另一種文字可以讓我們用來還原歷史事件，那些文字基本上只有四個字母，就是構成DNA的ATGC（按：構成DNA雙螺旋結構的四種分子，提供遺傳密碼）。歷史檔案或文獻，在傳抄的過程中，不免會有失誤，不少史學疑案可能就此而來，可是DNA在複製的過程中，無可避免產生的突變，卻給了演化生物學家機會來追蹤它們的流向，利用現在基因變異的分布，對照古DNA的資料，重建出各種文明要素，如人種、人口、民族、農作物、牲畜等的起源與流傳。

科普作家波音在這本《無字史記》中，就深入淺出的帶領我們一探利用DNA的研究，對於華夏文明許多重大的歷史進程，提供了多少更豐富多彩的洞見。即使我清楚的知道史料的侷限和偏見，這本《無字史記》帶領我們進入的古人世界，仍比我原先想像的宏大！補足了我們過去幾乎完全依賴文字史書的知識。認識到各種事物更複雜和豐富的面向。

《無字史記》的許多案例，都一而再、再而三讓我們見識到，一個文明無論生長的土地有多優越，民族對自己的文明多麼有自信，在歷史長河中，要維持活力的方法，是透過源源不絕的交流！

許多在華夏文明發揚光大的器物之起源甚至遠在他方。我們真的不需要發明輪子好幾次，只須青出於藍就好。

這本好書有諸多過去歷史教科書還未寫入的案例，正為我們一再揭示文化交流如何成為我們優異的文化基因，並且見識到故步自封的悲慘下場。這在疫情蔓延和國家之間大動干戈的年代，尤其需要引以為戒啊！

推薦序三

讀一本無字史書的新方法和新結果

國立成功大學考古研究所特聘教授／劉益昌

這本書以現代中國所處空間為中心，書寫其歷史發展過程，可說是以中國為核心的人類歷史故事。作者用最新的生物基因當主軸，重新詮釋整體人類的歷史文化發展，相當成功的說明現代科學研究的觀點，尤其是農業發展以來的觀點。相當程度上，可以扣合一九六〇年代以來，考古學者張光直先生所提倡的「華北農村生活的黎明與人群擴張的基本架構」。

作者在前言和後記中，清楚敘述當代的基因研究，對於我們了解祖先文化來源所具有的重要意義，也明確的告訴我們，全世界所有人類都是從非洲出發的現代智人、尼安德塔人及丹尼索瓦人混血的後代。現代人類都是同一種人，雖然有早晚先後，但並沒有進步原始之分。作者透過基因研究，解釋人類來源應該是一元的，這比多元共構的想法要符合實情。

透過當代基因研究，作者不但解析從直立人以來，化石人類的來源以及可能的演化模式，重新詮釋一百多年以來古人類化石發現的爭議，更清楚的說明，遠在東亞的直立人可能陷入的塔州（按：見六十一頁註8）技術悲劇而消亡，自然不會是現在中國人的祖先，破除了多年的迷思。

對於現代智人從非洲經歷三次向外遷徙，終至於布滿全世界的過程，透過基因研究給予清楚的解析，而這些內容，其實都在鋪陳作者在最後結語上，所談到的人類基因混同的過程。

此外，藉由分析基因與文化，更清楚的解說到了冰後期，結束寒冷天氣、開始農業以後，今日中國境內不同族群的文化來源與演變。其中非常重要的概念，就在於透過不同的文化交流所帶來的基因交流，解釋現代人所擁有的基因複雜性以及互動狀態。

作者在書中言簡意賅的敘明，基因研究所能夠解釋的人類文化發展，是一部非常值得推薦的科普著作。

當然其中不可能面面俱到，也有一些部分和現在學術界的研究並不完全契合。基本上，當代的學術研究都屬於丁豆細碎的研究成果，不過作者竭盡所能的引用、消化資料，將這些細碎的研究成果，書寫成一部令人讀來絕不枯燥乏味的科普著作，可說令人佩服。

至於本書對於臺灣的描述，也許是臺灣學者不夠努力，所以沒能提供作者足夠的資訊，因而無法書寫成令人滿意的篇章，這是略有缺憾之處。也許臺灣的科普作家應該仿效本書作者，細膩的寫下臺灣所見到的人類文化發展過程，讓整體內容更加豐富。

序言

史學、考古學、分子生物學首度跨界合作

周口店[1]北京猿人[2]是不是我們的直系祖先？如果非洲現代智人才是我們的祖先，為何我們的膚色不是黑色？哪些馴化的動植物是土生土長，哪些又是外來？牠們給中國祖先帶來什麼影響？各個族群如何誕生？他們在中華大地上如何遷徙？世界各地的族群與我們有親緣關係嗎？

基因知道以上這些問題的答案。

歷史學家有一個煩惱，越回溯過往，能找到的史料越少，也越難揭示歷史的真實

1　該地區位於中國北京西南部，因在這裡發現大量北京猿人的化石，而設為周口店北京人遺址。其遺址於一九八七年被登錄為世界文化遺產。

2　又稱北京人（學名為 *Homo erectus pekinensis*）、北京直立人。

面貌。這個煩惱同樣折磨著考古學家，他們面對沒有文字材料出土的考古遺址時，經常感到困惑：這個遺址到底對應史書中記載的哪個族群、哪個城鎮？

相比前兩者，古人類學家更容易發出「我太難了」的哀嘆，因為他們面對的，是文字還沒有被創制出來的史前時代，不論是遠古化石還是石器，都不會留下隻言片語。

偏偏對人類歷史來說，很多影響深遠的事件都發生在有文字記載前。例如，古人類數百萬年間進化與遷徙的歷史，幾乎都隱藏在無言無字的迷霧之中，只能依靠鳳毛麟角的遺物略窺一二。人類主要的農作物、馴化家禽家畜、發展出航海技術、製陶技術、冶金技術、建築技術等，都是在文字發明前就誕生了，很多時候，後人只能在傳說故事中胡亂寫上一個名字，作為這些技術的發明人，不能當真。

再往後，即使進入了文字時代，海量資訊仍然沒有被記錄下來，或者記錄了，但在幾千年的歷史長河中遺失，「焚書坑儒」即是典型事例。更有甚者，並不是每個古代記錄者在寫作時都能認真負責。有些古人出於某些目的，故意篡改和偽造歷史，比如成王敗寇，讚美勝利者，貶低失敗者。

除了真偽難辨的文獻資料和沉默不語的考古證據，難道沒有辦法觸摸更多真實歷史嗎？

一九八〇年代以來，科學領域上演一場神奇的跨界大戲，分子生物學闖入原本屬於古人類學、歷史學與考古學的領域，以古今人類和動植物基因為樣本，透過分析與比較基因，揭示過去常規研究方法無法涉足的歷史真相，尤其是提供史前時代古人類遷徙歷史的細節。

為什麼基因能揭示歷史？分子生物學家如何做到？

簡單的說，生物基因在不同代之間既有遺傳，也有少量的變異。**透過比較基因，可以得知不同人、不同人群之間的遺傳關係是近是遠，兩者的共同祖先大概出現在什麼年代。**這樣，同一時代的不同人群之間就建立聯繫，不同時代的古代人群與現代人群之間也建立了聯繫。

比如，人類的Y染色體上的基因從父系遺傳，一代代的父親傳遞給自己的兒子；一種細胞器（粒線體）上的基因是母系遺傳的，一代代的母親傳遞給自己的女兒。因此，透過比較Y染色體，我們知道同一時代不同男性之間的親疏遠近，從而知道古代男性與現代男性之間的遺傳關係，進一步推測歷史上男性群體的遷徙過程。母系遺傳的粒線體基因也有類似的規律。

由於許多動植物的馴化和傳播，與特定的古代人群及其遷徙有關，因此馴化動植物基因的研究，也能揭示大量的人類歷史資訊，特別是關於古代農業、畜牧業、游牧業等資訊。

就這樣，分子生物學涉足歷史學，分子生物學家變成歷史學家。

筆者讀大學時，老師曾經說，當文化大革命結束後，下放勞動的老一輩地質學家回到學校時，發現地質學的理論完全變了，板塊構造學說重構整個地質學理論體系。一九九〇年代，人類單一起源的「走出非洲說」進入大學課堂，以基因研究為基礎的人類起源與遷徙，該新學說震撼古生物學、考古學和歷史學界。分子生物學的跨界打擊，重塑了史前歷史乃至整個人類文明史領域，其影響不亞於板塊構造學說對於地質學的影響。

過去學者對比研究古人類骨骼、石器、陶器等，其成果雖然也很有價值，但在分子生物學視角下重新檢驗與詮釋後，很多過去的研究成果可能被證明有效、準確，但也有相當多的研究成果，已經或將要被證明是錯誤的。

在古代史書和考古遺址之外，分子生物學家又翻開了一本「無字史記」，並翻譯上面的基因密碼，使我們對人類歷史有了新的認識，能更了解祖先的起源、進化、遷徙和日常生活。

除了基因研究，微量元素和同位素分析也實現跨界，這些新科學手段已廣泛應用於人文學科中，並取得許多新發現。因為人類和動植物活著時，會從環境、食物中吸收特定的元素，從而在死後的骨骼、牙齒、莖稈上留下元素資訊。透過這些資訊，科學家能推測他們和他們過去生活的環境、所吃的食物或吸收的營養成分，這些都是歷史。

運用基因、元素等高科技手段，來研究古人類、考古、歷史最大的好處，可能就在於它們的真實性。**史書是古人寫的，內容可能會因有人隨意取捨、記憶有誤或故意偏離歷史真實，但基因、元素的研究是科學，以客觀而非主觀的科學事實和科學數據得出結論**。科學還可以檢驗，用重複性的操作來檢驗前人的研究成果是否準確、正確，從而降低了人為造假的可能與危害。

經過幾十年的摸索，以分子生物學為代表的高科技手段，正成為人文學科中的高精尖[3]武器，並積累大量的成果。關於解讀人類祖先的「**無字史記**」內容已足夠豐富，**上面記載了關於祖先的物種起源、族群遷徙、生產生活乃至文化脈絡的大量生動故事**。

現在，就讓我們翻開本書，閱讀有關祖先的新鮮歷史，展開以基因為導航的尋根之旅吧。

3 高級、精密、尖端的技術或產品。

第一章

人類起源在東非，但誰跟誰才是親戚？

一九二九年，初冬的龍骨山[4]一片蕭瑟，百草枯萎、樹葉凋零。一些人在小山丘上正奮力挖掘著，似乎在尋找什麼寶貝。

他們是當時的中國地質調查所、北京協和醫學院派出的考古隊，在北京房山周口店地區（見圖1），尋找第四紀地層中的古生物化石，而且，考古隊負責人心存一絲希望：「要是找到古人類的化石，就能造成轟動了」。

突然，考古隊隊員在挖掘時找到一個小洞，洞口十分狹窄，僅容一人出入。當時的現場負責人是考古學家裴文中，他進入洞中之後，發現裡面竟有許多動物

圖1　1929年，中國考古隊在北京房山周口店地區發現古人類——北京猿人的頭骨（圖片取自維基百科）。

化石。裴文中看出這些化石的科研價值很高，於是帶領大家在寒風中繼續挖掘。十二月二日下午四點，天色漸暗，但考古隊點起蠟燭繼續挖掘。就在這時，裴文中興奮的大叫：「是猿人！」大家圍攏過來一看，果然地面上露出一個猿人頭蓋骨的一部分。

沒有人想停下來，大家連夜挖掘，直到挖出這個猿人頭蓋骨。這一夜，所有考古隊隊員都在激動中度過。第二天一早，裴文中就派人把發現猿人頭骨的喜訊，報告給北京城內的地質調查所。幾天後，裴文中用自己的被褥小心的包裹猿人頭骨，坐車把它護送到城裡。消息很快透過電報傳遍世界，中國北京地區發現了古人類頭骨化石！

「他／她會是中國人的祖先嗎？」

當時的考古隊能在周口店發現古人類頭骨，其實絕非偶然。

中國人經常把古代動物的遺骨——龍骨當作藥材出售，因此吸引許多研究古動物和古人類的國外專家，這些專家發現，有一些龍骨其實是珍貴的動物化石。

一九二一年，瑞典和美國科學家來到中國周口店，尋找史前動物化石。他們在當

4　位於中國北京市西南方向，即房山區境內。為太行山脈一支脈，在很早以前，就經常有村民挖出不少動物骨骼化石，所以被稱之為龍骨山。

地採石場人員的指引下來到龍骨山，並在山上地層中發現了一些石英[5]片，這些形狀獨特的石英片，顯然不是天然形成的，而是經過人類敲打。這個發現十分重大，科學家斷言，這裡一定有原始人類生存過。然後，他們在龍骨山挖掘出了一些動物化石，帶回瑞典的一所大學研究，並在一九二六年宣布，這些化石中，有兩顆原始人類的臼齒。

這個消息讓考古工作負責人之一、當時任職於北京協和醫學院的加拿大解剖學家步達生（本名為戴維森・布拉克，Davidson Black）（見圖2）十分興奮，他把那兩顆牙齒所代表的人類，命名為「中國猿人北京種」（Sinanthropus pekinensis）。科學界與大眾簡稱這種古人類為「北京猿人」。

很快又有學者發現，北京猿人化石和早年在印尼發現的爪哇猿人（*Homo erectus erectus*，又稱爪哇人）化石非常相似，於是將兩者歸入一個大類，命名為「人屬直立人」。直立人階段是古人類演化過程中一個漫長而重

圖2　步達生將在周口店挖到的兩顆牙齒所代表的人類，命名為中國猿人北京種。科學界與大眾簡稱這種古人類為北京猿人（圖片取自維基百科）。

要的階段。

但是，學術界普遍來說還是保持謹慎的態度，僅憑周口店發現的幾顆牙齒就定出一個重要的古人類新種，證據似乎不夠充分。於是步達生找來美國洛克菲勒基金會（Rockefeller Foundation）的資助，成立考古隊開赴周口店龍骨山。運氣降臨了，令世人震驚的北京猿人頭骨就這樣被發現了。

自一九二九年發現北京猿人的第一具頭蓋骨（見下頁圖3）後，裴文中的助手、古人類學家賈蘭坡繼續在周口店的挖掘工作，並在一九三六年十一月，連續發現三具北京猿人頭蓋骨。周口店地區經過多次考古挖掘，前後共出土六具北京猿人頭蓋骨、十二件頭骨碎片、十五件下頜骨、一百五十七顆牙齒及斷裂的股骨等，分屬四十多個男女老幼個體。考古學者同時發現十萬件石器材料及用火的證據，如灰燼層、燒石、燒骨等。

然而，剛展開北京猿人研究工作時，步達生卻「出師未捷身先死」，他患有心臟病，於一九三四年三月在實驗室猝然病逝。據說，他趴伏的桌子上，正好擺放著北京猿人和山頂洞人的頭骨。

5　一種物理性質和化學性質均十分穩定的礦產資源，是地球上大陸地殼第二豐富的礦物。

圖3　北京猿人頭骨在轉運過程中神祕失蹤，幸虧當時有保留其模型，才讓人們能繼續研究北京猿人（圖片取自維基百科）。

這一件事也許算是北京猿人研究中的第一次「劫難」。

在一九三五年春天，德籍猶太科學家魏敦瑞（Franz Weidenreich）應洛克菲勒基金會的邀請，風塵僕僕的趕到北京，他接替步達生開啟北京猿人化石的研究之旅。

魏敦瑞早年曾在德國多所著名大學擔任解剖學教授，但是因為其猶太人身分，他感受到來自德國納粹越來越強烈的威脅，便於一九三四年前往美國芝加哥大學，剛好與洛克菲勒基金會接洽上了。基金會當時正尋找一位能接替步達生的學者，而魏敦瑞的專長，是透過骨骼解剖學揭示靈長類動物的進化過程，他是非常合適的人選。就這樣，魏敦瑞結下了與北京猿人化石的緣分。

魏敦瑞對北京猿人化石的下頜骨、牙齒、

頭骨等進行系列研究，提出許多驚奇的觀點，包括他認為北京猿人可能存在「人吃人」的現象（見第六十八頁）。

目前看來，魏敦瑞對於北京猿人化石最大的貢獻，可能莫過於他對北京猿人化石「留了一手」。一九四一年的世界戰雲密布，太平洋戰爭一觸即發。魏敦瑞意識到情況危急，於是在返回美國之前，他讓助手趕製北京猿人頭骨模型。此後的故事大家就知道了，北京猿人頭骨化石原件在轉運過程中神祕失蹤，幸虧保留了頭骨模型，才讓人們能繼續研究北京猿人。

一九四一年，魏敦瑞回到美國後，在美國自然歷史博物館繼續研究人類進化問題，他研究周口店北京猿人、印度尼西亞爪哇猿人在內的多種古人類化石，提出從早期人類到現代人類的進化過程中，人類經歷了兩足行走、腦容量增大和面部縮小等重要變化的觀點。

那麼，現代中國人是不是從周口店北京猿人逐步進化而來？或者簡單的問，北京猿人是不是中國人的祖先？

魏敦瑞給出的答案是：是的。

一九四三年，魏敦瑞提出，現代中國人是北京猿人的後代，因為北京猿人頭蓋骨有很多與現代東亞人相似的特徵，比如平臉、高顴骨和鏟形門齒等。三年後，他出版

《猿、巨人和人》（*Apes, Giants and Man*）一書，把這個思想擴展到全球，提出人類起源的「多中心假說」。他認為現在的人類並非來自同一個源頭，原本生活在世界各地的古人類各自獨立進化，變成現在的不同族群。

人類的演化具有地域性，可以分成澳大利亞區、蒙古區、非洲區和歐洲區。其中，有一支是「巨人系統」，從遠古巨人依次演化為爪哇猿人、梭羅猿人（*Homo erectus soloensis*）、維傑人（*Homo wajakensis*），最後成為澳大利亞原住民，這一支古人類的演化是單向的，與其他地區的古人類演化無關；還有一支是中國猿人，從周口店古人類化石分析，他的頭骨顯示了一系列蒙古人種早期原始的特徵，因此周口店發現的中國猿人應該是蒙古人種的祖先，而現代中國人屬於蒙古人種；在歐洲發現的古人類尼安德塔人（*Homo neanderthalensis*），應該是當今歐洲人的祖先；如果非洲出土了古人類化石，他們應該就是非洲人的祖先。

同時，魏敦瑞還認為，在古人類的早期演化過程中，可能會人種混雜，所以中國猿人的特徵，也可能出現在現今其他人種身上。

魏敦瑞的巨人假說早已被證明是錯誤的。不過他對於周口店北京猿人的進化猜測——多中心假說，幾乎就是現今一部分古人類學家提出並堅持的「連續進化附帶雜交」假說的翻版。

受到魏敦瑞學說的影響，美國人類學家卡爾頓·庫恩（Carleton Coon）在一九六二年出版的著作《種族的起源》（*The Origin of Races*），更加系統的提出「多地區起源」假說：地球上所有的現代人可以分為五個種族，分別是高加索人種、蒙古人種、澳大利亞人種、非洲人種和開普敦人種（見圖4），他們是分別進化而來的，彼此間只有很少的基因交流。由於進化速度並不一樣，因此各個種族文明程度有所不同。

當時，在非洲已經出土非常古老的人類化石，庫恩對此的解釋，非洲大陸很可能是人類的發源地，但那裡只是人類的「幼稚園」，歐亞大陸才是人類的「學校」。人類的祖先很早就從非洲大

圖4　《種族的起源》提出多地區起源：現代人可分為五個種族，彼此很少基因交流。

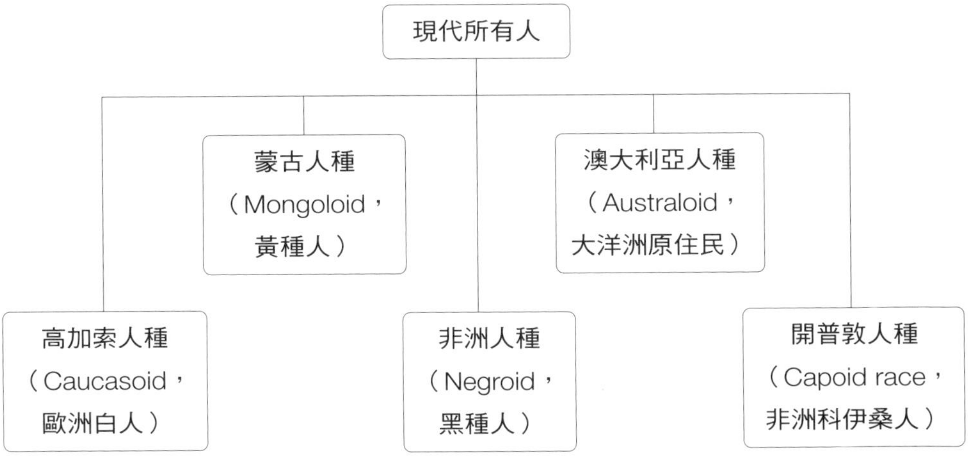

陸走出來，然後分別進化成現在的五個種族。他借用歐洲人使用的多杈燭臺，來比喻自己的假說：

五個種族好比是五根燭托，雖然共用一個基座，但很快就從根部開始分支了，各自進化成了現代人類。所以，多地區起源假說也被稱為「燭臺理論」。

庫恩的假說裡帶有種族歧視，因此一問世就遭到了人們的強烈批評。不過，他關於人類起源與進化的一些科學觀點，還是受到很多學者的重視甚至贊同。

此後，以中國學者為代表的一批古人類學家進一步發揚魏敦瑞、庫恩的科學觀點，提出連續進化附帶雜交假說。

簡單來說，連續進化附帶雜交假說，就是在「燭臺」的每支蠟燭之間，加上許多橫向的連接線，表示不同人種之間存在著或多或少的基因交流。魏敦瑞和庫恩提出的觀點「各地古人類分別進化為現代人類」，得到這部分學者的肯定和堅持。他們認為，東亞的現代人從東亞的遠古人類進化而來，歐洲和西亞的現代人從歐洲和西亞的遠古人類進化而來，非洲的現代人則是從非洲的遠古人類進化……我們可以通俗的稱呼這批學者為「化石派」。

自從周口店北京猿人被發現以來，世界各地發現了很多古人類化石，以及古人類使用的各式各樣的石器。**化石**派從這些發現中，找到若干關鍵性的證據來支持自己的觀點。其中**最有分量的證據，莫過於鏟形門齒和石器演化了**。

什麼是鏟形門齒？當你用舌頭舔兩顆上門牙的口腔內側面，是否感覺到自己的門牙兩側有略突出的棱？當你的舌頭在兩顆上門牙內側左右滑動時，是不是感覺走過一條M行的路線？

如果你的回答是肯定的，那麼你就擁有鏟形門齒，即你的上門牙像兩側卷起、中間平坦的鏟子。

據統計，**八〇％至九〇％現代中國人具有鏟形門齒**，這種牙齒特徵在東亞現代人和印第安人中比例非常高；現代歐洲人中只有一〇％具有鏟形門齒；在現代非洲人中，這一比例則是約一五％。令人驚奇的是，有學者搜集中國古代墓葬出土的古人牙齒資訊，發現除了新疆地區出土的牙齒外，中國其他地區的古人上門牙全都是鏟形門齒。

更令人驚奇的是，古人類學家發現，在中國發現的各個時期的古人類化石，只要是保存下來的上門牙，毫無例外的都是鏟形門齒。不論是號稱有一百七十萬年歷史的雲南元謀人（*Homo erectus yuanmouensis*），還是距今七十萬年前的周口店北京猿人，抑或是幾萬年前的河套人，都具有相同類型的上門牙。

一位支援多地區起源假說的學者感慨：「我真的想不出中國的生活環境中，有哪個因素會讓所有生活在這裡的人都必須有鏟形門齒，非鏟形門齒的人就很難生存下去，只能被淘汰。」因此，鏟形門齒的特徵似乎只能透過中國的古人類一代代遺傳，最終遺傳給現代中國人。也就是說，中國古人類經過漫長的進化過程，變成了現代中國人。

化石派的另一個重要證據，來自古人類製作和使用的石器類型。

追憶往昔，遠古人類剛剛與其他猿類分道揚鑣，成為一個新的物種時，其技術水準並不比那些黑猩猩鄰居強太多。他們能製作的，僅限於粗淺的利用石頭和木頭製作而成的工具。

距今三百三十萬年前，在今東非肯亞境內，古人類利用一些簡單的石核和石片，打造出了最早的石製品，砍砸器（chopper）（見圖5），能用於砍和砸，使狩獵、採集活動和食物加工活動變得更加有效率。這就是古人類石器時代開始時的狀態。古人類學家把這個時期的石器技術叫作模式1（Mode 1），或者按照專業術語，叫作奧杜威工業（The Oldowan Industry）[6]。

模式1經歷了漫長的一百多萬年的發展，到距今一百七十萬年前，東非的古人類終於有了重大

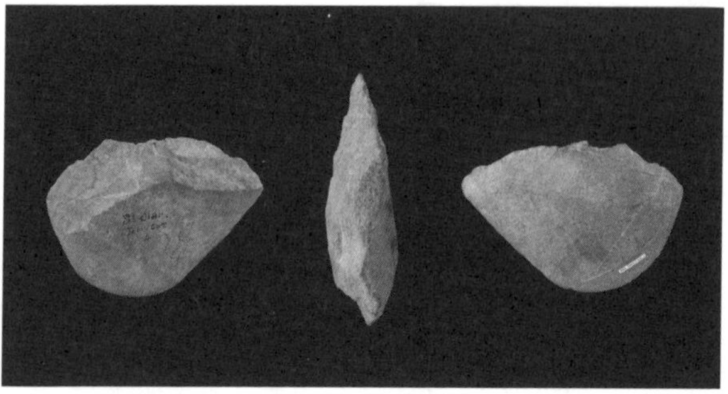

圖5　砍砸器是古人類利用一些簡單的石核和石片，做出的最早石製品（圖片為Didier Descouens所有，CC BY-SA 4.0）。

的技術革新，他們的石器製作技術略微精湛了一些，能打造出很多種類的石器，特別是一種兩面對稱、外形修長、一端尖銳而另一端寬厚的手斧，握在手中，簡直是「居家旅行、殺人越貨」的必備武器。當然，那時候手斧主要用於狩獵野獸，而不是自相殘殺。按照專業的說法，這個時期屬於模式2（Mode 2），古人類所擁有的技術叫作阿舍利工業（The Acheulean Industry）。

又是漫長的一百多萬年之後，到距今五十萬年前，古人類再次厚積薄發，製作出了更為先進的石器，其中一種典型的石器形式是棱柱狀的石核，實用且便於攜帶。關於這些石器的最早誕生地是哪裡，學界還存在爭議，大概出現在南非、東非或亞洲西部地區，這就是模式3（Mode 3），這種技術的專業說法叫莫斯特工業（The Mousterian Industry）。

總結上述幾百萬年的石器技術發展歷史，我們看到在東非及其周邊，石器技術不斷革新。那麼，在漫長的史前時代，東亞地區的石器發展如何？

6　奧杜威，取自坦尚尼亞的奧杜威峽谷遺址。在該峽谷的遺跡中，發現早期能人的遺跡和遺骨化石，因此有時這裡被稱為「人類的搖籃」。

說來有點慚愧，東亞的石器似乎早在距今一百七十萬年前就出現了，那個時期的石器當然是以模式1為主。

但是，當東非那邊依次出現模式2和模式3時，東亞古人類依然慢條斯理的擺弄著自己的砍砸器。古人類學家做過一次石器統計，發現直到距今六萬年前，中國境內幾乎還沒有模式3的蹤跡。縱觀舊石器時代或說打製石器的時代，包含中國在內的東亞地區，似乎孑然獨立於東方，自從距今一百七十萬年前模式1石器輸入進來後，石器技術就一直獨立發展，如此漫長的時期幾乎不與西方世界發生技術交流。

石器技術由古人類創造、繼承和發展，那麼東亞石器技術的孑然獨立，對於古人類意味著什麼？

化石派學者認為，這代表東亞古人類是獨立進化的，幾乎不或偶爾與世界其他地區的古人類雜交。那些從距今一百多萬年前起，就揮舞石器砍砸動植物的東亞古人類，應該就是現代東亞人的祖先。

有了牙齒和石器演化的證據支持，再輔之以其他一些證據，化石派的觀點似乎是板上釘釘的事實了。

全人類共同的老祖母，粒線體夏娃

然而，正如今天網路時代的人們經常說的那句話：「打敗你的不是對手，而是跨界」，**撼動化石派觀點的力量，並不是來自古人類學界，不是來自新的牙齒證據或者新的石器證據，而是**來自一個意想不到的領域——**分子生物學**。

一九八七年一月，美國博士麗蓓嘉・肯恩（Rebecca Cann）和她的同事們在英國權威科技期刊《自然》（*Nature*）上發表了一篇論文〈粒線體ＤＮＡ和人類進化〉（*Mitochondrial DNA and Human Evolution*）。論文的主要觀點是：**人類起源地只有一個，這個起源地很可能在非洲**，起源時間在距今二十萬年內。今天所有的現代人都來自一個共同的女性祖先。

在當時，這個石破天驚的發現，是分子生物學界對古人類學界的一次顛覆性的「跨界打擊」。如果這篇論文的觀點是對的，那麼古人類學家關於人類起源與進化的整個理論體系，都得重新改寫。

讓我們先來看看這場跨界打擊在科學上是如何發生的。

從分子生物學看，人體大約包含一百萬億個細胞，每個細胞裡都含有一種叫作粒線體的細胞器，它位於細胞核外的細胞液中。我們吃進肚子裡的營養物質，比如糖類、脂肪等，最終是在粒線體中被氧化，釋放出能量，供人體細胞使用。簡單的說，粒線體就是人體細胞的「能量工廠」。

我們在國中學到，人體的遺傳物質位於細胞核裡的染色體上，大量的基因排列在染色體的雙螺旋結構上。其實，粒線體中也含有少量的遺傳物質——粒線體DNA。而且我們還知道，一個人類生命的誕生，首先是從精子與卵細胞結合開啟的。

換句話說，粒線體來自母親的卵細胞，而不是來自父親的精子（其實精子也含有少量的粒線體DNA，但是在受精過程中被分解掉了）。因此，粒線體DNA是孩子從母親一方繼承下來。於是，分子生物學家可以透過比較人們的粒線體DNA，分析人們之間母親一系的親疏遠近，進而追溯人們母親一系的祖先情況。

肯恩從世界各地不同人群的人體胎盤中，搜集一百四十七份粒線體DNA樣本。選擇人體胎盤提取材料，是因為胎盤裡含有豐富的粒線體DNA。肯恩發現，透過所有樣本的粒線體DNA追溯其所有者的母親，最後都匯聚到唯一的一位女性祖先那裡，不論現在擁有粒線體DNA的人居住在世界的哪一個角落，他們都是這位女性祖先的後代。

當時的媒體借用《聖經》中最早的人類女性夏娃的名字，把這位女性祖先叫作「粒線體夏娃」（Mitochondrial Eve）。關於這位粒線體夏娃，肯恩從遺傳物質裡讀出了很多資訊。

比如，粒線體夏娃生活在地球的哪個角落？

如果我們向水池裡丟下一塊石頭，蕩起的漣漪會一圈圈的向周圍擴散。即使我們沒有看到石頭在哪兒落水，我們也能根據水池漣漪的形狀，判斷石頭落水的位置在這些漣漪的圓心。判斷粒線體夏娃的生活地點，與透過漣漪判斷石頭位置的原理類似。

展開點說，人類基因在每一代向下遺傳的過程中，偶爾會發生基因突變，使後代與祖先的基因略有不同。從原理上來看，後代與祖先間隔的輩分越多，基因突變所導致的遺傳差別就越大。

若我們假定遠古時期每一代人類的壽命差不多長，那麼可以粗略的認為，後代距離祖先的時間越久，積累起來的遺傳差別就越大，最外圈的「漣漪」與最中央的「漣漪」的遺傳差別最大。

粒線體DNA的遺傳過程就是如此。一代代母親把自己的粒線體DNA傳給孩子，這個過程中也會發生基因突變，於是後代就具有各自的基因多樣性。根據現代人群各自的基因多樣性的比較，分子生物學家不僅可以判斷現代人群的親疏遠近，還可以回溯其女性祖先的生活地點和生活時間。

肯恩發現，現代人群的基因多樣性並不一樣：非洲現代人的基因多樣性最豐富，亞洲現代人和歐洲現代人次之，美洲現代人的基因多樣性最少。這個現象不僅可以讓她判斷不同現代人群的親疏遠近，還讓她了解，**現代人群具有一個共同的女性祖先，這位祖先的生活地點，就在基因多樣性最豐富的那個人群生活的地方——非洲大陸。引發層層漣漪的那塊石頭（女性祖先），最初落在非洲。**

這位全人類共同的老祖母——粒線體夏娃，生活在什麼年代呢？

在揭曉答案前，讀者們不妨猜一猜，老祖母生活在距今五百萬年前、距今一百萬年前、距今五十萬年前還是距今十萬年前？哪一個資料最接近事實？

人體的基因突變雖然很罕見，但從長期來看，突變發生的速率基本上是固定的。每一代人與上一代人相比，平均約有三十個基因會發生突變。粒線體ＤＮＡ的基因數量遠比細胞核裡染色體上的基因數少。

只要我們知道基因突變發生的速率，然後估計出每一代人與上一代人的年齡差，就可以計算粒線體夏娃生活的時間。

肯恩在論文中估計，粒線體夏娃生活的時間是距今十四萬年前。而**今天所有現代人，都是距今十四萬年前生活在非洲的一位女性祖先之後代**。

別誤會，這並不是說那時的地球上只有一位女性人類生活著，當時一定還有很多女性存在，是我們這位粒線體夏娃的「閨蜜」，只是很遺憾，這些閨蜜的女性後代都沒能延續到今天。

打個比方。假設在一千四百年前的唐朝長安城附近有個小村莊，住有十戶人家，每家都有自己獨特的羊肉泡饃[7]配方，而且配方傳女不傳男，由母親口頭傳給女兒。在一千四百年的漫長歲月中，某些家庭在某一代也許只生兒子，沒有女兒，於是這些家庭的羊肉泡饃配方就徹底失傳了。最後只剩下一家不僅代代有女孩出生，她們還一直保留著祖先的羊肉泡饃配方。即使這些女孩出嫁，也會帶著自家的羊肉泡饃配方，並傳授給自己的女兒。

當然，由於個人口味不同、原材料發生變化，或某幾代的女人改動配方，所以不同代的主婦鍋裡的羊肉泡饃味道可能都不太一樣，不過她們可以保證，鍋裡面都是羊肉泡饃，而且保留了最原始的配方的一些成分。

粒線體夏娃就是生活在一千四百年前的唐朝小村莊裡，掌握著配方的那位主婦；羊肉泡饃配方，就像是粒線體ＤＮＡ；配方的改動之處，相當於基因突變之處。

7　中國西北流行的一種小吃，各地做法有所不同。

周口店北京猿人並非中國老祖先

已經找到了「夏娃」，我們還能找到「亞當」——現代人類共同的男性祖先嗎？能，只是有點難。國中課本告訴我們，人的性別由性染色體決定，女人的性染色體是兩條X染色體，而男人的性染色體由一條X染色體和一條Y染色體組合。人體內的粒線體DNA「傳女，不傳男」，而Y染色體的基因恰好是「傳男，不傳女」。因此，要追蹤全體現代人的共同男性祖先，就要從Y染色體上的基因入手。不過，Y染色體上含有的遺傳物質，比粒線體裡含有的遺傳物質龐大很多，尤其是在二十世紀的生物科技條件下，分析裡面的基因更加困難。

於是直到二〇〇〇年，也就是在粒線體夏娃被發現十三年後，科學家才找到了「Y染色體亞當」。與粒線體夏娃一樣，這位現代人類的共同男性祖先也生活在非洲大陸，而且他與非洲的一個族群——科伊桑人（Khoisan）的基因最接近，這說明他曾經生活在科伊桑人的一個遠古的群體中，時間是大約六萬年前。

與粒線體夏娃的情況類似，Y染色體亞當生活的時代，也存在很多其他男性「哥們兒」，只是這些哥們兒都沒能留下男性後代到今天。

我們現在回到周口店北京猿人的話題。

根據以上分子生物學的發現，人們得到一個重量級的推論：周口店北京猿人並不是現代中國人的祖先。因為周口店北京猿人的生活時代太久遠了，遠比粒線體夏娃和Y染色體亞當更加古老。

為了獲得周口店北京猿人的年代資料，科學家最初從地層和地層裡含有的古生物化石入手。觀察野外山間或河邊的陡崖，我們發現，岩石和土壤都是層層疊疊的。因為不同層的岩土在不同時期形成並沉積下來。一個地質學裡有個規律叫上位定律（Law of superposition，又稱疊置定律）：年代久遠的地層會被埋在下面，年代較近的地層會分布在上面。

不同地質歷史時期，生活著不同種類的動植物，牠們死後會與同時代的岩土共同形成地層。一般來說，古老的動植物遺骸會分布在古老的地層裡，而較新的動植物遺骸，則會分布在較新的地層裡。這個規律叫作「化石層序律」（Principle of faunal succession）。

這兩個規律是判斷一種生物（包括古人類）生活年代的重要手段。

一九七〇年代末，科學家仔細研究周口店北京猿人遺址的地層分布，及地層裡包含的生物化石。在周口店北京猿人生活的時代和區域，還生活著各種各樣的古生物，比如很古老的劍齒虎、中國貉、周口店犀、三門馬、居氏大河狸，不太古老的納瑪古菱齒象、燕山犀、腫骨鹿、洞熊、中國鬣狗，以及較新的物種如狼、褐熊和許多小型齧齒類動物等。根據這些訊息，科學家判斷，周口店北京猿人生活的時期在距今五十萬年前至四十萬年前。

到二十一世紀，科學家有了更加先進的測年手段，他們可以用化學上的同位素含量來測年。所謂同位素，是指原子核裡質子數相同而中子數不同的元素，互為同位素。例如，氧元素有氧－16、氧－17和氧－18三種同位素，數字代表了所含有的中子數。

有些同位素有放射性，在動物死亡後，體內的某些同位素會穩定的轉變成其他同位素。於是，科學家可以根據死亡動物遺骸中的同位素比例，來推算動物生活的年代。

科學家採集了周口店北京猿人遺址裡的岩石和石器樣品，經過反覆測定同位素，得出結論：**周口店北京猿人最早生活的年代在距今七十七萬年前，資料誤差八萬年**。距今七十多萬年前，地球正好處於一個相對寒冷的時期，因此人們對於周口店北京猿人對寒冷環境的適應能力及人工取火的能力，有了更高的評價。

在周口店北京猿人遺址中發現的最晚的古人類活動痕跡，是在距今二十三萬年前留下的。也就是說，從那個時代往後，周口店北京猿人就從周口店永遠的消失了。

周口店北京猿人生活在距今七十七萬年前至二十三萬年前，而現代人的共同女性祖先生活在距今十四萬年前，共同男性祖先生活在距今六萬年前，他們之間沒有時間交集。根據這些年代資料，**周口店北京猿人不可能是中國現代人的祖先，他們的後代沒能存活到今天。**

分子生物學的人類進化觀點，被稱為走出非洲假說，它挑戰多地區起源假說和後續的連續進化附帶雜交假說，我們可以把支持前者的學者稱為「基因派」，他們與化石派在人類進化上孰是孰非呢？

分子生物學家要想真正駁倒那些堅持多地區起源假說，或連續進化附帶雜交假說的古人類學家，就必須對後者提出的證據，做出合理的解釋，特別是對於鏟形門齒和石器演化這樣的關鍵證據。

反之，堅持多地區起源假說或連續進化附帶雜交假說的古人類學家，要想駁倒分子生物學家，也要對後者的DNA研究結論提出不同的解釋。

本書的宗旨是從基因的角度來揭示中華文明的歷史，探尋祖先和他們的隱祕故事，因此本書將重點介紹分子生物學對於化石派假說證據的反駁。在反駁之前，我們需要先了解古人類幾百萬年進化的主要階段，這樣才能知道兩派科學家爭論的，到底是哪個階段的人類進化。

最初的古人類是南方古猿，從非洲大陸上古老的森林古猿進化而來，出現的時間在距今七百萬年前至五百萬年前。南方古猿的腦容量約為五百毫升，骨骼特點顯示，他們開始笨拙的站立起身體，兩足行走，這是科學家區分人類和其他猿類的最重要特徵。在那個時代的非洲，可能生活著幾種類型的南方古猿，其中一種是人類的直系祖先。

到距今三百萬年前至兩百五十萬年前，一種腦容量達到約八百毫升的「新」古人類出現了，由於他們能製作和使用最早的石器，因此被命名為「能人」。最有名的能人化石是「露西」，這是一具成年女性的骨骼，於一九七四年在衣索比亞出土。古人類學家以當時披頭四的一首流行歌歌詞，將她命名為「露西」。我們在前文中提到的古人類製作模式1的石器，很可能就是由能人首先發明、製作的。

隨著古人類石器加工技術的日趨精細，高能量的動物性食物在食譜中的比重增大，**距今約兩百萬年前，能人進化為直立人**。

直立人雖然是能人的後裔，但兩者的腦容量和身體的尺寸差距頗大。和能人相比，有些直立人的腦容量大了五〇%，身高高出將近三十公分。依靠兩隻腳，直立人能奔跑，當一群直立人集體出動時，他們甚至可以獵取大型動物。**到直立人階段，古人類終於可以長途遠行，走出自己徘徊幾百萬年的故鄉非洲大陸**。

他們的確在誕生後不久，就出現在臨近的亞洲西部。換句話說，除了非洲大陸外，其他大陸沒有任何早於距今兩百萬年前的古人類蹤跡，只有遠古猿類和猴類。

非洲境外年代最早的直立人遺址位於喬治亞，這種直立人被命名為「喬治亞原人」

（*Homo georgicus*），屬於早期直立人，和能人身高相仿，均為一百五十公分左右，腦容量卻比多數能人更大，他們生活的時代為距今約一百八十萬年前。必須指出的是，**喬治亞原人可能是目前發現的，最早會使用火的古人類**。

當七十多萬年前，直立人的一支終於跋山涉水來到周口店時，他們其實已經處於直立人進化的晚期階段，腦容量增加到了一千一百毫升左右（現代人的腦容量平均為一千三百五十毫升）。

周口店一帶背靠峰巒迭起的西山山脈，面臨廣闊肥沃的華北平原，又有周口店河從山腳下汩汩淌過，地理條件非常優越，這一切吸引他們停下腳步，留戀於此。這一停，就是幾十萬年。

「**直立人是第一批走出非洲、走入東亞的古人類**」，不論是化石派還是基因派，都認可這個說法，兩派科學家對於這一點沒有分歧。

人類進化的腳步並未停止，距今三十萬年前至二十萬年前，古人類發生了一場影響深遠的重大變革——他們的腦容量急劇增加，智力突然發達起來，直立人開始進化為智人，也就是「有智力的人」。智人遠比他們的祖先聰明，他們製作工具的技能更高超，語言交流更豐富，也能溝通複雜的意念與表現複雜的行為。他們已有能力獵取更多動物。現代人就屬於智人之列，你、我都是智人。

智人是由直立人進化而來的，兩派科學家對這點也沒有分歧。他們的分歧在於：不同地區的智人，到底是由非洲直立人進化並擴張而來的（下頁圖6），還是分別從本地區的直立人進化而來的（下頁圖7）？

門齒、石器，讓科學家誤判人類的演變

基因派認為，世界各地所有的智人，都源自非洲直立人，而不是各地直立人分別進化出來的。東亞的現代人並不是周口店北京猿人進化而來的，而是來自遙遠的非洲大陸。那麼，基因派該怎麼解釋，「不同時期的東亞古人類，都具有鏟形門齒」，這個不利於自己觀點的現象？

解鈴還須繫鈴人，關於鏟形門齒的來龍去脈，我們要回到魏敦瑞時代，甚至要追溯到魏敦瑞的前輩學者、德國博物學家恩斯特・海克爾（Ernst Haeckel）。

在德國，海克爾是達爾文進化論的主要推廣者，但他一直不認同達爾文的人類非洲起源說，堅信東南亞的紅毛猩猩才是和人最相似的靈長類動物，因此認為出產紅毛猩猩的亞洲才是人類的搖籃。

其實在那個時代，已有人解剖亞洲紅毛猩猩和非洲黑猩猩，發現後者的身體結構

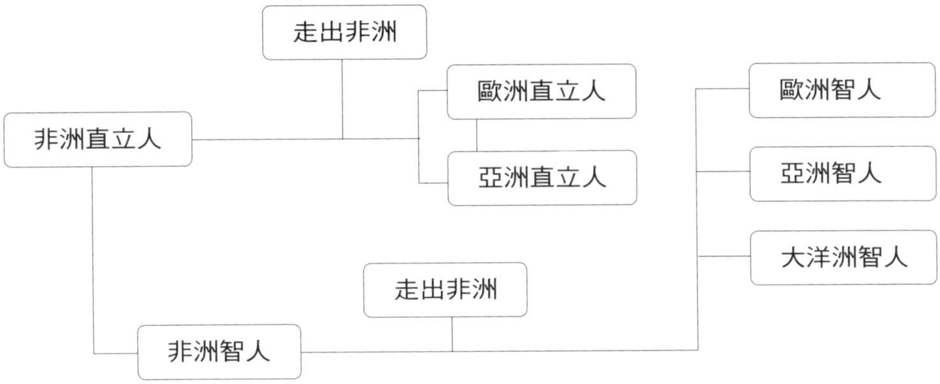

圖6　走出非洲假說

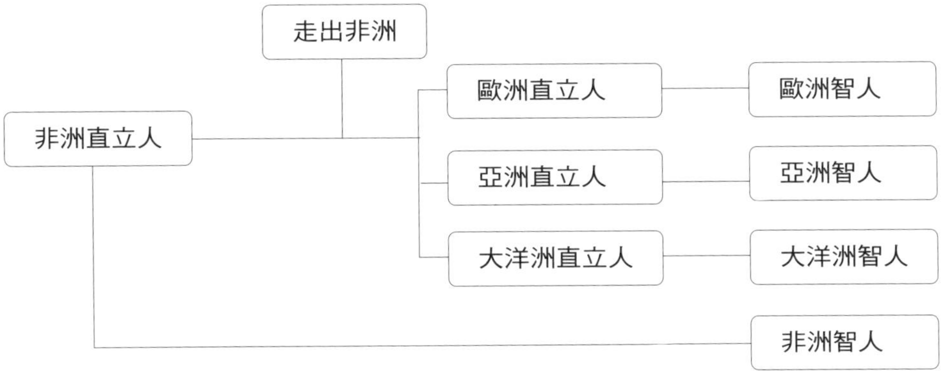

圖7　多地區起源假說

最像人類。但海克爾固執己見，這完全是因他被自己的宗教情懷和政治傾向沖昏了頭。

在海克爾那個時代，德國盛行種族主義思潮，一些德國學者創造「雅利安人種」（Aryan race）這個概念。他們認為雅利安人種起源於印度北部，是非常高貴的民族，很早以前征服了歐洲，德國日爾曼民族就是雅利安人種的後代。

於是，充滿優越感的海克爾等德國博物學家認為，人類的起源地應該在亞洲，而不是在其他地方。他構想了一個「幽靈洲」，認為人類起源於這塊大陸，但是後來這塊大陸沉入了印度洋底，所以很難找尋最初的古人類化石。

在海克爾的號召下，很多人動身前往亞洲尋找古人類化石。荷蘭東印度公司的一位醫生很痴迷海克爾的假說，他利用自己被派到印尼的機會，組織隊伍尋找古人類化石。結果運氣很好，一八九一年，他真的在印尼爪哇島上發現古人類的頭蓋骨和腿骨，這就是爪哇猿人。這下子，海克爾更加聲名鵲起了。

魏敦瑞是德國猶太人，他顯然不會喜歡種族主義的那套說法，但是在科學上，他還是深受以海克爾為代表的德國學術界影響，他一開始也覺得亞洲才是人類的起源地。帶著這樣的思維觀念，當他來到北京，面對周口店北京猿人化石時，潛意識認為，這就是現代中國人的古人類祖先，便開始尋找化石與現代中國人之間的聯繫。在已知鏟形門齒是東亞人群標誌性特徵的前提下，魏敦瑞順水推舟的把周口店北京猿人的牙齒，鑑定為鏟形門齒。

顯然，魏敦瑞陷入一種思維誤區，打一個不那麼恰當的比方，他犯了中國古書《列子》所載的〈鄰人遺斧〉一樣的錯誤。

在那個故事中，一個人遺失了自己的斧頭，懷疑是鄰居家兒子偷的。不論是言談舉止還是行為神態，他覺得那個孩子怎麼看都像是偷斧的人。不久，他在山谷裡發現了自己丟失的斧頭，回來再看那個孩子，怎麼看都不像會偷東西。前後判若兩人，不是那個孩子有什麼變化，而是這個丟斧子的人心理有了變化。魏敦瑞對周口店北京猿人的鑑定，很可能出於這種心理。

其實，只要是人類的上門牙，其功能都是撕咬和切割食物，所有上門牙都有相似之處。鄰人遺斧的思維偏見，誤導魏敦瑞把周口店北京猿人的上門牙鑑定為鏟形門齒。

海克爾和魏敦瑞這種「跑偏」的思維，甚至影響了學者鑑定此後發現的中國古人類化石，比如在雲南發現的元謀人化石。

一九六五年，地質學家在雲南元謀一處地層中，發現一些哺乳動物化石和兩顆古人類牙齒。一九七三年，古人類學家鑑定牙齒並發表論文，在論文中，兩顆牙齒被認定為左右上門牙，「牙齒像鏟子形狀、碩大、扁平」，與周口店北京猿人的門牙有相似之處，也有不同之處。

因為這兩顆牙齒，元謀人被定為直立人，再根據埋藏地層的情況，元謀人被定為距今一百七十萬年前的古人類。與中國境內發現的其他古人類的年代相比，元謀人是最古老的，因此榮耀的進入中小學教科書中，為廣大中國人所熟知。

但是，科學界對此結論存在爭議，絕不像教科書上寫的那麼「板上釘釘」。首先，關於元謀人的年代就充滿爭議。

雲南地區降雨量大、地層疏鬆，兩顆牙齒的出土地層形成的年代和元謀人當年生活時代未必一致，牙齒可能發生移位。中國一位研究黃土的權威曾利用地磁學技術測定元謀人地層的年代，在距今六十萬年前至五十萬年前。這份資料得到很多學者的認同。

如前所述，直立人大概在距今兩百萬年前誕生於非洲大陸，亞洲西部的直立人最早代表——喬治亞原人生活在距今一百八十萬年前。雲南不僅離非洲很遙遠，而且自然環境與早期直立人生存環境有很大的差異，很難想像直立人在非洲出現後不久，於約十萬年後就遷移到東亞，並改變生活習性。

其次，元謀人的牙齒也疑雲重重：

第一，用兩顆牙齒就鑑定出一個古人類，在科學上證據顯得站不住腳，古人類學家更加青睞頭骨化石證據。

第二，說那兩顆牙齒是鏟形門齒，也十分勉強。如果觀察論文圖錄中的牙齒圖片，在沒有鏟形門齒概念的干擾下，普通人很難看出鏟子形狀，甚至很難看出是兩顆門牙。那兩顆牙齒更像是現代人的前臼齒形狀。重要的是，兩顆牙齒的舌內側形狀與現代人的鏟形門齒不一樣，每顆牙齒的中部都有明顯的縱向棱。

可惜，在錯誤思維的誤導下，元謀人的牙齒被一些學者認定為鏟形門齒。進一步推論，既然距今一百七十萬年前的東亞古人類就有鏟形門齒，那麼東亞現代人由元謀人、周口店北京猿人進化而來，就順理成章了。

我們還可以了解另一個有趣的牙齒鑑定故事：中國境內最早被鑑定的古人類化石，是一九二二年發現的古人類的牙齒和四肢骨骼，由法國古人類學家發現，地點在內蒙古鄂爾多斯地區薩拉烏蘇河畔，這種古人類被命名為「河套人」。對於河套人生活的年代，學者們曾經提出多種說法，包括距今五萬年前至三萬年前、距今十四萬年前至七萬年前等。從形狀上看，河套人的上門牙是如假包換的鏟形門齒，因此它也被視為化石派的證據之一。

然而進入二十一世紀後，當年採集的一段河套人股骨，分別被送到美國和中國的年代實驗室進行高科技分析。利用最新的技術測定年代，兩個實驗室的測定結果一致，股骨年代為距今兩百至三百年前。

是的，我們沒有少看幾個零，那段股骨屬於清朝人，而不是遠古人類。另外一件在遺址發現的肢骨，被送到德國的年代實驗室，測定的結果是距今兩千七百多年前，屬於一個春秋時期的人。

也就是說，他們都屬於東亞地區的現代人類，並不是古人類，他們當然會擁有鏟形門齒。

總之，在基因派看來，中國境內那些早於智人階段的古人類牙齒，都不屬於鏟形門齒，不能證明中國現代人由那些古人類進化而來。那麼，**現代中國人為什麼會具有世界其他人群罕見的鏟形門齒呢**？關於這點，還是要用基因來解釋。

分子生物學家找到了人體內的一個突變基因，這個基因決定了我們的上門牙會長成鏟形門齒。而且，他們還能估算出這個基因最初**發生突變的時間**，**大約是在距今三萬年前**，也就是智人階段才出現的，智人之前的古人類，例如直立人並沒有這種突變基因。

根據各地不同人群的基因比較，分子生物學家判斷，這個基因突變發生的地點，**可能位於中國的中部地區**。然後，攜帶這個基因的人群逐步擴散到東亞地區，中國、日本、韓國等，人群的鏟形門齒比例都非常高。隨著古人類遷徙到美洲大陸，這種突變基因也被傳播到那裡，因此印第安人群體中也有非常高的鏟形門齒比例。

從進化論的原理上講，一種基因能廣泛傳播在人群中，最終成為某些人群中的高比例基因，往往意味著這種基因有利人群生存和繁衍，因此擁有這種基因的人會留下更多的後代。

可是，擁有鏟形門齒能帶給古人類多大的生存優勢？顯然，古人類不太可能因為牙齒好看就獲得更多的交配機會，以生育更多後代。那些東亞和美洲大陸之外的人群，為什麼缺少這種突變基因和鏟形門齒？

真正的原因是，這個突變基因除了能決定我們的上門牙長成鏟形門齒外，還會讓擁有者的汗腺、皮脂腺、乳腺增加。對，就是讓擁有者變得更加「油膩」了。我們體內的很多基因都是多面手，一個基因可以決定人體的很多特徵。

在今天的社會裡，「油膩大叔」被人鄙視，但對幾萬年前的東亞古人類來說，新突變出來的基因・有利於他們在炎熱的環境裡排汗降溫，當時中國中部和南部地區的氣候炎熱。因此，攜帶這種突變基因的人群在東亞擁有生存優勢，這種基因逐漸成為東亞人群中的優勢基因。

當然，排汗降溫說也只是猜測，科學家還沒有完全定論。但他們能確定的是，這種突變基因一定給距今三萬年前的東亞人群，帶來了明顯的生存優勢。

所以，鏟形門齒其實並沒有帶來什麼生存優勢或劣勢。這種牙齒特徵只是搭上了基因突變的「順風車」，跟著有生存優勢的特徵翻山越嶺，傳宗接代。

對於化石派的另一個重要證據：「東亞石器技術的演化是獨立而且連續的」，分子生物學家顯然無法用基因來反駁，畢竟石器不是生物，它們沒有基因。對於石器演化問題，那些古人類的石器就擺在那裡，石器所顯示的技術也擺在那裡，人們對它們並無異議。但是，對於技術演化與人類進化的關係，其解釋就見仁見智了。

兩派的分歧之處在於，從東亞地區發現的直立人的石器到智人的石器，是不是有技術上的遞進關係？如果有，是否就能證明，本地的直立人進化成智人？

第一個問題又有點鄰人遺斧的味道了。

對古人類來說，他們向遠方遷移時，肯定不會攜帶大件的笨重石器，最多攜帶一些小件輕便石器，而且古人類遷移的過程十分漫長，往往要經歷很多代，因此很自然的，遷移途中他們會失傳一些石器製作技術，當然也會改進一些石器製作技術，使得世界各地的石器技術總會有所差別。東亞地區位於歐亞大陸東端，與其他大陸地區隔有高山高原、沙漠荒漠，由於地理阻隔很嚴重，石器技術相對獨立的發展，與其他地區有著明顯的差別，也是合情合理的。

另外，在古人類抵達新的環境並長期駐紮下來後，還要因地制宜，根據當地岩石情況以及食物類型，改變原來的石器製作技術，加工成適合在本地使用的石器。

不論是直立人或智人，都要跋山涉水、遠行萬里來到東亞，技術的失傳與改進、技術的因地制宜改造，在每個時代都會發生。

設想一下，就算一開始遠方的智人與東亞直立人的石器製作技術差距大，在這批智人行遍千山萬水抵達東亞後，他們的技術也已與出發或中途的技術不太一樣了，甚至可能因技術遺失太多而出現退化。選擇不同的石器特徵參數進行比較，人們很容易發現這批智人的石器，與本地直立人的石器有一些相似之處。但這是真的石器製作技術傳承所導致的，還是鄰人遺斧般的越看越像所導致的呢？

很難說。

至於第二個問題，基因派學者也挑明觀點：「在沒有古基因證據的支持下，我們無法證明東亞直立人留下了後代。」

這真是一劍封喉的大招，而且很有道理。最終，我們只能透過基因對比，證明某前輩與某後輩有或沒有直接的親緣關係。基因派已經拿出了基因證據，證明**全球所有的現代人，都是生活在非洲的粒線體夏娃和Y染色體亞當的後代，而粒線體夏娃和Y染色體亞當都是由距今約二十萬年前出現的非洲智人擴散和繁衍而來**，從而否定了亞洲直立人、歐洲直立人進化為現代智人的觀點。化石派學者由石器製作技術遞進判定本地直立人進化為智人，只不過是一種猜想而已。

於是，雖然關於東亞古人類進化還有爭議，但世界範圍內的學者更多的傾向於認為，東亞現代人並不是東亞直立人進化而來的，因此，**中國人的直系祖先不是周口店北**

京猿人，應該是從非洲遠道而來的現代智人，如果繼續上溯，應該是進化出現代智人的非洲直立人。

北京猿人數量太少，沒有後代撐到現代

現在，也許我們應該追問一句：「為什麼周口店直立人沒能留下後代到今天？」他們曾經在五十萬年裡斷斷續續的棲居在龍骨山上的猿人洞，足以證明他們是適應本地環境的人群。為什麼在距今二十多萬年前，他們永久的離開了龍骨山，無影無蹤？

魏敦瑞曾經提出一個猜想：他根據周口店北京猿人頭骨的特徵，認為這些直立人群體會人吃人，類似近代仍然存在的一些叢林食人族的習俗。有人根據他的這個猜想，引申出周口店北京猿人的滅絕可能與自相殘殺有關。但是，學者很早就否定魏敦瑞的猜想，連帶否定周口店北京猿人因自相殘殺而滅絕的說法。

一種流行的解釋是，周口店北京猿人遭遇嚴酷的冰期，禦寒艱難，生存環境中食物匱乏，最終全部飢寒交迫而死。這個解釋有些小瞧周口店北京猿人的能力。

首先，他們在寒冷環境中生存的能力並不差。如前所述，龍骨山上最早出現古人類是在距今七十多萬年前，當時氣候較寒冷，某期《自然》在介紹周口店北京猿人的生

活年代的封面上，特地印上了「北京猿人曾經很冷」的大標題。周口店北京猿人能人工取火，而且長期生存在中國北方環境，本身就說明了其禦寒能力是不錯的。

其次，他們是有智商、有雙腿的古人類，具有遷徙能力。幾十萬年中，東亞直立人時而扎根龍骨山，時而離開龍骨山。當周圍環境變得不適合生存時，他們會集體遷徙。即使遇到非常嚴酷的大冰期，他們也可以轉移到南方的溫暖環境生活，等到冰川消退、氣候回暖後，再向北發展。

所以，冰期很難把周口店北京猿人乃至東亞直立人一網打盡。

正如一位古人類學家質疑的，冰期對世界各地氣候的影響程度不同，不至於把東亞直立人都滅絕了，「至少在中國的南部和中部地區不存在典型的冰川遺跡。再說了，生活在那裡的大熊貓都挺過來了，人沒有理由挺不過來」。

如果基因派的觀點是對的，那麼東亞直立人到底如何被團滅？

答案可能是，他們遭遇了塔州[8]技術悲劇。

8　塔斯馬尼亞島的簡稱，澳洲唯一的海島州。塔斯馬尼亞為澳洲自然生態保護最完善的地方，號稱「天然之州」，全州四〇%被正式列為國家公園、自然保護區、世界自然遺產。

塔州位於澳大利亞大陸東南方向約兩百四十公里的外海，中間隔著巴斯海峽，塔州面積約有中國海南島兩倍大。考古學家發現，在冰河時代，塔州曾經與澳大利亞大陸由冰橋相連。在距今三・五萬年前，古人類就來到塔州居住。直到距今一萬年前，塔州還一度與澳大利亞大陸相連，之後冰期結束，氣候變暖，塔州與大陸徹底分離，塔州上的原住民就與世隔絕了，直到幾百年前，歐洲航海家發現了他們。

歐洲人初次碰到塔州原住民時，發現他們沒有任何骨製工具，比如針和鑽，沒有禦寒衣物、把手類工具、魚鉤、漁網、刺矛、迴旋鏢……幾千個原住民分屬九個部落，過著原始的狩獵和採集生活，他們用木棍和長矛獵殺海豹、海鳥與沙袋鼠為生。

但是考古學家發現，第一批塔州原住民曾有骨製工具及其製作技術，可是都逐漸遺棄了。

比如，在一萬年間，他們的骨製工具變得越來越簡單，到距今近四千年前，他們再也製作不出來任何骨製工具了。沒有骨製工具，就不能把獸皮縫成衣物禦寒。在幾千年裡，哪怕是嚴冬，塔州原住民也近乎赤裸，只在皮膚上塗些海豹油脂，在肩膀上搭層沙袋鼠皮。還有一個例子，他們曾大量捕魚吃魚，這項技術在三千年前也遺失了，當歐洲人讓他們吃魚時，他們感到很噁心。

塔州原住民有創新技術。四千年前，他們鼓搗出了一種木筏，用成捆的灌木製成，要麼由男人用槳划，要麼由女人游泳推動。依靠這種木筏，他們可以到鄰近的小島去捕獵。然而這種木筏在海水中浸泡幾個小時後就會解體沉沒。所以，塔州原住民無法渡過巴斯海峽，與大陸上的人群接洽。

萬年之中，塔州原住民經歷可怕的技術退化，這就是塔州技術悲劇。悲劇產生的原因，在於人口規模與技術水準的相互限制。

從原理上講，一個群體人口越多，掌握各種技術的人就越多，他們彼此之間交流，教學相長，越容易傳承和創新技術，技術也不易失傳；反之，群體人口越少，技術越容易失傳。萬年前被鎖在孤島上的塔州原住民人口規模小，而且沒有與外界的交流，他們無力維持原來的技術水準，只能眼睜睜的看著一項項技術消失。

實際上，直立人的境遇並不比塔州原住民強多少。直立人階段的古人類從事著較為原始的狩獵和採集活動，他們的群體規模也就在幾十人到上百人。如果附近還有其他古人類群體，彼此能交流，那麼許多群體形成的交流網路，能說明他們維持技術水準不降低；若周邊缺少其他古人類群體，該群體的技術水準就很難保持住，更不用說創新提高了。這就是直立人的石器製作技術革新十分緩慢的原因，在直立人近兩百萬年的歷史中，較為明顯的石器製作技術進步，只發生了四、五次而已。

東亞直立人的境況更加糟糕。由於地理阻隔，在距今一百多萬年前，直立人幸運的闖進東亞後，他們就不幸陷入了「東亞版塔州悲劇」——東亞直立人就好像生活在更廣闊的塔州上，很難與其他地區的古人類進行技術交流，只能獨立發展。

東亞直立人一直沿用著最初帶來的石器製作技術（模式1），部分技術失傳，也有一些創新，不過，與東非、中東地區風起雲湧的多次石器製作技術革新相比，東亞直立人的技術一直很粗陋。

粗陋的技術反過來限制群體規模，採集和加工食物的能力弱，就難以養活更多的人口，每個東亞直立人群體只能維持很小的規模，導致東亞的人口密度太小。群體規模小，導致不同東亞直立人群體之間的交流變得很困難，又限制了技術的交流與發展。

東亞直立人就這樣，長期陷入由簡陋的石器製作技術和弱小的群體規模構成的，低層次生存狀態中。可以設想，他們之中有很多群體自生自滅，一次不大的嚴寒、洪災或疾病都能摧毀他們。古人類學家曾發現過一個現象，**中國境內缺乏距今十萬年前至四萬年前的古人類遺跡**。這說明，東亞直立人艱辛的生存百萬年後，到那個時期要麼已經全都滅絕了，要麼就只剩下微不足道的少量人群，連一點點遺跡都難以留下。

除了塔州技術悲劇，東亞直立人很可能長期掙扎在功能性滅絕邊緣——種群規模不足以維持繁衍。其原因之一，是過度依賴近親繁殖，導致致病性基因遺傳乃至暴發。

我們可以設想，對一個約有五十人的直立人群體來說，男女各半，直立人的平均壽命不足三十歲，因此同一時期整個群體中，能生育的男女也就各有十個左右。如果這個直立人群體沒有與外界的基因交流，幾代之內，群體內所有人必然都是很近的親緣關係，近親繁殖不可避免，個體基因趨於一致，致病性基因很容易就摧毀整個群體。要避免功能性滅絕，必須長期保持群外婚，與其他群體廣泛進行基因交流，從而避免近親繁殖帶來的致病性基因暴發。

就算是有少量的直立人苟延殘喘活到幾萬年前，然後突然之間，他們發現東亞大陸闖進來了新的人群——現代智人，面對人數眾多、武器先進的現代智人一撥又一撥的掠過原野，一小撮直立人毫無競爭力，不是輕易的被消滅，就是因食物來源被智人搶占而走向衰亡。

打不過智人，難道直立人就不能加入智人嗎？如果真有直立人融入智人的社會，那麼他們也有機會把自己的基因，遺傳給今天的我們吧？

遺憾的是，這種可能性幾乎為零。

東亞直立人與現代智人（以及他們的祖先非洲直立人）之間，至少在幾十萬年中各自進化、沒有雜交。於是，兩者之間產生了生物學家所說的生殖隔離。面對少量的直立人鄰居，智人很可能根本就沒有把他們當作人，而是當作另一種猴子、猩猩。這麼說，也許很歧視直立人，其實反過來，直立人也未必把智人當成人。幾十萬年的生殖隔離，一方面會造成兩者無法在身體上進行雜交，另一方面會在行為意識上，彼此不認為對方是同類。

前面那位古人類學家說：「大熊貓都挺過來了，人沒有理由挺不過來」。其實從科學上講，是因為大熊貓沒有遇到一大批呼嘯而來的「新熊族」。假如有一個新熊族群體規模更大、生存能力更強，與大熊貓爭搶山嶺生活環境，而且不把大熊貓當成同類，大熊貓恐怕早就沒有機會到今天賣萌了。大熊貓只是運氣比直立人好一點。

話題回到周口店北京猿人身上。在距今二十三萬年前，他們永遠的離開龍骨山後，結局如何？答案是，可能自生自滅了，或苟延殘喘到智人席捲東亞時，被智人消滅了。

東亞大地的祖先往事，將由從非洲而來的現代智人繼續書寫。

中國人自古以來尊重祖先，周口店北京猿人和龍骨山承載了中國人對於祖先的深厚情感。周口店北京猿人遺址的發現、發掘與研究的最初幾十年，正值國家、民族危亡之際，中華大地一步步淪陷敵手。

從一定意義上說，周口店北京猿人的考古證據，成為那個時代維繫族群微弱血脈、鼓舞全民浴血奮戰的無與倫比的「聖物」。它們如同黑暗中的火光，照耀著苦苦抗爭的人們的心靈，激發出巨大的精神力量。

早在周口店北京猿人化石發掘之前，在學術界中早已火熱的爭論現代智人起源地。

在周口店北京猿人化石被發現之後的近百年，「周口店北京猿人是不是中國人的祖先」這個問題總會引發學術界與大眾的廣泛討論。

其實，不論答案是什麼，都絲毫不會改變中國人對於周口店北京猿人的深厚情感，因為他們已經化身為中國人孜孜追求的科學真理之火，在北京猿人學術研究中堅持理性和科學的態度，將讓中國人觸摸到科學本質的光華、享受科學發現的樂趣。

哪怕周口店北京猿人不是直接祖先，中國人仍然珍愛他們的一點一滴。

基因番外篇

北京猿人吃人維生？考古學家大解謎

魏敦瑞在一九四三年發表的專著《中國猿人之頭骨》（*The Skull of Sinanthropus pekinensis*）中，拋出了一個觀點：北京猿人人吃人，他認為北京猿人「獵取他們自己的親族，像他獵取其他動物一樣，也用對待動物的同樣方式來對待他的受害者」。

周口店北京猿人遺址中出土一定數量的古人類頭骨，但是出土的古人類肢骨相對少得可憐。魏敦瑞認為，這種現象顯然不可能用水流沖走、食肉動物獵食等自然因素來解釋，也沒有任何證據表明北京猿人有埋葬故去親人頭骨的習俗。因此，猿人洞中大量出現的北京猿人頭骨，很可能就是遠古「獵頭族」的戰利品。

此外，魏敦瑞還注意到，北京猿人的頭骨化石中多見頭蓋部分，卻幾乎沒有見到頭骨底部與面部的骨骼，這與人類頭骨的正常情況嚴重不符。與此同時，在北京猿人頭蓋骨以及為數不多的幾件肢骨之上，魏敦瑞還發現了一些，可能是遠古人類取食腦髓或骨髓時遺留下來的破損痕跡，北京猿人下頜骨的斷裂特點，似乎也暗示著他們因遭受人力砍砸而發生了破碎。

總之，根據北京猿人化石的種種特徵，魏敦瑞認定他們是非常殘忍的「獵頭族」。他的觀點引發了人們長久的爭論，幾十年中，中外多位古人類學家都曾提出過反對意見。到一九八五年，美國著名考古學家路易斯．賓佛（Lewis Binford）根據現代埋藏學[9]的分析與研究，否認北京猿人同類相食現象的存在。他認為，魏敦瑞當年所談到的眾多支援北京猿人同類相食的證據，都可以用埋藏學的原理重新加以解釋。

簡單的說，北京猿人已在地下沉寂數十萬年，其間不免遭受各種自然力量的破壞和擾動。與埋藏前相比，北京猿人在被發現之時可能早已「面目全非」了。

賓佛列舉了幾個證據，以表明他的觀點：

- 周口店北京猿人遺址中，人類肢骨上出現的縱向裂紋，並不是受重擊導致，而是一種骨骼風化作用的產物。
- 魏敦瑞當年辨識出的兩件被火燒過的北京猿人骨骼，曾被視為支持同類相食的重

9　taphonomy，又稱化石形成學，是研究有機體如何腐爛並化石化或被保存在古生物紀錄中的學科。

要證據，其實它們只是土壤中的礦物汙染導致的假象。

- 猿人洞中的古人類下頜骨化石，顯示了一種奇特的「斷裂」，魏敦瑞認為這是人力作用的結果，但是現代埋藏學的經驗證明，這只是下頜骨的薄弱部分，在壓力作用下或移動過程中產生的常見現象。
- 北京猿人的所有頭骨都缺失面部和顱底，魏敦瑞認為這是北京猿人取食同類腦髓的結果，其實埋藏學的研究表明，這些部位的骨骼較為纖弱，在各種外力作用下極易破碎而缺失。
- 魏敦瑞認為存在於北京猿人頭骨上的大量擦痕、刻槽和凹陷，都是人工作用的產物，而從埋藏學角度看，頭骨被埋藏後的自然過程，同樣可以對人類頭骨產生類似的改造。

此外，賓佛還發現，其中一件北京猿人頭骨上有食肉動物啃咬過的痕跡，從而說明，至少食肉動物也可能是周口店北京猿人遺址中人類頭骨的主要收集者之一。如果某些北京猿人曾遭遇不測，他們可能並不是被殘忍的同類殺害的，而是被周圍凶猛的食肉動物獵殺。

第二章

沒有交通工具，非洲智人如何全球趴趴走？

暗淡的殘陽從東非的草原落下，天氣變得越來越冷了。冷風吹來，首領不禁打了個寒顫。即使作為部落之長，他身上覆蓋的獸皮和其他部落的員一樣少。值得安慰的是，今天部落的狩獵隊打到了一隻瘸腿的瞪羚，這就是今晚部落的肉食晚餐了。

坐在一塊岩石上，他開始思索白天的狩獵。今天是幸運的，收穫的獵物能讓部落裡的人吃頓飽飯。回憶這些年的時光，氣候越來越寒冷，能打到的動物越來越少，而部落的人口卻還在增加。部落的未來該何去何從？

遠處傳來凶殘鬣狗的嚎叫聲，首領站起身來，該下決心了，為了部落的生存，他做出一個重大的決定：整個部落離開草原故鄉，向外地遷移，尋找食物豐富的新家園。

上面這一幕，也許就發生在距今七萬年前的非洲，這個部落屬於現代智人，也是分子生物學家口中的現代人直接祖先。智人部落不知道自己即將開啟的生存遷移，會在全球掀起史詩般的幾萬年人口遷徙浪潮，其後代將走遍世上幾乎每個角落，包括東亞。

喬治亞原人，第一批走出非洲的古人類

在現代智人走出非洲之前，歐亞大陸上已經有不只一種古人類繁衍生息了。在追溯現代智人走出非洲並大肆擴張之前，我們先來了解歐亞大陸曾經的主人。

透過上一章我們已經知道，**喬治亞原人**是目前發現非洲之外的最早人類，他們生活在距今一百八十萬年前的高加索山區一帶。他們可能是第一批走出非洲的直立人，也是**第一批走出非洲的古人類**，在此之前，古人類只在非洲大陸內部不斷徘徊。

直立人的歷史長達百萬年，他們可能曾多次走出非洲。早在一九〇七年，考古學家就在德國海德堡地區，發現一種古人類下頜骨化石，這種古人類被命名為「海德堡人」（*Homo heidelbergensis*，見圖8）。此後，在歐洲和非洲很多地方都發現這種古人類的蹤跡。現在

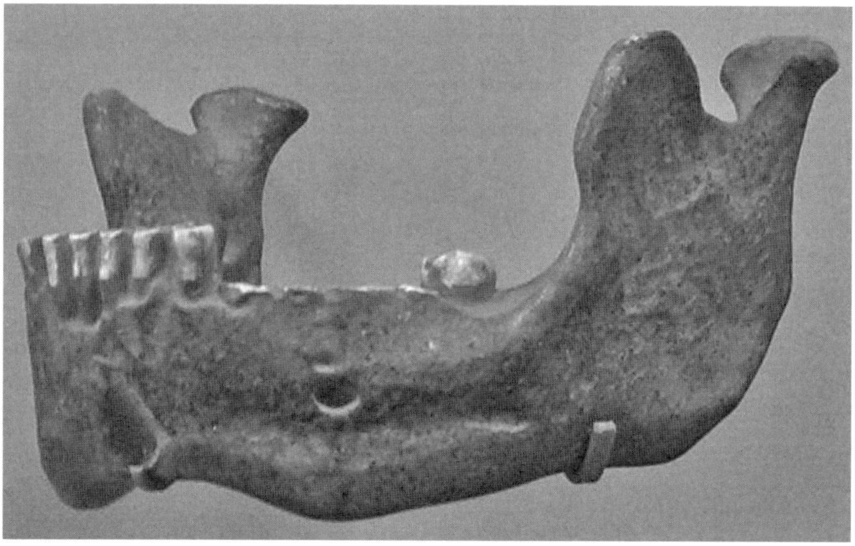

圖8　上圖為海德堡人的下頜骨化石。海德堡人在約距今 70 萬年前起源於非洲大陸，可以算是一種晚期直立人，在歐洲和非洲很多地方都發現這種古人類的蹤跡（圖片取自維基百科）。

人們已經知道，海德堡人在約距今七十萬年前起源於非洲大陸，可以算是一種晚期直立人，也有人建議把他們單列出來，算作直立人和智人之間的階段。本書仍然將其歸入直立人之列。

海德堡人也是一類走出非洲的直立人，最晚在距今五十萬年前，一批海德堡人就已經衝出非洲，進入西亞，稍做停留後，這批遠征軍又西進前往歐洲。因此，當時地球上至少有兩種海德堡人——非洲海德堡人和歐洲海德堡人。

我們可以重點關注一個問題：是否存在一支海德堡人向東進發，到達中國境內？如果存在，他們是不是中國人祖先？

海德堡人是出色的獵手，他們也許算是地球上第一種能獵殺大型動物的古人類。在海德堡人遺址附近，考古學家發現大量野鹿、野馬、大象、河馬和犀牛等動物遺骸，上面有被屠殺的痕跡。在德國的一處海德堡人遺址中，還出土木製長矛，同時也發現了一些石器和十多具被屠宰的野馬遺骸。在西班牙的一處遺址中，人們發現了一柄精心製作的對稱樣式手斧。

這些發現表明，**海德堡人有出色的石器製作技術**，而且可能更樂於生活在大型動物眾多的草原和叢林地區。如果海德堡人選擇在亞洲生活，他們也許會選擇亞洲北部地方，那裡有綿延萬里的草原和叢林，養育一群群的大型野生動物，簡直是海德堡人理想的「肉食連鎖店」。

因此，科學家長期在中亞和東亞找不到海德堡人的蹤跡，也就情有可原了。再考慮到海德堡人也使用手斧類石器，而在中國境內幾乎沒有發現手斧，我們似乎只好遺憾的宣布，海德堡人沒有到過中國……稍等，結論不要下得太早。

二〇一八年，中國科學家在黑龍江境內找到了頭骨化石，從特徵上分析，很可能是海德堡人的頭骨。考慮到海德堡人會沿著歐亞大陸廣闊的草原帶，追逐獵物一路向東，這個發現也許會證明，他們曾來過今日中國境內，只是他們的活動範圍太靠北方了，與同時期生活在中華大地的其他直立人沒有什麼交集。即使曾有少量海德堡人抵達過黑龍江一帶，他們的後代也不太可能在那裡扎根，並一直繁衍到今天。

看到這裡，也許有人會問：「也就是說，海德堡人不可能是中國人的祖先？」其實，海德堡人可能真的是中國人的祖先。

要揭示海德堡人與現代人之間的聯繫，要靠分子生物學來幫忙。發現手斧的西班牙遺址裡，還出土海德堡人的腿骨。科學家從腿骨上成功提取古老的ＤＮＡ，經過基因破譯發現，不出所料，這位海德堡人生活在距今四、五十萬年前。這是迄今為止，透過基因破譯的古人類年代資料的最高紀錄。

海德堡人的基因還透露更重要的資訊。透過破譯海德堡人的粒線體ＤＮＡ和全基因組，科學家發現他們與另外兩種古人類——尼安德塔人和丹尼索瓦人（Denisovans）的關係比較近。

現在，我們要來認識這兩位新來的「古人類同學」了。

尼安德塔人也被稱為「洞穴人」，因為最初發現的地點，是在德國尼安德塔河谷的一個洞穴中，洞穴入口比地面高幾米，內部大約只有五公尺長、三公尺寬，洞頂很高。一八五六年，採石場的礦工在裡面找到一些人類骨骼，並將其交給了當地古人類學家。尼安德塔人就這樣被發現了。在基因研究還沒有興起的時代，人們根據尼安德塔人的骨骼特徵與現代人的比較，認為他們是現代人的古老祖先。他們身高略矮，但很粗壯，生活在冰河時代的洞穴中。他們的腦容量與現代人相當或者略大於現代人，膚色比較淺。這是長期適應高緯度地區生活的結果。此外，他們還有一頭紅色或金色的順滑長髮。這群古老的洞穴人曾經廣布歐洲大陸，甚至遠至西亞和西伯利亞地區。

一九九〇年代，分子生物學家開始檢測尼安德塔人的基因，並將其與現代人基因進行對比，探尋兩者的親緣關係。當時由於技術還不是很先進，只比較粒線體DNA上的一些基因。結果發現，尼安德塔人大概在距今五十萬年前，與現代人有共同祖先，他們似乎不是現代人的直接祖先，只是一種主要分布於西亞、歐洲的古老的人種。

於是，當時的學者們認為，尼安德塔人是人類進化中的一個旁支，他們與現代智人沒有交集，在現代智人向歐洲擴張的過程中，於距今三萬年前徹底滅絕了。

隨著基因技術的進步，人們對尼安德塔人的認識也發生變化。二〇一〇年，分子生物學家檢測了一個尼安德塔人的基因組，發現裡面的一些基因也同樣出現於今天的歐亞人群身上。這說明現代智人必定與尼安德塔人發生過雜交。

現代人的體內竟然有洞穴人的基因！這個消息當時轟動了科學界。

接下來經過多次檢測，使現代人和尼安德塔人之間的關係越來越清晰起來。在現代人的基因組中，來自尼安德塔人的基因占了約一・七％。從東南歐發現的尼安德塔人骨骼中提取的資訊分析顯示，現代智人和尼安德塔人雜交的時間，大概發生在距今六萬年前，這個時間是現代智人走出非洲，剛剛到達歐亞大陸。也就是說，智人祖先與尼安德塔人一相遇，就墜入愛河。真實的情況也可能沒這麼浪漫，說不定是野蠻的搶親：要麼智人搶了尼安德塔人，要麼反過來。

現代智人與尼安德塔人的雜交並不只發生一次，在東南歐，距今四萬年前至少還發生一次。正是多次的雜交，使得一部分尼安德塔人的基因進入現代智人體內，並一直傳遞到今天的現代人身體裡。

因此，說尼安德塔人是我們的直接祖先，也是有約一・七％的道理吧。

丹尼索瓦人是一種更晚發現、更為傳奇的古人類。在俄羅斯西伯利亞南部阿爾泰山地區[10]，鄰近中國和蒙古的地方有一個丹尼索瓦洞穴（Denisova Cave，見圖9），十八世紀曾有個名叫丹尼斯（Denis）的俄國人在此隱居，洞穴因此得名。

二〇〇八年，俄羅斯考古學家對洞穴進行探測，發現一塊很小的兒童指骨。考古學家小心的採集這塊指骨，並送到分子生物學家那裡進行基因檢測。由於丹尼索瓦洞穴所在地區氣候寒冷，DNA保存狀況良好。指骨上的基因組資訊表明，她既不是尼安德塔人，也不是現代智人，這是一個新人種。由於指骨是在丹尼索瓦洞穴發現的，因此這個古老人類被稱為丹尼索瓦人；又由於指骨屬於一個

圖9　丹尼索瓦洞穴，因 18 世紀曾有名叫丹尼斯的俄國人在此隱居而得名（圖片為 Демин Алексей Барнаул 所有，CC BY-SA 4.0）。

小女孩，因此科學家暱稱為「X女孩」。

X女孩當然有許多丹尼索瓦人同類。二〇〇〇年，人們在洞穴中又發現了一顆成年男子的上臼齒，其年代與X女孩生活時代接近。

分子生物學家更為關心的，是丹尼索瓦人與現代智人之間的關係。基因對比結果再次令人震驚不已。巴布亞紐幾內亞人、美拉尼西亞人生活在與阿爾泰山相距萬里的太平洋島嶼上，體內竟也攜帶丹尼索瓦人的基因。在他們的基因組中，約有四．八％的基因來自丹尼索瓦人。這些太平洋島嶼上的原住民祖先，不僅包括來自非洲的現代智人，而且包括丹尼索瓦人。也就是說，現代智人曾經與丹尼索瓦人雜交，所以後者的一些基因代代相傳，延續到了今天的現代人體內。從整個現代人群體看，大概有〇．五％的基因來自丹尼索瓦人。

看來尼安德塔人不是現代智人的唯一「情人」。

X女孩的發現地在西伯利亞，巴布亞紐幾內亞人和美拉尼西亞人住在太平洋的赤道附近海島上，從地點上看兩邊相距萬里。我們可以很容易推論，丹尼索瓦人及其後裔

10　位於新疆維吾爾自治區北部和蒙古西部。西北延伸至俄羅斯境內。呈西北—東南走向。

在亞洲一度分布非常廣，其活動範圍從西伯利亞到東南亞，跨過大海，一直抵達印尼、菲律賓甚至其他太平洋島嶼。

尼安德塔人和丹尼索瓦人的亮相，讓我們知道，當非洲現代智人還沒衝出非洲、走向世界時，外面的世界至少已經有三種古人類在生活著——各地的直立人、尼安德塔人和丹尼索瓦人。後兩者可能都是從非洲走出來，到達西亞的海德堡人後代。在距今約四十萬年前，尼安德塔人和丹尼索瓦人在西亞分道揚鑣，前者走向歐洲大陸，而後者則走向亞洲內陸。至於現代智人祖先，那時候還在非洲草原上轉悠。

尼安德塔人主要在歐亞大陸的西部活動，可能沒有抵達今天的中國境內。丹尼索瓦人活躍於歐亞大陸的東部，肯定在中國境內生活過。科學家已經在今天藏族人體內發現丹尼索瓦人的基因，這種特殊的基因能讓藏族在高原缺氧的空氣環境中，輕鬆的呼吸。

更為重磅的發現是，中國科學家在中國境內找到據稱是丹尼索瓦人的下頜骨化石。那大約四十年前，一位佛教僧侶進入甘肅夏河縣一處岩溶洞穴，發現這件下頜骨化石。那裡屬於青藏高原，海拔三千三百公尺以上，距離阿爾泰山的丹尼索瓦洞穴直線距離大概兩千兩百公里。化石上沒能保存古DNA，幸好保存有降解了的古蛋白質，也能提供人類遺傳訊息。根據化石上包裹的碳酸鹽結核，科學家判斷這位古人生活在距今十六萬年前；根據其遺傳訊息，科學家判斷他與丹尼索瓦人親緣關係很近，因此斷言他可能是丹尼索瓦人。

如果這真的是丹尼索瓦人，那麼古人類學家可能要重新審視，中國境內發現的距今十幾萬年到幾萬年前的一些古人類遺跡，那些遺跡曾經被歸屬於直立人，或者被牽強的歸屬於尼安德塔人。說不定，很多那個時期的遺跡是屬於丹尼索瓦人的東西。

以上的發現證明，**丹尼索瓦人肯定是中國人的祖先之一，至少是部分中國人的祖先之一**。

走出非洲的大幕已經拉開，舞臺上的一些配角也已經就位，現在，我們就正式有請主角——非洲現代智人粉墨登場，看看他們如何實現從東非到東亞的漫長旅行。

冰期，一條讓古人類走向東方的高速公路

目前世界上最早的現代智人化石發現於東非的衣索比亞，生活年代為距今十九．五萬年前。由於古人類化石保存不易，因此雖然化石距今近二十萬年前，但是其實現代智人出現在地球上的時間，可能還要更早。從非洲古人類的種類和時間看，現代智人很可能是由留在非洲的那支海德堡人進化而來。現代智人、尼安德塔人和丹尼索瓦人都是海德堡人的「孩子」。

現代智人在非洲誕生後，待在非洲約有十萬年。**智人之所以叫「智人」，就是在智慧上，超過身邊的其他古人類及黑猩猩等靈長類動物**。人類進化到智人階段，抽象思維能力迅速發展，也大大提升語言能力，從而給自己帶來了很多生存優勢。

比如，他們的石器製作技術更複雜，而且還能用獸骨、鹿角、蚌殼、象牙等製作精緻的工具，善於利用新材料、發明新技術；他們的「食譜」變得更寬泛，從狩獵大型動物到挖掘野生根莖，荒野求生可說輕而易舉；他們用火技術更加嫻熟，發明火塘，分區住所功能；他們醞釀出豐富的社會文化與藝術。

這些智慧與技術，給智人帶來生存優勢，也帶來更多人口，他們的部落規模超過了其他古人類部落，但是他們在發揮集體智慧與力量之前，先要通過大自然給予他們的考驗。

考古學家發現，距今十萬年前，就有少量現代智人突破撒哈拉沙漠地區的阻礙，向北進入西亞的地中海沿岸。在那裡，他們似乎與當地原住民——尼安德塔人共存一段時間，有些洞穴時而被他們占據，時而被尼安德塔人占據。我們無從得知兩種人類的關係。但是最終，當時羽翼未豐的現代智人從地中海沿岸消失了，也許是被尼安德塔人「團滅」，也許是由於自然原因離開了。現代智人的首次走出非洲之旅，很可能就這樣以失敗而告終。

當時的地球正處於嚴寒之中，也就是地球歷史上的最後一次大冰期。這次大冰期從距今十五萬年前開始，導致很多地區平均氣溫大幅下降，比今天的氣溫低約攝氏十度；此後氣溫不斷波動，到距今十二萬年前再次持續變冷，一直延續了七萬年左右才略有好轉。

大冰期對於歐亞大陸上的古人類是一次巨大災難，很多古人類群體就此消失。不過對非洲大陸撒哈拉沙漠以南的古人類來說，由於地處熱帶，充足的陽光維持了較高氣溫，情況尚可。但是，降水仍然受到冰期的影響，這裡出現了持續的大乾旱。非洲東部原來的熱帶雨林和熱帶草原，逐漸變成了沙漠和乾草原，只有東非海岸附近由於海洋氣候帶來溼潤氣流，乾旱並不嚴重。

於是，人口越來越多的智人部落向更適合生存的東非海岸聚集，那裡除了有熟悉的叢林和草原食物外，還有海洋食物。古人類學家在東非厄利垂亞，發現了距今十多萬年前的大量廢棄物，既有被獵獲的犀牛和大象的遺骨，也包括很多貝殼，垃圾堆裡還混雜著人類製作的各種石器。這些證據表明，現代智人曾在這裡長期生活，並開發過海洋食物資源。

除了漫長的冰期外，某些突如其來的災難也降臨到現代智人身上。從東非海岸線跨越浩渺的印度洋，在今印尼境內的蘇門答臘島北部有一個多巴湖，長一百公里，寬三十公里。它其實是休火山[11]多巴火山的火山口，多巴火山歷史上至少發生過三次大噴發，而第三次噴發就發生在距今七萬多年前。那次多巴火山爆發也是近兩百萬年裡，地球上最大規模的火山爆發，大量的火山灰塵埃彌漫在大氣層裡，遮擋了太陽光，地球表面氣溫驟降，引發了一次全球性的巨大生態災難。

科學家評估這次災難對當時全球古人類的影響：歐洲的尼安德塔人在這次打擊中，基本上全軍覆沒，只有少數尼安德塔人艱難的在高加索山區延續著種族之火。高加索山區曾是最早走出非洲直立人的家園，這次又庇護了尼安德塔人，真是一塊古人類寶地；生活在東亞的丹尼索瓦人也遭受重創，可能只剩下數百人退守在橫斷山區；至於直立人即使沒有被之前漫長的大冰期掃除乾淨，在這次大災難中也無法倖免了；東非海岸邊的現代智人也遭受衝擊，他們面臨著何去何從的生存難題。

對現代世界的移民來說，「哪裡有麵包，哪裡就是祖國」。對聚集在東非海岸線的現代智人來說，哪裡有食物，哪裡就是故鄉。

危機既代表危難，也代表機遇。大冰期和火山爆發固然帶來嚴寒環境，卻也讓全球海平面下降許多，估計比今天的海平面下降了一百公尺左右。這意味著，隔開非洲大陸和亞洲大陸的紅海變狹窄了。此外，大陸和海島的海岸線向海洋方向推進，亞洲大陸南部的波斯灣、印度康貝灣、東南亞大小島嶼之間的海峽都變窄了，許多小海峽甚至直接變成陸地。因此，一條從東非海岸一直向東延伸的「海岸高速公路」，就這樣展現在現代智人的眼前。

在距今十萬年前那次失敗的西亞遠征後，現代智人在距七萬年前開啟第二次走出非洲之旅，這一次，他們能成功嗎？

蒙哥湖（Lake Mungo）位於今澳大利亞新南威爾士州，在距今一萬年前就乾涸了。但在至少距今兩萬年前，這裡仍然水草豐美。一九七四年，澳大利亞考古學家在蒙哥湖發現一件男性古人類化石（見圖10），經鑑定屬於現代智人。透過反覆檢測，他的生活年代被推到距今四．五萬年前。而且，在發現這件古人類化石的土壤層下面，也就是在沉積層中，還發現一些人工製

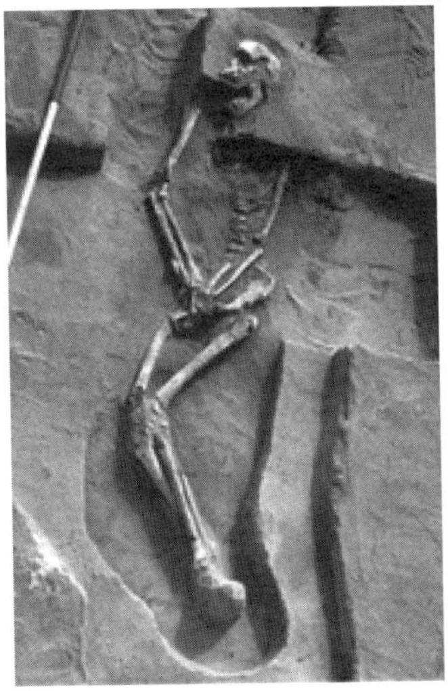

圖10　1974年，澳大利亞考古學家在蒙哥湖發現的男性古人類化石，經鑑定屬於現代智人（圖片為James Maurice Bowler所有，CC BY-SA 3.0）。

11　指過去歷史有火山活動紀錄，但現時處於休眠狀態的火山。

品，而那些沉積層的年代，可以追溯到距今約六萬年前。

這個年代資料震驚了考古學界，這說明，蒙哥湖地區在距今六萬年前至四．五萬年前，就有現代智人居住，這是非洲以外發現的現代智人化石中最古老的一個。考古學家在東南亞加里曼丹島（Kalimantan）、新幾內亞島（New Guinea）找到的現代智人遺跡，都是距今四萬多年前的。

人們立刻被一個問題困住了：從非洲東海岸到東南亞的現代智人，怎麼會比澳大利亞的現代智人還年輕？

澳大利亞四周被海水包圍，在幾千萬年之前，這塊大陸就不再與其他大陸有陸路相連，動物群非常古老。所以，在這塊大陸發現的古人類，必然是從其他大陸遷移過來的。可是考古學家在東南亞發現的現代智人，最古老的距今也只有四萬年，而根據蒙哥湖人類化石分析，顯然現代智人在距今約六萬年前就到達了澳大利亞大陸。

難道現代智人從故鄉非洲直接坐飛機到澳大利亞大陸？這當然是開玩笑，考古學家需要更合理的解釋。他們透過研究各地原住民的基因，來尋找現代智人遷徙的線索。從基因分析看，在距今七萬年前，現代智人走出非洲，並從非洲的東北部海岸一帶出發。此外，**澳大利亞原住民的基因很複雜且古老，和非洲黑人很接近，這說明他們的確是從非洲遷徙過來**，這些原住民很可能就是蒙哥湖那位古人類男性的後代。

在非洲和澳大利亞大陸之間的印度南部，考古學家發現，一些原住民的基因和澳大利亞原住民很相似。另外，印度洋安達曼島（Andaman Islands）上的原住民與非洲的桑人（San）、俾格米人有許多共同特徵：個子矮小、黑皮膚、濃密的卷髮。這是因為安達曼島相對孤立在海中，並沒有受到後續其他部族的侵擾，基因上保留了更古老的狀態。

基因研究還告訴世人，這一支最終到達澳大利亞大陸的現代智人，基本上只分布在印度洋沿岸和澳大利亞，並沒有遷徙到大陸深處和太平洋沿岸。根據基因提供的資訊，考古學家基本上可以描繪出現代智人走過的沿海路線：從非洲東北海岸出發，經過印度沿海，途經東南亞島嶼，終於到達了澳大利亞大陸，最後在距今三萬年前，進入了我在上一章介紹發生塔州技術悲劇的島嶼。

現代智人沿著冰河時期的海岸遷徙，所以沿途的許多現代智人遺址應該就在海岸線——冰河時代的海岸線，而非現在的海岸線附近。冰期結束後，地球回暖，海平面大幅上升，淹沒許多沿海地區的古人類遺址，所以考古學家沒能發現那些更古老的遺址。

那麼，這批在海岸高速公路上「暴走」的現代智人曾到過中國嗎？

基因研究的結果是：到過。

這批「海岸暴走族」的航海能力應該很強。澳大利亞大陸在上億年前就與其他大陸分離了，這裡的動物非常古老，在現代智人到達前，澳大利亞大陸上連靈長類動物都沒有，當然也不曾有任何古人類。直立人之一的爪哇猿人，曾經居住在距離澳大利亞大陸只有一百公里的北方島嶼上，卻只能望洋興嘆。即使在冰期海平面下降的條件下，從東南亞的島嶼跨海到達澳大利亞大陸，仍然要穿越驚濤駭浪，沒有先進的航海工具和優秀的航海技術，是不可能做到的。

優秀的航海能力讓海岸暴走族在抵達東南亞後，不僅向南到達了澳大利亞大陸，而且繼續沿著海岸線向北挺進，而東南亞的北面，就是今天的中國。時間可能非常早，距今約五萬年前，中國的海岸線就出現了現代智人的身影。令人遺憾的是，那時候的海岸線如今已經被海水覆蓋了。

這批現代智人順著中國東南部海岸一路向北，甚至抵達朝鮮半島和日本列島。在今東北亞和蒙古等地的現代人中，高達五〇%的人擁有現代智人的基因。這說明他們不僅喜歡在海岸線衝浪，而且曾經深入內陸地區，所以中國東北地區也是這批現代智人的途經之地。

也許是過於痴迷於海岸生活，不善於在內陸謀生，也可能是大冰期的大陸內部過於寒冷，不適合當時的人類生存，總之，這批現代智人留到今天的後代並不多。現代人中的絕大多數，都來自另一批走出非洲的現代智人。

發明標槍和弓箭，老祖先邊打獵邊前進亞洲

在距今五萬年前，又一批非洲現代智人遠行，他們踏著距今十萬年前那批壯烈前輩的足跡，再次勇敢的跨過撒哈拉沙漠，朝北走向了西亞地中海沿岸。

人類史前歷史掀開了新的篇章。

與早自己兩萬年出發的海岸暴走族不同，這批現代智人更擅長狩獵，比自己的祖先海德堡人更加優秀，我在這裡稱呼他們為「草原狩獵族」。

考古學家發現，在距今六萬年前至五萬年前，**遠古人類發明了世界上最早的人造投射裝置——輕型標槍和弓箭**。這種遠距離獵殺動物的武器提高了狩獵的效率，並降低人類與猛獸直接搏鬥導致的死亡率，人口增長率因此大大提高，出現了一次人口膨脹。可能是因手握尖利的木製標槍與弓箭，使得這批走出非洲的現代智人「不屑」沿著海岸線旅行，而是熱衷於追逐大型動物走向西亞。

憑藉新發明出來的弓箭，草原狩獵族發現歐亞草原帶簡直是人間天堂。綿延萬里的歐亞草原帶（見下頁圖11），就是他們的「草原高速公路」，沿著草原帶，他們迅速進入當時水草豐美、野獸成群的中亞地區。卓越的狩獵能力，讓他們能在寒冷的大陸內部生存並壯大。然後，實力強大的他們以中亞為基地，繼續向四周擴散。

其中一支南下進入印度次大陸，當他們抵達印度海岸附近時，遇到了比自己早一萬多年來到印度的海岸暴走族。即使經過了一萬多年，海岸暴走族仍人丁單薄，根本不是凶悍的草原狩獵族的對手。基因研究表明，海岸暴走族的女性融入了草原狩獵族的人群中，而男性基本上都斷絕了後裔。

難道草原狩獵族殺死了海岸暴走族的男人，搶走了海岸暴走族的女人？

這種可能性很大，遠古不同人群之間的融合過程，不但沒人權，也沒有法律的束縛，當時流行叢林法則，我們還會在接下來的人類歷史中，頻頻看到殺死男人、搶走女人之類的事件。

草原狩獵族中的另一支，沿著草原帶

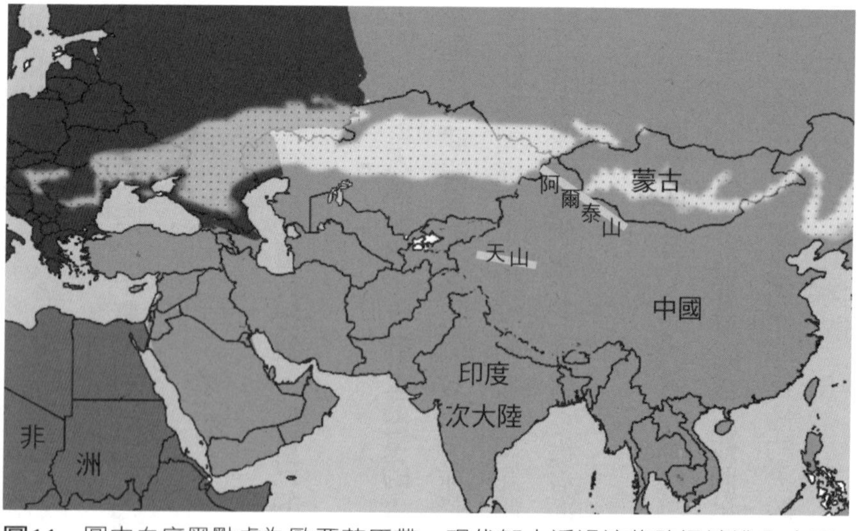

圖11　圖中白底黑點處為歐亞草原帶，現代智人透過這條路迅速進入中亞。

一路向東，越過了長期隔絕東亞和中亞的天山、阿爾泰山等山系，進入蒙古和中國北方。從基因比例上看，一半以上的東亞人群中擁有草原狩獵族的獨特基因。他們可能在距今三．五萬年前至三萬年前抵達中國北方。

長達百萬年裡，中華大地一直「門庭冷落車馬稀」，除了在本地艱難掙扎的少量直立人部落，沒有什麼人氣，幾乎不見「來客」。在距今五萬年前至三萬年前，中華大地突然間變得熱鬧起來。這個時期，至少有兩批現代智人——海岸暴走族、草原狩獵族分別來到東亞，這裡可能還存在著少量直立人和丹尼索瓦人，如果後面這兩類人沒被大冰期或現代智人消滅的話。

現代智人能衝破地理阻隔，頻頻進入中華大地，一方面是由於自身更有智慧、技術能力更強，另一方面是由於「天時」配合，他們抓住了氣候的有利時機。

中國古氣候透露了相關資訊。分析黃土高原沉積的古土壤裡化學元素，其結果表明，距今九萬年前至六萬年前氣候寒冷，估計這段時期全球都處於寒冷時期，也正是在這個時期，現代智人抓住海平面下降的機會，沿著海岸線走出非洲，海岸暴走族展開了一輪大擴張。距今六萬年前至二．五萬年前，黃土高原處於相對溫暖的時期，對應現代智人向歐亞大陸遷移，草原狩獵族大擴張。距今二．五萬年前至一．四萬年前，黃土高原又變得異常寒冷。

另外，中國內蒙古西部曾經有一個很大的湖泊，叫作居延海。唐代詩人王維曾寫一首詩《使至塞上》：「單車欲問邊，屬國過居延。徵蓬出漢塞，歸雁入胡天。」詩中的「居延」，就是指居延海。這首詩的下一句更有名：「大漠孤煙直，長河落日圓。」這說明居延海在唐代還存在，但周邊已經是大漠風光了。

科學家分析這個古湖泊沉積物中的化學元素，湖水在距今三．七萬年前至三．四萬年前、距今三．一萬年前左右、距今二．八萬年前至二．六萬年前的時段水位高，說明當時氣候溫暖溼潤；在距今一．九萬年前至一．四萬年前的時段水位低，對應氣候乾旱（可能還有寒冷）。距今三．七萬年前至三．四萬年前，正是草原暴走族越過天山、阿爾泰山東進的時段。

如果對照古氣候變化與現代智人擴張，我們可以看出，現代智人在東亞的遷徙有一個「蹺蹺板效應」：

當全球氣候寒冷時，內陸冰天雪地，不適合人群居住和遷徙，而沿海海平面下降，適合人群生活和遷徙，於是南方的海岸暴走族及其後裔相對擴張；當全球氣候溫暖時，內陸春暖花開，適合人群居住和遷徙，沿海海平面上升，給沿海居住的人群帶來麻煩，於是北方的草原狩獵族及其後裔相對擴張。

這個蹺蹺板效應，能讓我們發現幾萬年以來現代智人在中華大地上遷移的線索，理解不同時段中國古人類的面貌。現在，讓我們回到北京周口店，來親密接觸幾萬年前的現代智人祖先們。

「等等，你不是說周口店北京猿人並非中國人祖先，他們在距今二十多萬年前就離開那裡了嗎？」

當然，距今幾萬年前，周口店已經沒有了北京猿人，但是由於現代智人的擴張，他們也看上了龍骨山這塊風水寶地，那裡重新興盛起來。

二〇〇一年，考古工作者在距離周口店北京人遺址六公里處的田園洞，發現包括下頜骨和部分肢骨在內的古人類骨骼和豐富的哺乳動物骨骼，這一古人類被稱為「田園洞人」，幾年後科學家根據骨骼內的化學同位素，確定田園洞人生活的年代在距今四．二萬年前至三．八五萬年前。此後的基因檢測表明，田園洞人屬於現代智人，攜帶了極少量的尼安德塔人和丹尼索瓦人基因。

從生活時代看，田園洞人很可能是海岸暴走族沿著海岸北上後的後裔。雖然今天的周口店距離渤海海邊一百七十多公里，但在幾萬年前，渤海灣的海岸線在今天津市的武清到靜海一線，當時周口店距離海邊只有約一百公里（見下頁圖12），從龍骨山向東南到達海岸邊，基本上是一馬平川（指地勢平坦、廣闊），此後的海退以及河流沉積，把海岸線向海洋方向推進一大段。當年的海岸暴走族後裔從海邊到達周口店並不困難。

另一個可以間接支援田園洞人是海岸暴走族後裔的證據，來自南美洲叢林中的現代亞馬遜人。基因對比發現，在美洲原住民各個人群中，只有亞馬遜人與田園洞人的遺傳關係最近。

這意味著，現代亞馬遜人的古人類祖先可能與田園洞人關係密切。由於美洲人群都從亞洲遷移，如果只有田園洞人這一支現代智人遷入美洲，那麼現代美洲所有原住民人群，都應該與田園洞人的遺傳關係密切。可實際情況是，只有遠在南半球南美洲的亞馬遜人與田園洞人遺傳關係很近，這說明，與田園洞人親緣關係很近的一支現代智人，很有可能很早遷入美洲，後來又有其他現代智人進入美洲。

考慮到海岸暴走族具備出色的航海能力，所以很早就擴張到東北亞地區，亞馬遜人的祖先可能要追溯到海岸

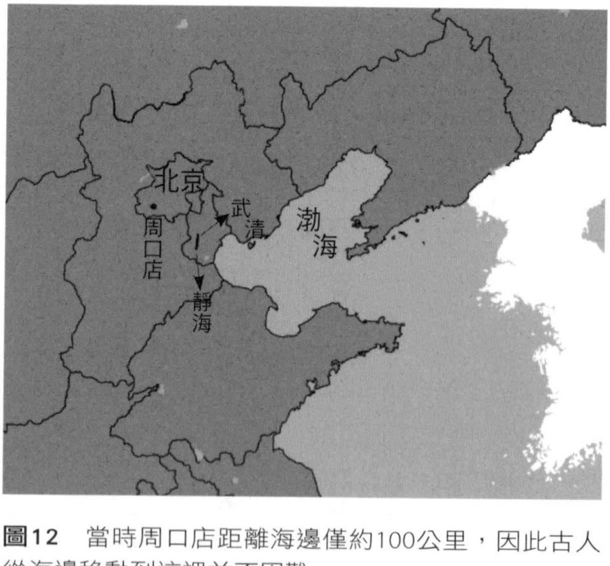

圖12　當時周口店距離海邊僅約100公里，因此古人從海邊移動到這裡並不困難。

暴走族，所以，田園洞人可能也是海岸暴走族的後裔。關於美洲人群的起源與擴張，本書將在後文詳述。

基因研究還揭示，田園洞人可能不是現代中國人的直接祖先，也許沒有後代存活到今天。田園洞人最終斷子絕孫了。

而龍骨山上的另一種古人類，在田園洞人之後崛起於山頂的洞穴中，他們就是大名鼎鼎的山頂洞人。早在一九三三年，山頂的鐘乳石山洞中就出土古人類骨骼。正是因為被發現得很早，山頂洞人的頭骨原件和一些骨骼標本，遭遇和周口店北京猿人一樣的命運，在戰火中遺失了。

山頂洞人顯然是心靈手巧的一類人，他們有大量的裝飾品，穿孔的獸牙、海蚶殼、小石珠、小石墜、魚眼上骨和刻溝骨管等。山頂洞人的骨器和裝飾品製作得十分精美，他們已經掌握了鑽孔技術，不僅會一面直鑽，而且還能兩面對鑽。

山頂洞人的居住環境分成了幾個洞室，科學家對裡面的動物殘骸進行放射性定年法[12]，發現洞穴的上室和下室動物的生活年代分別，是距今二．九萬年前至二．四萬年

12　又稱放射性年代測定法，利用測定被測定物中某些放射性元素與其衰變產物的比率。

前，和距今三．四萬年前至三．三萬年前。由於這些動物應該是被山頂洞人獵殺的，因此這個時間也等同於山頂洞人的生活年代。

從山頂洞人的時段看，他們剛好生活在冰河時代相對溫暖的日子裡。由於科學家沒能獲得山頂洞人的遺傳訊息，因此無法透過分子生物學判斷其祖先是誰、是否有後代存活到今天。不過，從他們卓越的穿孔技術和骨針工具來看，很可能是延續自草原狩獵族，後者用骨針來縫製獸皮衣服。再考慮到山頂洞人的生活時代，剛好在草原狩獵族東進後，所以他們很可能是草原狩獵族後裔，他們與早一萬多年來到周口店的田園洞人，並不是一類現代智人。只是不知道兩批智人是否曾經在龍骨山相遇。

龍骨山上古人類的更替，集中反映了幾萬年以來中華大地上，古人類格局的風雲變幻。在氣候變遷這個幕後導演的指揮下，以及在自身人群生存壓力的驅動下，不同人群在中華大地上南來北往，為了夢中的明天而持續奮鬥（見下頁表1）。

從擁有的石器種類來看，以山頂洞人為代表的這批現代智人，在當時的中華大地上廣泛分布，至少從華北地區北部向南到黃河流域，都有類似技術和文化的古人類活動。我們今天所稱的中原地區[13]，是當時他們重要的活動區域，不同部落分布在平原的河谷地帶，在水源和食物條件適合的地方安營紮寨，形成較長時間居留的營地。他們圍繞自己的營地，在周邊形成放射狀的臨時活動點，從事狩獵、採集，選取合適的石料加工石器。

有趣的是，考古學家在鄭州南部發現距今三萬年前的古人類遺址，這批古人類遠距離搬運紫紅色石英砂岩，專門壘砌成石堆基座，在上面擺放巨大的古菱齒象頭，這種大象成年體重都在十噸以上。

他們為何要這麼做？是出於對巨獸的恐懼或崇拜，還是想透過儀式來祈求狩獵豐收？我們不得而知。不過，這種類似於祭祀

13 指以中國河南省為核心延及黃河中下游的地區。

表 1　不同時期不同地區的古人類

<table>
<tr><th colspan="2">古人類進化階段</th><th>非洲大陸</th><th>歐亞大陸東部</th><th>歐亞大陸西部</th></tr>
<tr><td rowspan="2">智人階段
(距今 40 萬年前至今)</td><td>晚期智人</td><td>……</td><td>山頂洞人
田園洞人</td><td>克羅馬農人</td></tr>
<tr><td>早期智人</td><td>長者智人</td><td>丹尼索瓦人</td><td>尼安德塔人</td></tr>
<tr><td colspan="2">直立人階段
(距今約 200 萬年前至 20 萬年前)</td><td>非洲海德堡人</td><td>北京猿人
元謀人
爪哇猿人</td><td>歐洲海德堡人
喬治亞原人</td></tr>
<tr><td colspan="2">能人階段
(距今約 300 萬年前至 200 萬年前)</td><td>能人</td><td>無</td><td>無</td></tr>
<tr><td colspan="2">南方古猿階段
(距今約 500 萬年前至 200 萬年前)</td><td>阿法種
非洲種
粗壯種
鮑氏種</td><td>無</td><td>無</td></tr>
</table>

的活動，表明當時的古人類有著豐富的精神世界。

山頂洞人的快樂時光大概持續幾千年到上萬年，從距今約二．五萬年前開始，全球進入了非常寒冷的時期，也就是「末次冰盛期」。

科學家根據碳十四同位素資訊，確定冰盛期的具體時限，在距今二．六五萬年前至一．九萬年前，當時全球陸地約有四分之一長年被冰雪覆蓋，而今天全球陸地則只有十分之一長年被冰雪覆蓋。由於大量的地表水凍結成固態的冰，全球海平面比現在低一百公尺，甚至更多。

從氣溫上看，冰盛期全球平均氣溫比現在低攝氏五度至十度，在中高緯度地區，甚至可能比現在低攝氏二十度；在赤道地區，平均氣溫可能只比今天低攝氏二度至三度，影響不大。酷寒的氣候持續了七千五百年，直到距今一．九萬年前，北半球大部分冰川才開始融化、退縮，冰盛期結束。

冰盛期中，中華大地也千里冰封、萬里雪飄。距今二．七萬年前至一．八萬年前，陝西秦嶺地區出現了雲杉、冷杉林。這些樹木生長在海拔近三千公尺、年均溫約攝氏二．五度至五．七度的環境中，而今秦嶺一帶，年均溫在攝氏十三度，兩相比較，距今約兩萬年前，秦嶺地區氣溫比現在低攝氏七度至十度。估計山頂洞人活動的華北地區也比今天低攝氏十度左右。

由於氣候變冷、變乾，生態環境惡劣，植物類型發生變化，喬木和木本植物減少，草本植物增加，其中的禾本科植物明顯增加，而漿果類植物減少，人們的採集活動變得艱難。

因為太冷而南遷，古人類的萎縮期

冰盛期的到來，使得古人類的生存方式有了很大的改變，反映在他們所使用的石器上，石葉、細石葉工具成為主流，這是適應乾冷環境、頻繁遷移、專業化的狩獵人群所使用的工具。

在這段最寒冷的時光中，即使山頂洞人的後裔還活著，他們應該不會繼續在華北北部的龍骨山居住，他們可能向南遷徙。說不定當時也有很多原本生活在歐亞草原帶的草原狩獵族後裔，為了躲避嚴寒向南遷徙而來，進入中華大地，生活在中原地區甚至更加靠南的區域。

南方畢竟暖和一些，食物豐富一點。他們就如同中國歷史上那些草原游牧部落一樣，在氣候變冷時頻頻南下，只不過他們的時代早了兩萬年，他們也還沒學會騎馬，只能依靠步行。他們南遷，可能也不像後來的游牧部落南下那樣戰火紛飛，因為距今兩萬年前的寒冷時期，大地上本來就沒有多少人群了。

總之，在冰盛期的時代，很可能發生過古人類從中國北方地區南下的遷徙事件。尤其對古老的北方人群來說，這是一段古老祖先群體的萎縮期。

那麼，在山頂洞人以及之後的冰盛期這段時光中，中國南方地區是什麼景象？就在山頂洞人及其夥伴於距今三萬年前在中國北方擴張時，中國南方也並不平靜。海岸暴走族很早就在東南亞地區生活，他們的後裔在那裡養精蓄銳；從中亞進入南亞的草原狩獵族，也在四處擴張，他們的後裔進入東南亞地區，使得東南亞地區出現各種類型的人群，或者按照分子生物學家的說法，有各種基因型的人群在那裡生活著。

借助溫暖的氣候，這些人群紛紛湧入中國南方地區。他們進入中國的路線可能有兩條：一條就是透過海岸高速路，從華南地區深入內陸；另一條可能是從東南亞腹地順著河流北上，進入今天的雲南地區。分子生物學家發現，緬甸的現代人群中有很多古老的基因型，這些基因型也出現在中國西南地區的現代人群中，這說明兩個地區有人群交流。透過分析基因，學者們大概可以判斷，在距今二．五萬年前或更近的時段，有古老人群從緬甸向北遷入中國境內。

分子生物學家透過綜合各地現代人群的Y染色體和粒線體ＤＮＡ的資料，從父系遺傳和母系遺傳兩條線索，追溯現代智人在中華大地的擴張情況。他們發現，一部分Y

染色體的基因型，與一部分粒線體ＤＮＡ的基因型分布相似；而另一部分Ｙ染色體的基因型，與另一部分粒線體ＤＮＡ的基因型分布相似，可以分別用組合一和組合二來代表這兩個基因型人群，其中組合一在北方現代人群中比例很高，組合二在南方現代人群中比例很高。而且，由於兩種組合有大致相等的基因多樣性，因此可以判斷，分別攜帶這兩種組合的古老人群，基本上同時進入中國境內。

令人驚訝的是，這兩種組合的人群並不是分別從北方和南方進入中國境內。分子生物學家發現，他們都是從南方進入中國，然後逐漸向北擴張。只是組合二在南方地區擴張得比較早，因此很多南方現代人群中擁有這種基因型組合。組合一進入中國境內，在遷徙到北方地區後才開始大肆擴張，因此很多北方現代人群中擁有這種基因型組合。

真正來自蒙古高原、西伯利亞地區的基因型，也就是從歐亞草原帶南下的古老人群的基因，在今天的現代人群中所占比例很小。那些在冰盛期南下中原的古老北方人群，那些山頂洞人的夥伴，他們的命運可能不容樂觀。

讓我們猜測一下，熬到了距今一．九萬年前冰盛期結束後，中華大地上的古老人群的遷徙情況。

在冰盛期的打擊下，北方古老人群損失慘重，這不僅意味著他們的人口和部落數量大幅減少，也代表他們喪失很多特有的基因型。就像在地球歷史上出現多次生物大滅絕事件一樣，冰盛期也滅絕許多古老人群。冰盛期時南方古老人群受到的打擊較小，他們的人口、部落以及基因型的多樣性遠比北方更多。當冰盛期結束，一個相對溫暖的時期來臨時，人丁興旺的南方古老人群紛紛開始「北伐」，向正在回暖的中原地區甚至更北方挺進。

在今天的中國各民族中，以基因多樣性從多到少排序，依次是南方非漢族人群（即南方各少數民族）、南方漢族人群、北方漢族人群、北方非漢族人群（即北方各少數民族）。即使中國歷史上不斷發生族群融合，也仍然存在這樣的基因型南北分布差別，這正是南方古老人群向北擴張留下的痕跡。**哪裡的基因多樣性更豐富，哪裡就是故鄉，是遷徙的起點**。

不同人群牙齒類型的分布，也揭示了古老人群擴張的方向。其實在分子生物學家展開現代智人遷徙路線的研究領域之前，考古學家已經用牙齒類型的分布，來探索遷徙路線了。

考古學家發現，亞洲東部的古老人群的牙齒類型可以分成兩類：中國型和巽他型。中國北方、蒙古、韓國、西伯利亞人群乃至印第安人的牙齒基本上屬於中國型，而東南亞、太平洋諸島上的人群的牙齒屬於巽他型。在日本，絕大多數人的牙齒屬於中國型牙齒，古代的繩紋人和現代的愛奴人的牙齒屬於巽他型牙齒。中國華南地區的人群，似乎處於兩類牙齒類型分布的中間地帶。

根據牙齒類型的分布，考古學家提出，巽他型牙齒可能於距今三萬年前至一．七萬年前的某個時刻，在東南亞地區產生，然後這種牙齒類型的人群沿著東亞大陸架向北挺進。由於當時是冰期，海岸線向海洋大陸架方向延伸，當時的日本、臺灣和東南亞島嶼很多都與大陸相連。另外一支東南亞古老人群稍後從大陸的內陸向北進發，在中國北部產生了中國型牙齒類型，時間可能是在距今二．五萬年前至一．八萬年前的某個時刻，然後他們再繼續向北進入西伯利亞，乃至跨海進入美洲大陸。

考古學家對牙齒類型擴散的描述，和分子生物學家用基因來推測南方人群的北進路線基本吻合。巽他型人群可能就是組合二，中國型人群可能就是組合一。

而且看起來，組合一與組合二在很長的時間裡基因交流很少，各自基本上保持著自己的特色基因型。這個現象為我們理解幾萬年前現代智人的遷徙模式，提供了有益的線索。

與直立人相比，現代智人由於智慧更高、技術升級，因此生存能力更強，他們的群體數量更多，每個群體的個體數量也更多，而且還具有很強的遷徙能力。總之，在人類進化到現代智人階段後，除了運氣不好遭遇塔州技術悲劇的少數群體外，現代智人基本上擺脫了塔州技術悲劇和功能性滅絕的威脅。

即便東亞與歐亞大陸其他區域之間有地理阻隔，也已無法阻擋現代智人的腳步。他們在遷徙過程中面對的環境，是廣闊且基本空曠的大地，這個時期的古人類擴張可以用「填空模式」來描述，自然界中散布著許多適合現代智人生活的空間，「長路漫漫任我闖」，他們在幾萬年中不斷繁衍、遷徙，填補這些空間。

生活在不同空間的遠古人群，在相當長的時間裡踏上各自的進化之路。由於天寬地廣，分散各處的不同人群之間的基因交流尚不頻繁，因此相對獨立的進化使各個人群擁有了自己獨特的基因型。這種現象在分子生物學裡叫作「遺傳漂變」，比如一個大的群體分出去了幾個小群體，這些小群體分別只擁有大群體基因庫中的一部分基因型，隨著時間的推移，這些小群體不斷繁衍，其基因型已經變得與大群體不一樣了，小群體彼此之間也變得不一樣了。

現代智人走出非洲後的幾萬年遷徙歷史，也是群體遺傳漂變的歷史。一個大的群體不斷分化出小的群體，占據不同的生存空間，在新家園中獨立進化。在這個時期，基因型的漂變、分化趨勢大於基因型的交流、融合趨勢。就這樣，東西南北的中華大地上，形成了燦若繁星的不同基因型的古老人群。

從距今七萬年前開始的地球歷史上的末次冰期，在距今二萬年前達到最冷的冰盛期之後，終於有點強弩之末的頹勢了。

地球變得溫暖，尤其是在內陸地區。春風又綠江河岸，暖風吹得古人醉。借著這股珍貴的暖風，現代智人祖先一撥撥的南下北上，跋涉萬里而來，他們的腳步踏遍中華大地，散布居住在天南地北。他們既聰明又能幹，再也不像東亞直立人前輩那樣被大自然左右，東亞的現代智人正在變得越來越強大，他們很快將掌握新的技能，真正開始掌控自己族群的命運。

基因番外篇

尼安德塔人的多情，讓歐亞人膚色漂白了

在現代人身上，大約一．七%的基因來自尼安德塔人。換句話說，我們的智人祖先曾經與尼安德塔人有過雜交。實際上，智人簡直是「見一個愛一個」，他們也曾與丹尼索瓦人有過雜交。生活在高原上的藏族人、彝族人和雪巴人，以及太平洋海島上的美拉尼西亞人、巴布亞紐幾內亞人體內，都有相當可觀的丹尼索瓦人基因。以整體現代人平均來看，大約有〇．五%的基因來自丹尼索瓦人。高原民族適應缺氧環境的基因，就來自丹尼索瓦人。

尼安德塔人與丹尼索瓦人同樣「用情不專」。從他們可能的共同祖先海德堡人分離出來後，兩者之間也發生過雜交，至少〇．五%的丹尼索瓦人基因來自尼安德塔人。丹尼索瓦人還與另一個未知的人種進行過雜交。這一未知人種也許是海德堡人的另一個支脈。

在尼安德塔人賦予我們的基因中，有一個與角蛋白合成有關。

角蛋白是一種纖維狀的蛋白，是構成我們的毛髮、皮膚角質層和指甲的關鍵結構材料。現代智人剛走出非洲時，頭髮可能是捲的。而今天的**歐亞人群中有些人擁有直髮，是因擁有尼安德塔人的基因**。

此外，還有一個涉及皮膚色素合成的基因也來自尼安德塔人，使歐亞人群膚色變淺，與自己的非洲同類不一樣了。較淺的膚色在高緯度地區是一大生存優勢，因為在陽光不太充足的條件下，**較淺的膚色合成維生素D的效率更高，人若缺乏維生素D，容易得佝僂病和軟骨病**。

古人類之間的雜交只是個別行為，並沒有大規模的發生。跨越人種的雜交行為，可能也就發生過寥寥數次。但是獲得了其他古人類基因的個體，很幸運的擁有了明顯的生存優勢，所以這些基因在人群中逐代擴散開來，以至今天生活在歐亞大陸上的現代人，都或多或少擁有尼安德塔人的基因。

不過，並非來自尼安德塔人的基因都是有益的。我們從尼安德塔人那裡獲得的幾個基因，會讓我們更容易患某些疾病，其中包括第二型糖尿病、紅斑性狼瘡[14]和克羅恩

14　Systemic Lupus Erythematosus。簡稱SLE。發病的原因，據研究與基因及環境均有關係。

病[15]。此外，科學家還猜測，來自尼安德塔人的某些基因可能會導致生育障礙。所以，在現代人的X染色體上，幾乎沒有來自尼安德塔人的基因。

15 一種慢性腸炎，也可以稱為迴腸炎或腸炎。在克羅恩病中，炎症深入到胃腸道受影響部位的內壁。腫脹會引起疼痛，並使腸經常排空，從而導致腹瀉。

第三章

古人棄狩獵改農耕，其實是迫不得已

中華大地上響起的第一首器樂曲，可能是小小的骨笛發出的。

河南舞陽賈湖遺址[16]，幾十支距今九千年前至七千八百年前，截取丹頂鶴的翅骨製成的**骨笛**（見圖13）破土而出。這是**迄今為止考古發現的中國最古老的樂器**。

賈湖骨笛一般長二十多公分，直徑約一．一公分，圓形鑽孔都分布在同一側，通常有七孔。個別笛子的主音孔旁還鑽有小孔，這可能是古人的調音孔，骨笛開孔後先要試音，如果音律不諧，再開小孔做微調。可見當時古人的聲律技巧已經非常精湛。

在遠古時代，物質條件低下的古人們哪裡來的閒情逸致吹奏音樂？

「倉廩實而知禮節」，只有吃飽了肚

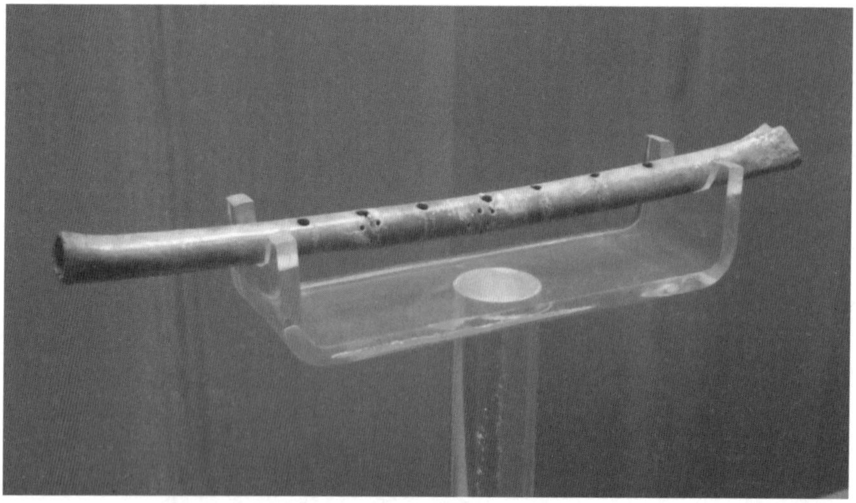

圖13　賈湖遺址出土的骨笛，是迄今為止考古發現的中國最古老的樂器（圖片取自維基百科）。

子，人們才會注重社會禮儀、文化與藝術，所以，當古人把野草變成佳餚，把野獸變成家畜，成為中華大地上的第一批農民，開啟中華大地上的「農業革命」之後，賈湖的骨笛才被製造出來，被人們吹奏。

種植粟和黍，不得已的選擇

在農業產生前，古人藉由漁獵和採集來獲得食物。而農耕則是很辛苦的生活方式，尤其考慮到農業誕生之初農作物產量低，田間勞動就更顯得辛苦了。農耕獲得的糧食蛋白質含量少，味道也不如獵物和瓜果。耕種具有的唯一優勢，就是能養活更多人口。

在土地和勞動時間相同的條件下，農耕活動可以提供古人更多的食物，或者說更多的能量，讓更多的人吃飽飯，雖然吃的差一點。

比較農耕方式與其他生產方式，我們可以猜測，**古人選擇**更為辛苦的**農耕**，其實

---

16 出土了現在仍可吹奏的五聲至七音階骨笛、具有早期文字性質的甲骨契刻符號、粟及稻栽培遺跡、中國最早的家豬、人工釀酒遺跡等。

是「迫不得已」的，很可能**是由於環境所迫**。

因此，在追蹤我們的第一批農業祖先之前，我們要先了解末次冰期結束後的全球氣候變化。

距今一．八萬年前，是末次冰期最為寒冷的時候，之後四、五千年，地球逐漸回暖。到距今一．四萬年前，出現一段非常溫暖的時期，海平面迅速回升。

在距今一．二八萬年前至一．一五萬年前，出現名為「新仙女木期」的降溫事件，全球氣溫下降了攝氏七度至八度。之後地球又一次回暖，一直到距今八千四百年前，再次迎來一次降溫事件，不過這次降溫比新仙女木期要弱。

中華大地上農業的萌芽時段，可以追溯到新仙女木期及之後的回暖期。降溫事件對中國北方古人的衝擊，遠大於對南方古人的衝擊，因此我們先來了解北方古人面對降溫事件，所開展的「生產自救」活動。

在距今一．四萬年前的那段溫暖期，許多生活在寒冷氣候區的大型動物，活動範圍向北方移動，北方古人的狩獵目標以野豬、鹿等喜溫動物為主。溫暖的氣候下，豐富的食物養育了更多人口。然而，新仙女木期突然而至，自然環境變得惡劣，許多大型動物數量減少甚至滅絕。由於能狩獵的動物銳減，若不開闢新的食物來源，大量的北方古人將會餓死。

飢腸轆轆的祖先們把目光投向漫山遍野的野草。狗尾草和野糜子是廣泛生長在中國北方的一年生禾本科植物，它們結出的顆粒很小。在溫暖環境，動物和漿果食物豐富的時期，北方古人也許看不上這兩種草的籽粒，但是在寒冷歲月，他們必須珍惜自然界中任何可以吃的東西，即使是一小粒的狗尾草和野糜子籽粒也不能放過，有什麼就吃什麼。

除了廣泛採集植物籽粒外，聰明的現代智人甚至考慮把一些產量比較高、顆粒飽滿的植物籽粒挑選出來，播撒在大地上，讓它們肆意生長，希望在未來結出更多的籽粒。就這樣，他們從採集方式向農耕方式邁出了第一步。

狗尾草是粟——日常生活中的小米——的野生祖先，今天我們主要用粟來熬粥；野糜子則是黍——就是今天所說的黃米——的野生祖先，在現代農業中已經很少種植了，不過在一些北方特色食物，比如驢打滾[17]、黏豆包[18]，我們還能與黍相遇。

17　又稱豆麵糕，是一種以糯米做皮、紅豆做餡的滿族傳統小吃。

18　一種來源於滿洲的食品。滿族人傳統上喜歡黏性的食品，有利於在寒冷天氣裡，長時間進行戶外活動，如狩獵等。黏豆包在中國東北地區非常普遍。

粟和黍都是原產於中國北方的農作物，但是學者還沒完全搞清楚，它們最早被馴化的地點和時間。

最初，人們認為黃河流域自然條件優越，特別是平原地區利於灌溉，可能是粟和黍的起源地。但是，正因粟和黍都是從野草馴化而來，所以它們最初改良的地點，可能不一定是適合大規模農耕的地區，反而可能會是野草繁盛的地方，比如一些山間谷地。

此外，黃河流域**優越的自然條件，反而可能成為原始農業萌發的阻礙**，那裡的古人沒有太大的生存壓力去改良野草。在一些自然條件不是那麼優越的區域，比如更加靠北的燕山山脈，甚至東北地區的遼河流域等，氣候更寒冷，古人更有動力改良野草，以補充自己的食物來源。

植物考古正在證實這個猜想。

比如，植物學家在北京附近的東胡林人遺址[19]中，篩選出已炭化的粟粒，其從形態上看已經有了栽培粟的樣子，但是尺寸還非常小，這可能說明，當時那裡的古人已經開始嘗試馴化狗尾草成栽培粟，且還處於馴化的過渡階段。無獨有偶，其他植物學家在山西西南部的柿子灘遺址，篩選出了處於馴化過程的黍類籽粒，但是粟還處於野生階段。與之對比，在黃河流域對粟的馴化大概發生在距今八千年前，比更北方區域還晚。

有趣的是，粟和黍的馴化起源地可能也不一樣。從兩種植物的特性看，粟對水分的要求較高，主要生長於較溼潤的地區，而黍則多生長在較乾旱的地方。從植物考古的發現來看，栽培黍最早出現在中國北方森林草原植被過渡帶，它最有可能誕生於遼寧西部、內蒙古西拉木倫河流域、燕山山脈北麓，也就是今天四百毫米等降水量線[20]的北方，偏乾旱環境；栽培粟最早出現在稍微靠南方的區域，它最有可能誕生於太行山北部到燕山山脈南部一帶，在四百毫米等降水線的南方，偏溼潤環境。

讓我們透過一個古人的「糧食基地」，來一窺他們的農作物馴化過程。

河北南部、太行山東麓有一個磁山遺址，經過考古學家的多次發掘，一共發現了幾百個窖穴，其中儲存糧食的糧窖有近兩百個。僅僅第一次發掘中發現的八十八個糧窖，儲存的糧食就達到了一百零九立方公尺，折合糧食品質大約六．九萬公斤。如果再算上後期發現的糧窖糧食，古人的糧食基地儲量真是驚人。

19　繼北京人和山頂洞人舊石器文化遺址之後的重要發現，因發現於東胡林村，故被命名為東胡林人。東胡林人生活在大約一萬年前。

20　是一條從中國東北到西南的降水量線，大致走向為從大興安嶺、陰山、賀蘭山、巴顏喀拉山一直延伸至岡底斯山。該降水量線將中國分割為兩大區域，線的東南部是季風氣候，年平均降雨量在四百毫米以上，產業以農業為主；線的西北部是溫帶大陸性氣候，年平均降雨量在四百毫米以下，產業以畜牧業為主。

透過對糧窖糧食的測年，我們得知這些糧食是距今一萬年前至八千七百年前收穫和儲存的。這些萬年糧倉裡儲存什麼糧食？

磁山遺址裡的糧食早已腐朽，剛出土時是淡淡的灰綠色，風乾後變成了灰白色。不過人們還是能看出糧食的清晰外殼。籽粒雖然早已腐爛，但是植物學家知道，植物活著時，會在吸收水分的同時，吸收一點點可溶性的二氧化矽。由於二氧化矽會積澱在植物的各個部分，所以在植物死後，會形成耐腐蝕的植矽體，植物學家透過植矽體的形態，就可以反推植物的種類了。植矽體雖然不是植物的基因，但是和基因一樣保存了植物的資訊。

利用磁山遺址糧食的植矽體研究，植物學家發現，這個巨大的糧倉在距今一．〇三萬年前至八千七百年前的樣品中，灰化糧食的植矽體表明裡面全部是黍。距今八千七百年前至七千五百年前，糧窖裡開始出現少量粟的植矽體，但粟的含量一直沒有超過總量的三%，糧倉裡依然以黍為主。也就是說，磁山遺址的農作物灰化樣品主要是黍。萬年前的北方古人是吃黃米的，然後他們才馴化粟，吃了小米。

為什麼首先裝滿糧倉的是黃米而不是小米呢？首先應該歸功於黍比粟更加「皮實（堅固）」。

黍的生長期短，比粟更耐乾旱和貧瘠。當時的古人多居住在山谷有水源的地方，因為那裡是漁獵和採集的優良場所。古人技術能力有限，生活環境周圍又沒有大片可開墾的土地，因此黍成為他們補充食物來源的首選。另外，氣候變化顯然也在幫助黍率先脫穎而出。前文談到，北方古人受寒冷期影響，必須儘快找到新的食物來源，哪種植物最容易被馴化為農作物？哪種植物會率先填滿糧倉？結果就是，黍成為古人的首選，因為它容易被馴化，且更耐寒。

從野生品種到適合農耕的栽培品種，馴化農作物是一個漫長、漸變的過程，在這個過程中，古人透過一代代的篩選，讓單株植物籽粒越來越大、單位面積產量越來越高。假設大概一萬年之前古人就實現黍的基本馴化，那麼粟的基本馴化，大概要到距今八千年前了。那個時期的許多古人遺址，比如遼河流域、黃河上游及中下游的許多地方，都發現了具有馴化特徵的粟。

雖然粟的馴化比黍難，但是一旦馴化成功，古人就享受到粟的好處——產量更高。只要水肥條件跟得上，粟比黍的產量高。粟逐漸取代黍，成為古人糧倉裡的第一主糧。

粟最開始也種植在山谷地帶，一些中國古代傳說甚至留下一些種植線索。比如古書裡談到中國的「農神」——神農氏時，說「神農城在羊頭山，山下有神農泉，即神農得嘉穀之所。」「神農作，樹五穀淇山之陽，九州之民乃知穀食，而天下化之」。這裡所說的穀，主要指粟，傳說神農氏把粟種在山坡上，這應該是對古人早期種植粟的描寫。在先秦時代，古人常用社稷來比喻天下：社，就是土地之神，代表國家疆土；稷，則是優質的穀子——粟，是當時國民的糧食根本。

栽培粟出現後，黍的農業地位相應下降，不過它在北方仍然長期居於糧倉中的次席，是重要的輔助糧食。**黍**影響至今的一個重要貢獻，是它**定義了中國古代乃至當代的長度單位「尺」**。秦始皇統一天下後，要統一度量衡，於是選擇中等大小的黍粒，用橫排一百粒的長度，定義一尺的標準，再用一尺為單位，製作成裝糧食的斗，進而統一了品質單位，甚至還用尺這樣的長度單位輔助制定了陰曆。

我們仍然生活在由黍釐定的世界之中。

另一種起源於中國北方的重要農作物是菽，也就是大豆。與粟、黍等穀物糧食相比，菽勝在富含蛋白質、脂肪、維生素和礦物質。相同的品質，大豆的蛋白質含量卻是前兩者的六、七倍。

與其他豆科植物類似，大豆的主根和旁根上生有根瘤菌，能利用空氣中的氮元素合成蛋白質。因此，對無法獲得足夠動物蛋白的古代人來說，大豆具有非凡的意義，起碼他們能從大豆中獲得大量植物蛋白來補充營養。

菽的馴化可能比粟還要晚，目前還沒有搞清楚馴化的時間、地點。野生大豆廣泛分布在東北大興安嶺到西南雲貴高原。在甲骨文中，出現「受菽年」與「受黍年」同時占卜的現象，說明這兩種農作物的種植和收穫季節相近，暗示菽可能與黍的馴化區域相近。因此有學者推測，在北方的燕山山脈附近的山地、盆地等光照好的區域，可能是栽培大豆的起源地。

到距今約四千年前，中國北方的遼河流域、黃河流域乃至南方的長江流域，都出現了由野生大豆馴化而來的栽培大豆。之後甚至還產生原始榨油的技術，由此可知，古人已充分認識大豆的營養價值。

黍、粟、菽都起源於中國北方，它們的讀音也很相近，這不禁讓人猜想：在遠古時代，這樣的讀音可能是古代人為了統一的稱呼可食植物或植物籽粒，隨著這些植物依次被馴化，它們的讀音才略有分化。

在新仙女木期及之後出現的溫暖期，「環球同此涼熱」，歐亞大陸的氣候變化可能類似。因此，在中國北方馴化出可以填飽肚子和增加營養的黍、粟、菽後，農作物迅速的從中國向外傳播。

英國考古學家在距今約七千年前的歐洲地區，從黑海西岸到東歐和中歐的二十多個不同地點，都發現黍的遺跡。毫無疑問，這是中國馴化的黍向西傳播的結果。

粟緊跟著黍的傳播腳步，在距今五千年前，歐洲地區發現最早粟實物證據的年代；在距今三千年前，粟的種植量明顯增加。粟可能是先通過歐亞大陸的草原帶，經過今天的黑海沿岸進入歐洲。粟還向東傳播到朝鮮半島和日本列島，比如韓國的一處遺址出土了粟，經過年代測定，距今約四千五百年；日本北海道距今四千年前的遺址中，也出土粟。**粟甚至向西南傳到遙遠的古印度。有語言學家發現，古印度梵文中的粟的讀音「Cinake」，也是指中國。**粟可能是通過中國西南的橫斷山區的河谷，經過喜馬拉雅山南麓走廊傳播到古印度。

所以，**黍和粟不僅填飽中國北方古人的胃，還填飽廣大歐亞大陸乃至周邊島嶼居民的胃**。既然民以食為天，有了充足的糧食才有文化與文明，那麼中國的黍和粟西傳，算不算五千多年前，東亞對於西方文明的巨大推動？

東亞對於世界文明的貢獻，怎麼能少了南方古人的智慧結晶——水稻？

關於水稻的起源地曾經眾說紛紜。最早關注這個問題的西方學者發現，西方各種語言中的「稻」，源頭來自印度梵文，而印度恰好是野生水稻分布比較多的地區，因此他們猜測印度是水稻的起源地。

隨後東南亞和中國境內也發現大量的野生水稻，學者的視線又轉移到這些地方。一九五〇年代，學者提出水稻最初的馴化地點可能在東南亞，因為那裡動植物種類繁多，有大量的野生水稻可以用於篩選和雜交試驗。

以上觀點都受到質疑。正如我們前面談到的原理：**自然環境優越、生存壓力小的**

區域，不會是農作物誕生的首選地。南亞和東南亞動植物資源十分豐富，從事漁獵採集的古人沒有太大的動力去馴化植物，並從事更為辛苦的農耕。只有在農作物經過漫長馴化，產量已經足夠後，傳播到這些地區，那裡的古人才有動力去種植。

不論是從理論探討，還是實際的考古挖掘，最終學者探索水稻起源地的目光投向中國長江流域。一九九〇年代，考古學家在湖南北部發現城頭山遺址，遺址附近發現距今約八千年前的人工栽培稻，以及稻田的遺跡，遺跡中有水坑和水溝等原始灌溉系統，這可能是灌溉設施完備的最早水稻田。

此後的考古發現更加令人振奮，在江西北部仙人洞、吊桶環遺址，發現距今一．二萬年前的野生稻植矽石，和距今一萬年前的栽培稻植矽石證據，說明那裡的古人在上萬年之前就馴化水稻。

中國南方是水稻起源地

二〇〇四年在**湖南的玉蟾岩遺址**，還發現距今一．八萬年前至一．四萬年前的馴化水稻的證據，這是**目前所知世界上最早的稻穀遺存**。

所以，如今的學者們基本認定，**中國南方是水稻的起源地**。

栽培水稻主要分為兩大類：秈稻和粳稻。

秈稻適合生長於南方溼熱地區，所以現今中國長江流域及以南地區，種植秈稻為主；而粳稻適合生長於北方乾涼地區，今中國黃河流域以及更北方的東北地區，是粳稻的主要產區。

植物學家分析水稻的基因，認為最早出現的水稻是粳稻，比如在浙江河姆渡遺址中發現的距今七千年前的古水稻，經過基因對比，與絕大多數粳稻基因接近，說明中國**南方古人最早是吃粳稻的，也就是類似今天東北大米的原始品種**。稍後，很可能是在古印度的恒河平原，開始了秈稻最初的馴化過程，當地距今七千年前至五千年前的遺址，出土了古人消費稻米的證據；然後，**中國的粳稻品種傳到了古印度，與原始的秈稻進行雜交，改良了後者，使秈稻最終完成馴化過程**。

與北方黍和粟的漫長馴化過程類似，南方的水稻也經歷了數千年的馴化過程。今天的江浙地區是中國古代早期文明的誕生地之一，那裡的水稻馴化體現了古人與水稻之間相互依賴、協同發展的歷史。

距今約一萬年前，浙江有一個上山文化[21]，植物學家從遺址裡篩選樣品，僅僅發現了兩粒炭化的米。不過他們在當時古人製作陶器的陶土裡，發現稻殼摻入，古人把稻殼加入陶土中（見圖14），可能是為了減小陶土的黏性，以免燒製時陶器破裂。從他們製作陶器的工藝以及焚燒稻殼的灰燼遺跡中，我們可以推測，在萬年之前，水稻對於那裡古人的生活已經不可或缺，他們不僅採集水稻籽粒，而且還加以利用稻殼。

不過在上山遺址中並沒有發現明確的農耕工具，那裡出土的一些大石片，能當成石刀或石鐮使用，可以收割田野裡的野生水稻。古人可能也開始嘗試耕種水稻，只是這種活動可能還比較原始。

上山文化之後，距今七千年前

21 是中國迄今發現的年代最早的新石器時代遺址之一。

圖14　下圖為帶穀殼的陶片，當時古人製作陶器，把稻殼加入其中，可能是為了減低陶土的黏性，以免燒製時陶器破裂（圖片取自維基百科）。

至六千年前，浙江東部平原上的河姆渡文化[22]興起，植物學家在不同的遺址中找到了大量的植物遺跡，裡面就包括水稻籽粒。植物學家鑑定這些水稻籽粒，發現在河姆渡文化早期，即距今六千九百年前，栽培水稻所占的比例不到三〇%；到距今六千六百年前，栽培水稻所占比例接近四〇%。從這些資料，我們可以看到古人正努力提高自己的水稻種植水準，但在當時，他們的栽培水稻還無法取代野生水稻。

此外，當時有很多植物跟水稻競爭食物地位，考古學家在河姆渡文化遺址中發現大量其他可食用的野生植物，如菱角、櫟果、芡實、柿子、奇異果等，特別是富含澱粉且容易儲藏的櫟果。遺址中有很多櫟果的儲藏坑。換句話說，距今六千多年前，水稻農業還不發達，水稻只是古人的糧食之一，產量並不高。

中華大地什麼時候才算真正進入水稻社會？

浙江餘杭，一座宏偉的城池展現在世人面前。這座巨大的古城內外共有三層：外面一層是外郭，面積達八平方公里；向內第二層是內城，面積約三平方公里，城牆周長六．八公里，牆基寬二十公尺至一百四十五公尺，全用大卵石堆疊而成，牆體則用黃土堆積；內城的中心是宮殿，宮殿基址是一個規整的長方形高臺，臺高約十公尺，東西長達六百七十公尺，南北寬達四百五十公尺。在這座城池外面的北方和西北方，古人用一條草裹泥包壘砌的防洪大壩，構築了大型的水利工程，保護著城池免受洪災侵擾。

這座城池揭示了江浙地區一個高度發達的古老文化——良渚文化[23]。

良渚文化廣泛分布在環太湖地區，年代為距今五千兩百年前至四千三百年前。考古學家明顯感覺到，那個時期江浙一帶的文化遺址數量大增，反映出人口大幅增長。

發掘良渚古城的考古學家估計，僅修建古城中心的莫角山高臺、內城牆和外城牆以及周圍的大型水利工程，就需要約一千兩百萬立方公尺的土方量。如果簡單的以每人每天一立方公尺的土方工作量計算，大約需要三．三萬人不間斷的勞作一年。如果按照一萬人每年勞作兩百天來計算，整個工程建設時間需要六年多。

一個五千年前的古代社會要完成如此巨大的工程量，必須有足夠的勞動工人，而且還要能供給大量的糧食和其他生活用品，這就需要非常多的農業人員和手工業人員。只有發達的農業，才能支撐良渚文化和良渚古城崛起於東方。**良渚文化的根基，正是稻作農業**。

---

22 分布於中國浙江杭州灣南岸平原地區至舟山群島的新石器時代文化，因以浙江餘姚河姆渡遺址發掘最早，故稱作河姆渡文化。遺址中發現大量干欄式建築的遺跡。

23 中國新石器時代考古學文化之一，發展於長江下游環太湖地區，共發現五百多處遺址，以良渚遺址附近的莫角山為中心區。最主要特徵是使用玉器和隨葬。

植物考古的新發現，證實了良渚文化時期稻作農業生產水準的高速發展。例如，屬於良渚文化的茅山遺址古稻田，由灌溉水渠和田埂分割成長條形田塊，每個田塊面積一千至兩千平方公尺不等，古稻田總面積達五萬六千平方公尺，折算為八十四畝。再如，人們在莫角山高臺邊緣發現了一個大型灰坑[24]，坑內出土了數量驚人的炭化稻米，估計原本是一處儲存糧食的糧窖，但後來發生火災。經過測算，糧窖內的炭化稻米在未被炭化前，總重量約達十三噸。從位置上看，這個糧窖可能是上層人物的倉儲，這次火災真是損失慘重。

良渚文化的繁榮，表明中華大地經過漫長的水稻篩選和栽培過程，在距今約五千年前終於進入了稻作農業階段，水稻成為當時良渚社會的主導糧食品種。南方古人以稻米作為他們的主糧，並輔之以其他動植物食物。

水稻起源於中國南方，以此為中心向外輻射，向南傳入東南亞和南亞，向東被先民們攜帶渡海，進入日本列島和朝鮮半島。其實，**水稻在長江中下游與錢塘江流域馴化的過程中，就開始向四面八方傳播**了。考古發現，最遲在距今七千年前，水稻種植就已經越過黃河流域，在黃河下游地區扎根。到距今五千六百年前，水稻甚至打入北方農作物黍和粟占據的陝西關中地區，那裡的古人形成黍、粟、稻兼作的種植模式。

水稻也是本章開頭提到的賈湖遺址古人的食物來源之一。

賈湖遺址中篩選出大量的炭化植物籽粒，其中包含水稻籽粒，總計有四百餘粒。這說明在今河南中南部這樣的中原地區，古人已經借鑑長江流域的經驗，嘗試採集和種植水稻。

作為八、九千年前的古人，賈湖古人的糧食獲取方式與南方的河姆渡古人比較像。賈湖遺址出土了許多菱角、蓮藕、櫟果、大豆等。但賈湖古人能悠閒的吹奏骨笛，還要歸功於他們卓越的漁獵能力。

賈湖遺址也出土大量的魚骨和軟體動物甲殼，可以看出他們的漁業很發達。考慮到他們的植物性食物還包括蓮藕和菱角等水生生物，可以推斷賈湖古人的生活方式，應該是「靠水吃水」，當時他們的生活環境中水面應該很大，所以才能獲得大量的水生動植物資源。別忘了，賈湖骨笛可是用丹頂鶴的翅骨製作的，丹頂鶴也喜歡在河湖邊起舞弄清影呢。

賈湖古人的生活一定很愜意，至少在很長歲月裡食物充足，這不僅讓他們能創造

24　狹義上，指的是史前人的垃圾坑，廣義上則指堆積大量考古遺物的凹坑，可能是儲物坑，也可能是祭祀坑；因坑中填滿灰色土壤，故稱灰坑。

吹奏藝術愉悅自己，還可以用多餘的糧食飼養家畜，比如豬，另一種起源於古老中國的食物。

豬和狗，古人最好（吃）的朋友

中國古代最早的家豬骨骼就是在賈湖遺址出土，可能在距今八千五百年前，賈湖古人就開始飼養豬、吃豬肉。從狩獵自然界裡的野豬到飼養家豬，同樣是漫長的過程，古人需要跨過幾個關鍵的門檻。

馴化野豬，首先是出於對肉食的需求。古人長期依賴狩獵為生，已經習慣吃肉，主要吃的可能是鹿肉和野豬肉。隨著他們的人口增長，在某個地區長期居住，周邊的大型動物被大量獵取後，狩獵已經無法滿足古人吃肉的需要了。

於是，古人捕捉到幼小的野豬後，嘗試把牠們養大後再殺掉吃肉。其次，古人必須有足夠的糧食，除了滿足自己的糧食需要外，還有一定的剩餘可用於飼養家豬。這就表示，古人的農作物種植技術高超，能穩定生產相當多的量。因此，馴化野豬必然是在農業得到一定發展後才出現。此外，豬是雜食動物，對飼料的要求不高，這也是古人能很早馴養豬的重要原因。

考古學和遺傳學的證據都表明，東亞地區的古人曾馴化野豬，而且可能還不只一次馴化。北方以賈湖遺址的家豬為代表，南方以稍晚一些的跨湖橋遺址的家豬為代表，似乎表明中華大地在距今八千年前，分別在黃河流域和長江流域飼養家豬。

動物學家採集很多黃河流域的古代豬的基因樣本，分析牠們之間的親緣關係。結果發現，黃河流域的古代豬可能是從單一的馴化中心起源的，考慮到黃河上游地區的家豬馴養比黃河中下游地區晚，可以推斷北方家豬的起源地，可能在黃河中下游地區，也就是包括賈湖遺址在內的中原地區。在距今八千多年前馴養家豬後，黃河流域興起養豬熱潮，到距今六千多年前，家豬提供的肉食在古人肉食資源中，占比越來越大，甚至可以占到八〇％。

養豬是門大學問。北方古人不斷積累養豬經驗。從遺址中的豬骨分析發現，在距今八千年前，豬大概在半歲到一歲被宰殺，可推測當時古人急於吃掉小豬；到距今四千五百年前，被宰殺的豬都在一歲或者更大一些了。在當時的飼料條件下，養到一歲的家豬的產肉率最高，也就是飼料轉化率高，而年幼豬的肉不多，年長豬長肉變慢，程度不等的浪費飼料。

那麼，當時的家豬會與人類「爭食」嗎？牠們骨骼裡的碳同位素透露相關資訊。

古人靠採集獲得的植物性食物，很多都是所謂的C3植物[25]，而靠種植獲得的粟和黍等食物，是C4植物[26]。在距今四千多年前的一處遺址中出土人骨和豬骨，科學家透過分析發現，當時的人和豬都吃大量的C4植物，也就是說，人和豬都是粟、黍為食。更大的可能是，人吃小米和黃米，喝小米和黃米釀造的酒；豬吃小米和黃米的穀殼，還有糟糠——釀酒剩下的殘渣。

但是在長江流域，家豬並沒有得到古人的追捧。雖然在距今七千多年前南方古人也開始飼養家豬，但他們似乎是有一搭沒一搭的養豬，沒把養豬當成生活中的重要事項。

在距今七千多年前到五千年前的南方古人的遺址中，出土家豬的數量始終很少，他們主要依靠捕獲鹿之類的野生動物來滿足肉食需求，或捕撈河湖中的魚類、貝類進食。在距今五千五百年前至五千一百年前的長江三峽一處遺址中，墓葬中的一位女性的雙臂下面各放了一條大魚，魚長約半公尺，幾乎與死者的手臂一樣長。這種以魚作為隨葬品的現象並不少見，可以推論，當時的南方古人更為注重魚類資源。飼養家豬，很可能也有豐富飲食的因素在裡面，並不完全是因為肉食缺乏。

五千年以前古老中國形成「南魚北豬」的肉食格局，應當是自然環境造成的。北方的河湖比南方少，而且冬季會結冰，因此黃河流域的魚類資源相比長江流域少很多。還有一個可能的原因是，北方古人對黍、粟的馴化較為成功，提升糧食產量，而同時期，南方古人還在馴化水稻，糧食沒有太多剩餘，因此影響了南方養豬活動的發展。不過「南魚北豬」肉食格局隨著良渚文化的崛起而改變。在良渚文化遺址中，家豬骨骼在出土的動物骨骼中突然占多數，這說明良渚古人長時期、大規模的養豬。

良渚文化興旺的稻作農業為豬提供飼料基礎。良渚古人如此熱衷於養豬，說明他們有大量的人口聚集在居住點附近，從良渚古城巨大的工程量就可以推測，大量的管理人員和勞動人員長期聚集一處，周邊環境已經無法提供足夠的肉食，依靠捕撈魚類和貝類滿足不了人們的需要，所以才選擇飼養家豬。

在遠古時代，良渚文化其實是南方地區的一個特例，是在南方水鄉澤國的環境中一次「人定勝天」的史前時代大躍進。良渚古人最大限度的種植水稻，盡可能獲得糧食，養活大量的人口，並飼養家豬作為肉食改善營養，以完成巨大的建築工程。

25 所有植物攝入大氣二氧化碳，並通過光合作用將其轉化為葡萄糖和澱粉，但它們以不同的方式進行。透過光合作用的過程對植物進行分類，植物學家使用名稱C3，C4和CAM。目前，我們依賴人類食物和能源的陸地植物，絕大多數都使用C3。C3光合作用過程，是碳固定途徑中最古老的途徑，並且在所有分類學的植物中都有發現。

26 所有陸地植物種類中只有約三%使用C4途徑，但它們在熱帶、亞熱帶和暖溫帶的幾乎所有草地中，占主導地位。

他們如此熱衷於建設城池、房屋和水壩，與他們神祕的信仰有關。考古學家從良渚文化中，能感受到良渚古人有較為狂熱的信仰，他們不想建設威震四方的王國，卻夢想建設一個地上的「天國」，信仰驅動著他們執意要超越自身的時代，登峰造極。

良渚文化有著「前無古人，後無來者」的悲壯感。

從良渚文化衰落後當地興起的馬橋文化來看，長江流域、錢塘江流域的南方古人又恢復到良渚之前的文化狀態，以捕魚和打獵作為自己獲得肉食的方式，他們幾乎不再養豬，不再雕琢精美的玉器，他們的社會結構比良渚文化簡單得多，就好像良渚時代從來沒有出現過一樣。南方地區再現類似於良渚文化這樣的「巔峰時刻」，恐怕要等到春秋時期的吳越爭霸了。

離開良渚，讓我們放眼全球，進一步了解豬與人的不解之緣。對豬的基因研究表明，中國古人與豬的故事可能比賈湖遺址的時代還要早。

對亞洲各地家豬和野豬的基因分析表明，這些豬可能有個共同的祖先，這個**祖先在東南亞的湄公河流域被馴化，然後分別向西北方向和東北方向擴散，就這樣進入了今天的中國境內**。豬的擴散路線，與我們在上文提到現代智人進入中華大地的路線很相似，都是分別從沿海和內陸幾路向北進發。所以，**中華大地上最初的馴化豬可能是由現代智人從東南亞帶來的**。

需要注意的是，全世界的野豬和家豬的差別並不大，彼此之間可以雜交。如果按照生物學的定義，嚴格來說，能雜交產生有繁殖力的後代的動物，就不能算是兩個物種。所以，家豬和野豬的區別，只能算是一個物種下的亞種的區別，家豬只能算是不那麼野的「野豬」。

當現代智人帶著馴化豬不斷遷移時，他們的豬會跑到野外變回野豬，他們也會沿途捕捉野豬與馴化豬雜交，讓野豬的野性減弱。如此複雜的雜交狀況，讓後世的生物學家很難說清，家豬到底在哪裡被馴化。雖然他們一般認為，世界上可能有六個家豬馴化地點，中國的長江流域和東南亞的湄公河流域，都是其中之一。

家豬的進化過程，有點符合第一章談到的古人類連續進化附帶雜交假說。總的來說，歐洲家豬由歐洲野豬馴化而來，亞洲家豬則從亞洲野豬馴化而來。然而，例外的是，從中國廣西發現的古豬的基因來看，牠與歐洲的古豬比較接近，與亞洲的古豬關係較遠。古人與豬的故事，真是混亂。

讓我們把關係混亂的豬放到一邊，來看一看同樣起源於中國、關係相對簡單的另一種動物——狗。

狗是人類的好夥伴之一，而且顯然是從自然界中的狼馴化而來。這兩種動物很相似，但從基因上分析來看，牠們有明顯的不同之處：狗和狼都喜歡吃肉，給牠們一塊豬肉，牠們會搖著尾巴愉快的吃掉；若給一塊馬鈴薯，狼對這種食物不屑一顧，狗則會吃下這種富含澱粉的食物。這並不是因為狼自視清高，不吃馬鈴薯，而是因為基因決定了牠無法消化澱粉。

比較狗和狼的全部基因組後，科學家發現，在狗的基因組中，至少有三個與消化澱粉有關的基因，都是狼所沒有的。其中一個基因負責合成一種能把澱粉分解成單糖的酶，沒有這種酶，動物就無法消化澱粉。

所以，我們有理由猜測，只有那些進化出消化澱粉基因的狼，才最終變成了狗。沿著這條線索，我們就能夠揭示出人類與狗結緣的故事。

中外科學家找來了亞洲、非洲、歐洲的一千五百多隻狗，並檢測牠們的基因，以探尋狗的起源問題的答案。基因對比發現，狗最早可能出現在中國長江流域的南部，時間大約在距今一．六萬年前。這種「特殊的狼」可能是被古人採集的植物性食物吸引到居住點附近，從而被古人俘獲。**最早被馴養的狗並不是作為獵犬或是住所護衛，而是被古人當成食物**。

考古學家發現，距今萬年之前，中國境內最早的家狗骨骼出土於河北中部。賈湖遺址也出土家狗骨骼，個頭很大，這在一定程度上印證了狗最早是食物的觀點，古人選擇飼養那些肉多的狗並吃掉牠們。

作為一種土生土長的本地起源動物，狗在距今五千多年前，就廣泛分布東北地區到青藏高原。隨著與人類的關係越來越密切，狗的習性也變得越來越溫順，牠們除了作為肉食，也有了看家護院的職責。狗在人類社會裡的命運開始改變了。

中國出現農業，憑的是天時地利人和

黍、粟、菽、稻、豬、狗……在結束新仙女木期後，華夏祖先如同「開掛[27]」一般，在開啟農業時代之初，出手就是一連串「王炸[28]」，迅速奠定了中華文明未來幾千年的農耕社會底色。世界上沒有任何面積等大的其他區域，在古代農業的規模和技術上能與中華大地媲美。

這片農耕樂土出現在中華大地，要歸功於天時、地利與人和的協奏。

天時，就是「仰韶溫暖期」，又稱為「中國全新世大暖期」（Megathermal），這

27　網路流行用語，多用於驚嘆別人的成績。

28　網絡流行語，形容那些隱藏到最後，給人重磅消息的事情。

段時光是中國考古學上的前仰韶文化時期、仰韶文化時期、龍山文化時期和夏文化時期的階段，學者以仰韶來描述中國的這段溫暖期。事實上，溫暖期的時段遠比仰韶文化時期漫長。熬過寒冷的祖先們遇到了一段長時間的溫暖氣候，可以讓他們從容的積累和交流農業技術與農業物種。

在距今八千年前至三千年前這段時間裡，全球沐浴在溫暖的陽光中，其間雖然偶有降溫，但很快又會恢復和煦。而且中國是這次全球溫暖期中，升溫最高的區域之一。根據黃土高原、河北、青海、內蒙古、遼寧地區的植物孢粉沉積情況，氣候學家判斷距今八千五百年前至七千兩百年前，這些地區的平均氣溫比今天高攝氏二度至四度。之後一千多年前（距今約七千兩百年前至六千年前）是仰韶溫暖期中穩定的暖溼階段，各地氣候普遍暖溼，季風降水波及全國，植被生長空前繁茂。

所謂地利，就是適宜農耕的黃土高原。黃土高原位於中國山西、陝西、甘肅、寧夏等省和自治區，總面積達四十多萬平方公里[29]，其上覆蓋著厚達百公尺的黃土層，厚厚的黃土是最近兩、三百萬年西風吹來的。由於青藏高原的隆起，阻斷東南季風深入內陸，中國西部及中亞地區變得乾旱，這些地區恰好位於北半球的西風帶，因此西風把細小的沙塵吹向東方，在今天黃土高原的位置沉積下來，日積月累，就形成了黃土高原。

黃土均勻、細小、鬆散、易碎，有機質含量高，並有良好的保水性，具備「自我施肥」的性能，這片高原對最初的一批華夏農民來說真是一塊寶地。

最開始的農耕是刀耕火種模式，農民開墾出一塊地，耕種一年後休耕，換另外的地塊種植，否則土地肥沃度會下降，土質會變差。而黃土高原的土壤只要保持好水土，就不存在肥力[30]下降的麻煩。而且在仰韶溫暖期開始時，氣溫比今天高，當時黃土高原的自然環境很優越，大量植被覆蓋地表，水土流失並不嚴重，非常適合黍、粟、菽這些旱地作物的連續種植。

所謂人和，就是古人類以自己的智慧，來開發、革新工具、馴化各種野生品種。我們已在前文已經領略了，他們在馴化植物與動物資源的過程中，也伴隨著生產工具的進步。農業剛開始時，他們以傳統的石斧砍伐樹木，用石錛松整土地，使用石鐮收割野生和馴化的農作物，使用石磨盤、石磨棒磨碎採集的果實和收穫的籽粒。

這些工具是沿用自漁獵採集時代的用具。為了適應農耕的需要，他們改進石器，比如製作橢圓形的斧及穿孔斧、穿孔錛等複合式農具。他們還發明新的挖土工具——耒

29　關於黃土高原的面積，也有六十萬平方公里、五十萬平方公里等不同說法。
30　土壤肥沃的程度。

耜[31]（見圖15）。耒耜由採集時代挖掘植物根莖的尖木棍發展而來，後來發展成類似鏟子的模樣，是中國古代最流行的農業生產工具，在青銅時代到來之前，一直是華夏遠古農民的重要工具。

天時地利人和，仰韶溫暖期的各處遺址出土的大量糧窖告訴我們，祖先們的糧食越收越多。他們不再像漁獵採集時代那樣四處尋找食物，而是能長久的定居，守住自己的一方水土愜意生活了。

相對於漁獵採集時代，此時中華大地上的人口出現爆炸式成長。

有學者曾經估算仰韶溫暖期黃河中下游地區的人口規模，這個區域大概包括現今河南省、山西省、山東省和陝西省的全部或大部分面積。距今八千五百年前至七千年前，也就是粟、黍等農

圖15 耒耜，由採集時代挖掘植物根莖的尖木棍發展而來，後來發展成類似鏟子的模樣，是中國古代最流行的農業生產工具（圖片取自維基百科）。

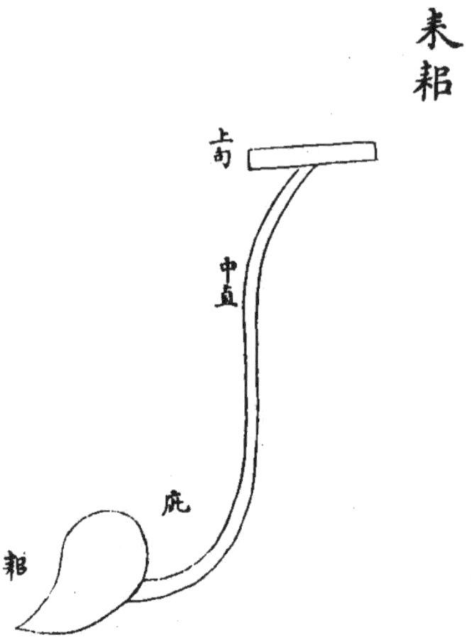

作物和豬、狗剛剛被馴化不久，黃河中下游地區大概只有二十萬人至三十萬人。當然，這個人口數量可能也比漁獵採集時代高一個數量級了。

到距今七千年前至五千年前，也是仰韶溫暖期最為暖溼宜人的時候，黃河中下游地區的人口可能先突破一百萬大關，然後又逐步增加到兩百萬左右，比起之前又增加了一個數量。

在這個時期，以彩陶為標誌的仰韶文化開始風靡中國北方。

在接下來的距今五千年前至四千年前，北方旱地農業已經相當成熟，黃河中下游地區的人口又成長一倍，可能達到了四百萬人至七百萬人左右。到這個時期，似乎有來自幾個方向的文化，向中原地區輻射式的移動。以東北方為基地的紅山文化，越過燕山山脈，向中原擴散；正北方向內蒙古中部的文化越過陰山山脈，向中原挺進；以西面的陝西為基地的仰韶文化越過黃河，向中原擴散……。

這種文化匯聚的現象，讓學者們不禁聯想起中國上古神話中黃帝、炎帝大戰蚩尤的傳說。不論上古傳說與真實的遠古文化有幾分吻合，此時中國北方大地上呈現出的文

31　音同磊四。

化景象就是——逐鹿中原。

逐鹿中原的參與者，與其說是來自各方的人群，不如說是來自各方的遠古文化。進入農耕時期後，大地上的人口增長了至少兩個數量級，大量的民眾開始定居生活，人口密度很大，而且形成許多繁榮聚落。如果說農耕時期之前，古人處於基因流動時代，那麼此時的古人更多處於文化流動時代。

逐鹿中原並不是攜帶不同基因的人群向中原匯聚，而是不同地區的遠古文化向四周——包括向中原——擴散。這種擴散當然是透過人彼此交流實現，但並不是像農業開始之前在空曠大地上的人群遷徙，而是不同人群都有著相當多的人口，有一樣多的物產和文化產品，人群與人群間的交流更為頻繁，他們透過饋贈、貿易等方式，輸出自己的文化和技術，輸入別人的文化和技術。

與北方地區人口爆炸式增長、各種文化逐鹿中原相比，南方地區似乎漸漸落後。除了前面談到的良渚文化這個特例，南方地區的發展速度，整體上不溫不火，一副「小邦寡民[32]」的模樣。

在基因流動時代，南方曾是蓬勃發展的先行者，是攜帶不同基因的各種人群積蓄力量的搖籃、向北方擴張的起點。可是，為什麼進入農耕時期後，情況反轉，變成南弱北強呢？

答案可能要從地理環境中尋找：南方氣溫比北方高，自然環境中動植物資源十分豐富，遇到冰期受到的衝擊也小，因此在農業出現之前，南方更適合從事漁獵採集的古人生存。農業出現後，尤其是在北方地區以粟、黍、菽等農作物構成的旱作農業發展起來後，南方相對於北方的生存優勢就消失了。

即使南方擁有馴化出的水稻，但與擁有容易開墾的黃土土壤、大片且可以耕種的平原的北方相比，南方農耕明顯劣勢，比如：土壤多為緊密的黏土，植被太多遮蓋土地，在青銅時代到來前，用石製工具開墾南方田地比北方困難；山嶺密集，河網縱橫，分割了原本就不多的可耕種平地；降雨量大，容易出現洪澇災害；缺乏連片農耕區做物質基礎，南方孕育的文化在規模上無法與北方的文化相比；水稻田的高產對於農業技術的要求更高，從育苗到收穫，南方農民需要掌握平整水塘、修建水渠、維護田埂等一系列技術……南方相對於北方的再度崛起，至少要等到西元後幾百年了。

農耕時代的來臨，從基因方面給古老人群帶來兩個變化。

一，農業人口的基因逐漸占據人類基因庫的主流，憑藉糧食養育的更多人口，原

32 領土小，百姓也少。

本狩獵採集者基因型一統天下的世界，轉變為農民基因型越來越成為世界的主流、大眾，狩獵採集者基因型越來越成為末流、小眾。

二，雖然農業人口增加了，但是人群之間的基因交流並沒有相應增加，至少在農耕時代的早期如此。一旦從漫山遍野暴走的狩獵採集者，變成俯身默默耕耘的農民，大量古老人群越來越傾向定居生活，絕大多數人的日常生活，就是圍繞自己的一畝三分地打轉，除了自己所在的部落、村落外，幾乎不再與遠方其他人群發生關係。這種不完全的「生殖隔離」，意味著在仰韶溫暖期時代，不同區域的農耕人群基本保持著自身的基因型特色，大規模的人群間基因融合，還要稍等一段時間才會降臨到中華大地。

站在距今四千多年前的歷史節點上，文化的初步融合遠比基因的交流融合更為蓬勃。北方各路文化正縱橫捭闔、群雄逐鹿，如同歷史夜空中璀璨之群星。很快，來自北方的罡風即將呼嘯而來，給中華大地製造一次鳳凰涅槃般的巨變，中國祖先將走向下一個新時代。

農耕番外篇

天花病毒，來自阿拉伯的駱駝？

在古代，養活一個五口之家，需要多大的土地？這得看他們靠什麼方式獲取食物。依靠狩獵獲得食物，每平方公里土地大概只能養活〇・〇〇一人至〇・〇五人，也就是說，從事狩獵的五口之家需要一百平方公里的「狩獵場」。

依靠農業獲得食物，中國古代有個形象說法：三十畝地一頭牛，可以養活五口之家。三十畝地相當於〇・〇二平方公里。也就是說，農業人群所需的土地，只是狩獵人群的萬分之二。農業讓人類能獲得的糧食大大增加。

農業的確有優勢，但遠古人群未必願意選擇當一個農民。畢竟比起農業，狩獵和採集不算特別艱苦的謀生方式。狩獵採集者不需要太辛苦勞作，也不用養太多的孩子做幫手，他們只要經常遷徙到資源豐富的地區，就可以擁有不錯的生活。一旦變成農民，就得長期居住在一個地方，養育比較多的孩子，辛勤工作，勞動成果還要受到乾旱、洪水等各種自然災害的侵擾，勞心勞力。

既然如此，為什麼遠古的一批人還是選擇成為農民？他們可能是迫不得已的。在某時期，狩獵採集者喪失遷徙的能力，或為了某個目的放棄遷徙生活。

距今一・二萬年前左右，地球上經歷了一次寒冷的新仙女木期，動植物資源都明顯減少。在西亞地區，很多部落在寒風中難以長距離遷移，只能就地扎根，生產自救。當時西亞地中海沿岸有一個納圖夫文化（Natufian），這批古人反覆嘗試馴化、種植野生麥類植物，希望從這些植物上收穫籽粒補充自己短缺的糧食。隨著寒冷的持續，他們每年都要馴化、種植野生麥類植物，這就是農業的開端，由龜縮在避寒地的古人們艱難的探索出了新的生產模式。

世界農業起源中心主要有三處：西亞—北非、東亞、墨西哥—南美安第斯山區。這些地區的農業萌發地並不是動植物資源最豐富的地帶，它們基本上是半溼潤、半乾旱的氣候條件。

在冰期來臨食物短缺的壓力下，相距萬里的古人不約而同的從狩獵採集，改成培育動植物，雖然播種之後需要等待收穫，收穫的糧食不多，而且營養也不如狩獵採集獲得的食物，但至少收穫量是基本穩定的，一分耕耘，就有一分收穫。

這些堅強的古人熬過了寒冷的冰期，並在冰期之後迎來了海闊天空的農耕時代。

在亞洲西部，剛開始耕稼的農民持續的與相鄰的部落交換各種技術、知識、種子和飼養牲畜的經驗。短短數百年間，在當地各處水源充足的平原和山腳，農耕村落的數量不斷增長，並且形成了各種改良的小麥、大麥和山羊、綿羊的聚集中心。

許多其他種類的作物也被迅速納入古人的馴化計畫之中。例如，各種扁豆被看作補充性的作物；因橄欖、葡萄、無花果和椰棗對人類有價值，所以古人挑選條件適宜的地方開始種植；各種綠色蔬菜和香料，也為人類的食品增添了多樣性與營養。人類還從亞麻植物中提取出纖維，進行紡織。

放眼全球，在中國的北方和南方，古人馴化粟、黍、菽和水稻；在美洲大陸，古人馴化玉米、甘薯、馬鈴薯、花生、煙草、辣椒、向日葵、南瓜、蠶豆等。此外，古印度人馴化了棉花，東南亞古人馴化了芋頭，撒哈拉以南的非洲古人馴化了高粱、珍珠米、非洲米……。

而且，一旦某種農作物被馴化出來，就會被古人快速擴散到遠方適宜種植的地區，除非地理阻隔過大。這是因為，在農業剛剛出現時，地球上有大量尚未開墾的肥沃土地，首次種植農作物的產量會非常高，但若連年種植，土壤就會肥力下降、板結[33]難

33　土壤因結構不良，缺乏有機質，以致灌溉或降雨後土質變硬，不適合農作物生長。

墾。所以，農民祖先們會在一塊地上種植一季農作物後，就跑到旁邊還未耕種的另一塊地上種植，把前面種過的地撂荒在一旁。

也就是說，冰期過後最早的那批農民，從事的可能並不是純定居農業，而是輪耕（shifting cultivation），「打一槍換一個地方」，這就有利於某種農作物快速傳播到遠方。他們還放火燒荒，把叢林燒掉，露出可以開墾的肥沃土地。

據估計，早期農民人均耕地可能是現在農民的九倍。當然，那時候的農民人數非常少，但他們到處放火種地，釋放大量二氧化碳，很可能造成大氣中二氧化碳的一次顯著升高，到距今六千年前更是如此。

有科學家猜測，冰期過後地球環境進入長達幾千年的舒適的溫暖期，一方面是自然原因使然，另一方面是人類放火開荒造成的。大氣中二氧化碳濃度的上升，又反過來促進農作物增產。科學實驗發現，在二氧化碳升高的時候，大量植物的產量都升高，其中野小麥和野大麥的產量上升得尤其高。這就形成了「正回饋」——古人選擇產量高的野生農作物進行馴化，他們的開荒行為又進一步增加馴化農作物的產量。

聽上去農業起源與擴張的過程令人欣喜，但其實農業也給古人帶來了煩惱，比如疾病。

定居的農業群體極易受到病菌、細菌的感染，因為他們不再像狩獵採集者那樣經常遷徙，人們不得不同自己製造的各種廢棄物密切接觸，生活在更加骯髒的環境中。原本現代智人離開充滿各種病菌的非洲熱帶地區，進入歐亞大陸氣候宜人的溫帶地區時，他們受到病菌的危害減弱了，但是在他們從狩獵採集者變成了農民後，病菌危害又復燃起來。

再加上在馴化動物的過程中，他們與各種牲畜親密接觸，許多畜類疾病傳播到了人的身上。比如，基因研究表明，**可能是長期以來對人類構成最為嚴重危害的病毒天花，就是從阿拉伯駱駝身上傳染給人類的**。此外，還有**各種流感、麻疹等，也都來自其他動物**。

更典型的例子是肺結核。結核桿菌能引發人類肺結核，這種傳染病每年讓全世界成千上萬的人喪命。基因研究表明，最早的結核桿菌可能在幾萬年前的非洲誕生，不過當時對人類社會的威脅很小。現今流行的結核桿菌的共同祖先，大約一萬年前出現，而農業正好誕生。甚至在地點上，結核桿菌從西亞的新月沃地誕生，隨著早期農民的遷徙和交流，也傳播到世界各地。因此，人類農業社會的發展，不但讓自己填飽肚子，還促進結核桿菌快速傳播。

第四章

草原之路，激發東亞文明的傳輸帶

這是一座中國史前最大的古城，面積超過四百萬平方公尺，同時代的良渚古城也只能排在這座古城的後面；這是一座三重城址結構的古城，方形的城牆內外三層，將城市分成了外城、內城和皇城台三部分；這是一座建築技術精湛的古城，城牆內實夯土，外砌石塊，石砌牆體非常平整，連墩台[34]拐角處都呈直角，堪稱建築傑作；這是一座防禦固若金湯的古城，城門結構複雜，包含內外兩重拱衛城門的甕城；城牆分布著凸出牆體的馬面[35]和角臺[36]，無死角的守護著城牆。

前面所說的，就是石峁古城，從四千年前屹立於今陝西北部神木境內。城池面積如此巨大且軍事防禦如此強大的古城，它的建造者是誰？它要防禦誰的侵襲？

石峁古城，以人為祭祀品，祈求軍事勝利

石峁古城大概從距今四千三百年前開始建城，延續三百年後遭到毀棄。古城剛好位於蒙古高原與黃土高原交界的山地區域，向北是綠色的無垠草原，向南是黃色的鬆軟土地。這座古城神祕的未見於史書之中，因此要探尋石峁文化的來龍去脈，只能依靠考古發掘。

石峁文化與中華大地有很深的文化聯繫，從其對玉器（見圖16）的推崇可見一斑。

石峁遺址的城牆牆體鑲嵌各種玉器，如玉鏟、玉璜等，這並不是誰心血來潮的惡作劇，而是建造者精心的把雕琢好的玉器成品，插入壘砌石塊的縫隙中。

在石峁文化的墓葬中，也出土玉器陪葬品。中華大地上的古人很早就孕育玉文化。早期，他們把玉器作為與神靈溝通的物品，從東北地區的紅山文化到東南地帶的良渚文化，崇玉傳統一直非常濃郁。石峁文化顯然也根植於中華大地的文化土壤之中。

同時，石峁文化又充滿了軍事和暴力的色彩。他們把玉器鑲嵌在城牆裡，可見他們對玉文化的崇敬，同時他們的目的也非常鮮明：借助玉請來神靈，保護自己的城牆穩固不破。此舉有著強烈的軍事防禦的目的。

石峁遺址中已出土幾處彩繪幾何紋壁畫，均發現於城牆或城門上，據此可以推斷

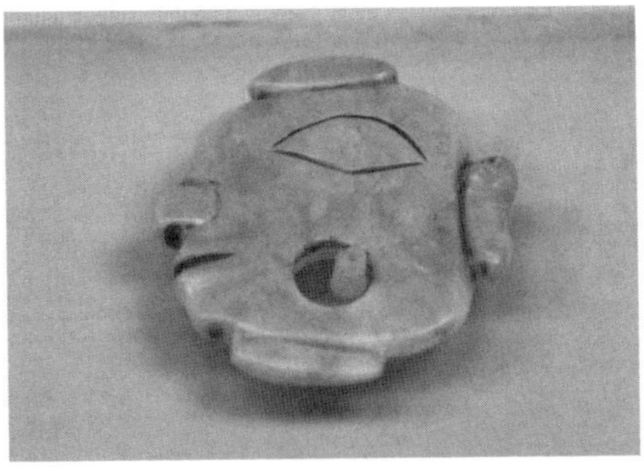

圖16 石峁文化推崇玉器，該圖為玉人頭，是石峁玉器中的精品之作（圖片為Siyuwj所有，CC BY-SA 4.0）。

34 指房或柱的基礎部分。
35 設在城堡短牆上的戰棚。
36 建在城堡、要塞、城池角邊的防禦臺。

它們是用來裝飾城牆的。這些壁畫年代並不相同，可能是不同時代翻修城牆時所留下的。壁畫以白灰面為底，以紅、黃、黑、綠等顏色繪出幾何圖案。更令人驚嘆的是，這些彩繪壁畫已經使用了起稿線。起稿是壁畫繪畫中的一種工藝階段：在正式作畫之前，先輕描圖案。

在這之前，中國已知最早使用起稿線的壁畫，是在唐代壁畫裡發現的。而石峁遺址中發現的壁畫，是在西元前約兩千年繪製。也就是說，這次發現一下子就把唐代先進的繪畫技術的誕生時間，往前推了幾千年。

拋開藝術價值不談，石峁古人為什麼要在城牆上彩繪壁畫？難道只是為了美化居所、賞心悅目？當然不是，城牆上的壁畫與城牆裡的玉器的功能是類似的，石峁古人透過壁畫表達自己的某種願望，這份願望可能也與增強軍事防禦有關。

更為可怕的發現是以人為祭祀品。

考古學家在石峁古城外城東門城牆附近清理出兩處遺跡，每一處遺跡裡，集中擺放二十四具頭骨。經過鑑定，這些頭骨以年輕女性居多，上有明顯的砍斫[37]和灼燒痕跡。考古學家認為，這些死者可能與城牆修建時的奠基活動或祭祀活動有關。此外，在城址夾道間、城牆通道上、地表活動面上，也發掘出數十具頭骨，他們應該也是作為犧牲之用。石峁古人透過這種血腥的獻祭活動，祈求神靈能夠保佑城池永固。

四千多年前的黃土高原北部邊緣，是粟、黍、菽等旱地作物生長的好地方。石峁古城周邊的農耕水準已經比較發達，支撐起石峁文化的繁榮，讓石峁古人有充足的人力和物力修建巨大的城池，積累各種財富。重重防禦的城池，也表明周邊勢力覬覦石峁的財富，戰爭和侵擾可能比較頻繁。那些為犧牲而被殺死的人，很有可能是從戰爭中劫掠來的。

坐擁石峁古城展現出的強大實力，石峁古人到底面對什麼威脅，令他們即使躲在牢固的城牆內也寢食難安？威脅可能來自四面八方，但敢於突襲石峁古城的人群，最大的可能來自北方草原。

馬的基因透露的人類大遷移

人類將自然界的野馬馴化成家馬，以用來駕馭。與前文提到狗的命運類似，遠古人類起初只把馬作為食物來源，他們要麼集體圍獵，捕殺野馬為食，要麼在其他猛獸殺

37 指用刀斧等，用力劈砍，用力剁。斫，音同濁。

死野馬時集體出動，趕跑猛獸，奪取野馬肉。

考古學家在中國山西北部的一處遠古人類遺址中，發掘大量的野馬骨骼，發現幾萬年前的北方祖先們就捕獵野馬。在冰河時代，他們不僅具備大規模捕獵野馬群體的能力，而且能選擇只捕獵壯年野馬，因為壯年野馬的脂肪和肉量比較多。

隨著農業和定居的出現，古人在糧食充沛的日子裡，也就不急於吃掉偶爾捕捉到的小馬，而是先養起來。久而久之，野馬逐漸變成了家馬。

最早的家馬可能誕生於距今六千年前至五千五百年前，地點是中亞地區，考古學家在今哈薩克北部的遺址中，找到了若干古老的烹飪器具，從中提取出馬奶的成分；遺址中還出土了十幾個馬頜骨，骨頭上有轡繩造成的損傷。這些發現表明，當時的古人已經有了飼養家馬的牧場，並且長期飲用馬奶，用力氣很大的馬來幫忙幹活。

所以，家馬應該是由中亞地區的野馬馴化而來的。中國大地上曾經生活著一種普氏野馬[38]，在中國許多古人類遺址中都曾經出土這種野馬的遺骸，範圍從新疆西部到臺灣海峽一帶。考慮到普氏野馬在歷史上的廣泛分布，再加上歐亞草原史前人類的頻繁活動，一些學者曾經認為中國早期的家馬源自普氏野馬。但是，分析古代家馬與普氏野馬的粒線體ＤＮＡ後，其結果表明普氏野馬與中國古代家馬之間的親緣關係很遠，並不是中國古代家馬的祖先。中國古代家馬的母系基因來源複雜，說明牠們的共同祖先生活在很早的時代。追根溯源，**中國家馬的祖先應該也來自中亞地區**。

當野馬變成家馬時，牠們在人類社會中的命運就被改寫了，而且牠們的地位比（由狼馴化而來的）狗還高。馬的牽引力和馱力，可以幫助古人大量運輸物品，提高古人的遷移能力。更令人欣喜的是，馬奔跑時風馳電掣般的速度，牠讓人類突破了自己身體的極限，擁有迅速到達遠方的能力。

一開始，人類可能還不善於騎馬，也缺少騎馬所需的固定身體的裝備，但是至少他們可以騎在馬背上長距離遷徙。

最晚從距今五千年前開始，廣泛利用馬來移動的游牧群體，向歐亞大陸草原帶的四面八方擴散，甚至衝出草原地帶，進入農耕人群的世界。比如位於草原帶西端的烏克蘭地區，家馬剛剛出現不久，草原人群就開始與農耕人群交換他們的牲畜、獸皮和羊毛，並且很快的，草原人群開始時不時的騎馬突襲農耕社會的村鎮，搶劫農耕人群的財物。

馬、牛、駱駝等大型食草動物的馴化，給遠古人類社會提供一種新的生活方式——

38　*Equus ferus przewalskii*，馬的亞種，是世界上僅存的野馬。進入二十世紀，由於人類的大肆捕殺、戰爭的破壞，牧場的擴大以及人類的社會生產活動，破壞了生態環境，致使蒙古野馬分布區急劇縮小。

游牧。古人發現，他們可以借助經馴化的動物在草原上生活，脫離或部分脫離農耕生活方式。所以，**游牧其實是從農耕社會衍生出來的**，而不是從古老的漁獵採集方式過渡來的。畢竟，**馴化大型動物，須以農耕社會的糧食積累為前提進行**。

游牧主要分為兩種形式。一種是純粹的游牧方式，游牧人趕著牧群在草原上逐水草而走，他們在一年中會在若干個牧場停留，最後又回到起點。有大型動物的幫忙，他們的活動範圍變得很廣闊，達到方圓數百公里。從蒙古高原到中亞草原，再到西亞和北非的草場，歷史上大量的牧民都過著純粹的游牧生活。

另一種游牧方式是季節性游牧，人群中的一部分人仍然留在農耕村莊裡，而另一部分人趕著牲畜活動，一般來說，他們只是在某個季節，比如夏季，趕著牲畜前往高山牧場，游牧只是他們謀生的手段之一，他們還會從事農耕、採集和其他副業。

讓我們把目光拉回到華夏地區。在位於歐亞大陸東端的中華大地上，家馬似乎較晚而且是突然出現的。

考古學家很早就發現，在距今約三千年前的商朝晚期，突然大量出現家馬和馬車，在包括安陽殷墟在內的河南、陝西、山東等商朝晚期的遺址中，出土了很多用於殉葬與祭祀的馬坑和車馬坑，裡面也發現馬的遺骸。在商朝晚期之前的很長時段裡，在距今四千年前至三千三百年前的遺址中，極少出土馬的遺骸。更早的遠古時期的馬的遺骸，主要是作為食物的野馬，並非家馬。

而且，在歐亞大陸的西部，馬車的演變有比較完整的發展過程，經歷了從四輪馬車到雙輪馬車、從實心車輪到輻式車輪、從牛拉車到馬拉車的發展序列。但是商朝晚期突然出現的馬車，是有輻的雙輪車，而且馬車技術已經十分成熟。

種種跡象表明，**中華大地缺乏把家馬逐步馴化的過程，也缺少馬車由最初發明到不斷演變和完善的過程**。這再次證明，家馬的馴化和馬車的發明都不是在中華大地進行，**商朝晚期出現的家馬和馬車應是從外界輸入**。

如果我們把視野放得更開闊一些，把中華大地的範圍囊括到北方的草原，我們會發現，中國北方草原可能比中原地區更早接觸到家馬和馬車。

比如內蒙古東南部的喀喇沁旗，在距今四千三百年前至三千六百年前屬於一個較為繁盛的古老文化——夏家店下層文化的勢力範圍。考古學家在這裡找到了這個時期的四匹馬的馬骨，基本判定都屬於家馬。從這些馬的DNA分析，這裡馬匹的來源可能有些複雜，當時這裡的古人可能與周邊頻繁進行馬匹的交流活動。喀喇沁旗位於歐亞草原帶的東端，向南越過燕山山脈就進入中原地區。攜帶著家馬和馬車技術的游牧人群在草原內不斷擴張，估計到距今四千年前左右，已經擴張到蒙古高原。

夏家店下層文化所處的區域，應該比中原地區更容易接觸從中亞沿著草原帶傳播的家馬和馬車技術。

因此，我們能有根據的回答前面的問題：石峁古城的建造者可能在防禦日益強大的草原上的游牧人群，游牧人群借助馬車和馬匹，經常快速突襲石峁文化的控制地區。

在驗證這個回答時，基因技術再次展現奇妙的一面。

我在前面提到，石峁古城出土一些因祭祀而被殺的人的遺骨，學者對石峁遺址出土的七十六具人頭骨進行ＤＮＡ檢測，並對比當時其他區域的古人遺骨ＤＮＡ，結果發現，這些死者與石峁內城區域的人群有明顯的區別，這說明他們不是石峁古城的「自家人」。祭祀坑裡的死者與夏家店下層文化的人群遺傳關係比較接近，換句話說，他們的家鄉在石峁的北方或者東北方的草原帶。

石峁文化人群要麼與東北方夏家店下層文化人群有激烈的衝突，要麼與北方草原上的其他游牧人群有激烈的衝突，那些游牧人群與夏家店下層文化人群的基因相似，與石峁文化人群的關係較遠。所以，祭祀坑中那些悲慘的死者，可能是石峁文化人群在戰爭中擄獲的戰俘，或出擊草原帶劫掠回來的人。現代基因技術雖然不能挽救他們的淒慘命運，但是至少可以讓後人知道他們的家鄉是哪裡。

那麼，石峁古城的「自家人」又是什麼人？

基因分析表明，他們與當時盤踞在山西中南部的陶寺文化人群關係密切，這些人群應該都是在仰韶溫暖期中，因農耕社會人口不斷膨脹、擴散後，而形成的各地文化人群。**家馬和馬車技術在草原上的傳播，給農耕人群培育了一個強大對手——游牧人群。農耕人群與游牧人群在歷史上的對峙和融合，將曠日持久，直到近代。**

不論農耕人群還是游牧人群，在生物學上都屬於人科、人屬、智人種，都是走出非洲的智人祖先的後代，智商和智慧上屬於同一級別，因此家馬和馬車技術不會只掌握在草原上的游牧人群手中。中華大地上的農耕人群自古以來就有拿來主義[39]的傳統，他們很快就打破游牧人群對家馬和馬車的技術壟斷。

從晚商時期開始，中原地區也進入家馬和馬車的時代，各個人群在中原逐鹿的過程中，越來越多的使用騎兵和戰車，在生活方面，也頻繁應用家馬和馬車技術。農耕社會對於馬的喜愛絲毫不亞於草原社會。

比如在陝西省咸陽市一處西周中晚期的遺址中，出土了四具家馬的骨骼，牠們的粒線體DNA檢測結果十分有趣。這四匹馬的基因型都比較疏遠，其中兩匹馬的基因

39　拿來主義一詞是魯迅首創的。指面對外來文化的衝擊和中國封建時代遺留下來的文化，既非被動的被「送去」，亦非不加分析的「拿來」，而是透過實用主義的觀點，選擇性的「拿」。

與中亞和歐洲家馬的基因相近。這顯然不是有人騎馬一路從歐洲跑到東亞，而是當時的人群非常頻繁的用馬交易，因此某個地方的馬會被頻繁轉手，幾代之後，某類馬就出現在幾千公里之外的遠方，牠們所攜帶的基因也隨之漂流。**四匹家馬來源不同，暗示西周與周邊人群經常交易馬匹與其他物品**。

馬的基因還告訴我們，這四匹馬的毛色竟然都是棗紅色，牠們的外貌是單一的。顯然，這幾匹馬的擁有者特地挑選棗紅色的馬。西周時期上層貴族有繁多且嚴格的禮儀制度，他們在禮儀活動中可能對馬匹的毛色有一定的追求，比如要求馬匹都是某種顏色。這可能就是四匹馬的基因型不同但毛色一樣的原因。

最遲到商周時期，中華大地已經全面進入了家馬和馬車的時代。

青銅不只是器具，更是遠古王者的榮耀

地球表面的岩石在風化作用下，會破碎變成土壤，讓植物從中吸收營養，讓人類能開墾農田，養活自己。其實，很多岩石裡面含有各種金屬元素，比如金、銀、銅、鐵、錫、鉛、鋅等。這些金屬在自然界很少會以單質形式存在，往往會形成化合物，牢固的「鑲嵌」在岩石中。

人類要想從岩石裡提取和提純這些金屬，都需要借助火燒，利用冶金術[40]來實現。人類開始用火製作陶器的時代距離現在非常久遠，他們會有意識的嘗試用火燒各種東西，包括含有較多金屬成分的岩石，在高溫焙燒過程中，孔雀石這種礦石很容易被木炭氧化還原，而熔煉成金屬銅。這可能就是銅冶金術的起源。

從考古發現看，**西亞地區是人類冶金術出現最早的地區**，那裡**誕生了最早的紅銅製品**。國外考古學家曾經統計在西亞發現最早的銅器及其製作年代，發現主要集中在土耳其、敘利亞北部、伊拉克北部和伊朗。其中，西亞最早的銅製品可追溯到距今九千年前，那時西亞已經進入農業社會了。

當時人們一般利用的是天然銅，如土耳其加泰土丘（Çatalhöyük，見下頁圖17）遺址出土的天然紅銅鑽、銅絲別針、孔雀石珠，伊朗中部錫亞爾克丘（Sialk Hills）出土的紅銅針等。距今八千年前至六千年前，西亞地區所見的金屬，除了個別的鉛、銀和鐵質外，基本為紅銅，種類多是小件工具或裝飾品，比如斧、鑽、錐、珠、片、刀、

40　metallurgy，屬於材料科學，研究從礦石中提取金屬，並且用各種加工方法，製成具有一定性能的金屬材料。

圖17　加泰土丘遺址出土許多天然銅（圖片為Omar hoftun所有，）。

鏟、扣、管、鑿、指環、手鐲、印章、權杖頭等，而且都使用了鍛造技術。於是在這一時期，西亞的人類遺址裡開始出現與鑄造有關的物品，比如坩堝[41]、煉渣[42]、礦石及冶煉遺跡等。

砷銅是人類最早掌握的二元合金技術，砷銅技術和製品也是在西亞地區誕生。自然界中本來就有砷銅礦，容易冶煉。從距今六千年前開始，砷銅在西亞的安納托利亞高原誕生並風靡周邊，冶金術向四周傳播，緊鄰東亞的中亞地區也出現了冶金術。

從紅銅、砷銅冶煉再向前一步，就是青銅冶煉。青銅是在銅裡面摻入了少量的鉛和錫兩種金屬，從而大幅改善銅製品的性能。與紅銅相比，青銅熔點較低，硬度卻較高，容易鑄造成形。用青銅製作的青銅器，表面的裝飾花紋以及細節，都能被加工得凹凸有致、清晰細膩。

在距今五千多年前的古巴比倫（Babylon），兩河流域的南部出現了世界上最早的青銅器，主要是一些銅錫合金鑄造的工具和武器。稍晚一些的距今五千年前左右，古埃及也出現青銅器。青銅時代就此開啟。正如我們前面談到的家馬和馬車技術的快速傳播那樣，青銅技術也快速向四周傳播。

中華大地上很早就出現青銅器。在甘肅省中南部距今約五千年前的遺址中，出土一把保存完整的銅刀，長十二．五公分，採用範鑄法製作而成。這把銅刀是目前所知中國最早的青銅鑄件。很遺憾，在當時那個時代，中華大地上的青銅製品只此一把。學者因此懷疑這把銅刀不是本地製造的。

有一種可能是，由於歐亞大陸上各個人群的頻繁往來，這把銅刀從西亞、中亞被

41　冶金學中，用來融化金屬的容器。
42　泛指煉鋼廠在生產過程的副產物。

帶到中國西部；另一種可能是，當地古代人偶然獲得品質非常好的含錫銅礦石，在冶煉時碰巧製成這件青銅製品。

不論是哪種可能性，都表明**在距今五千年前，中華大地上的古人還沒有真正掌握青銅冶煉技術**。

技術壁壘終會被打破。經過上千年的摸索和借鑑，中華大地蓬勃發展、獨樹一幟的青銅時代終於來臨了。

在距今四千年前左右，以甘肅中東部為核心，輻射到青海東北部以及內蒙古、寧夏一帶，存在強大的齊家文化，其金屬冶煉技術相當成熟，能鑄造出單耳或雙耳的豎銎銅斧[43]、帶鈕銅鏡、人首銅匕[44]、環首刀[45]等工藝頗為複雜的銅器，特別是把青銅技術，用於製作人體或服飾等裝飾器件，拓展了銅器的應用領域。

在齊家文化的早期，古人主要以打造紅銅製品為主，隨著時間的推移，他們不斷的革新技術，到齊家文化的晚期，他們以製作錫青銅物品為主。當然，對齊家文化人群來說，青銅還屬於很珍貴的東西，所以他們可能捨不得把青銅用於消耗量很大的遠射程兵器，如製作銅鏃。

比齊家文化稍晚興起的二里頭文化，則在青銅技術上更進一步。更為關鍵的是，二里頭文化盤踞於中原地區，周邊礦產豐富，一旦它掌握先進的冶金術，創造出的青銅文化，就遠勝於齊家文化和同時代的其他文化，中華大地的青銅文化開始走出簡單的拿來主義和模仿製作，並邁向主動創造新技術的階段，青銅時代的面貌脫胎換骨了。

二里頭遺址地處黃河中游洛陽盆地東部，背倚鄺山，南望嵩岳，伊河、洛河從它的南面流過。這裡在歷史上被譽為「天下之中」，是兵家必爭之地、帝王建都之所，而二里頭文化則是這塊寶地脫穎而出的起點。

二里頭文化最令人津津樂道的技術創新，就是複合範技術。

在當時中國之外的其他地區，大多數青銅器物是用鍛造法或失蠟法製作的。所謂失蠟法，就是先把蜂蠟加工成想製作的青銅器的模型，然後內外面包裹上泥，高溫烘烤後，蜂蠟模型熔化流出，留下空殼，即為泥範，向裡面澆灌金屬溶液，冷卻後就得到了青銅器。失蠟法比較簡易，適合生產形狀簡單的青銅武器、飾品和工具，比如青銅刀

43　銎，讀音為ㄑㄩㄥ，是指斧上裝柄的部分。
44　柄端鑄有一人面像。
45　一種以單手或雙手持用為主的短兵器。

具、箭鏃[46]或者犁鏵[47]，但是難以製作巨大、複雜的青銅器。

複合範技術則是一種複雜的青銅工藝，工匠用泥製成一件內模和至少三件外範，組裝後形成空腔，然後以銅汁灌入空腔中，冷卻成形。這種方式可以生產出不規則的、形態各異的複雜器物，特別是巨大的青銅器。

在現代技術專家看來，用多塊外範合圍形成反轉的空腔，需要敏銳的空間想像力，器範的尺寸、形狀、紋飾都要相互關聯，設計與鑄造工藝要融為一體，這必然需要規範的工藝體系，實現製作過程的標準化、協作性和可控制。二里頭文化已達到了一種類似於近代工業的技術與管理高度。

所以，考古學家在二里頭文化遺址裡發掘出豐富的青銅禮器。古人把先進的技術用於生產代表禮儀的器物，例如用於飲酒禮儀的青銅器。青銅酒器出現於二里頭文化晚期，最先製作出來的是仿陶器的小型酒器爵[48]（見圖18、19），後來出現了溫酒器等。這表示，在青銅技術傳入中原前，古人可能已經有了飲酒禮儀與酒文化，他們可能先用陶土來製作相關器物，在青銅技術到來後，青銅以其珍貴和優良的材質取代了陶土。

二里頭文化的青銅禮器除了鼎之外，均為仿製陶酒器，構成了一個青銅禮器群。但青銅畢竟是珍貴之物，底層人民無福享用，青銅禮器只隨葬於二里頭文化上層貴族的墓葬中，作為上層統治階層身分和地位的象徵。周朝建立了公、侯、伯、子、男等爵位，「爵」就是酒器，使用的爵的數量和檔次，代表了爵位即地位。

二里頭遺址中也出土了少量青銅兵器，包括青銅材質的戈、鉞、斧和箭鏃等。不過近戰的戈、鉞、斧只發現了四件，都沒有開刃[49]，所以它們只是製成了武器形狀，本質上還是類似禮器的東西，不屬於實用兵器。看來直到二里頭時代，中原地區的青銅尚未大規模用於製作武器。

地處中原的二里頭文化與地處西北的

46 金屬箭頭。

47 耕地用的犁頭。安裝在犁的下端，用來翻土，形狀略呈三角，多為鐵製品。

48 爵，古代飲器的通稱。

49 刀刃沒經過打磨處理，所以沒有切割能力。

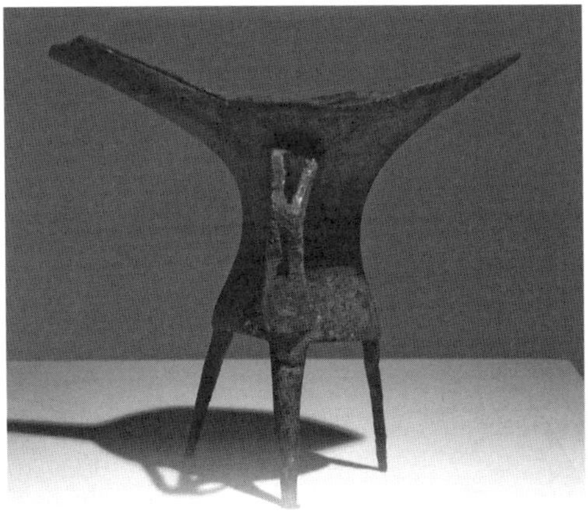

圖18（左）、19（下）

在二里頭文化遺址裡發掘出豐富的青銅禮器。古人把先進的技術用於生產代表禮儀的器物（圖片取自維基百科）。

齊家文化，在時間上有重合，兩者有文化交流。

在齊家文化的遺址中，出土過二里頭文化風格的陶器或仿製品，二里頭文化特有的鑲嵌綠松石獸面銅牌，也現身於當時的甘肅地區。雖然在二里頭文化遺址中還沒發現齊家文化的器物，但人們有理由猜測，齊家文化可能影響二里頭文化，雙方可能存在冶金術方面的交流，齊家文化比二里頭文化早興起，也許會把一些青銅技術傳輸給二里頭文化，激發了後者的進一步創新。

那麼，齊家文化的青銅技術又源自哪裡？

放眼當時的全球，距今四千年前，全世界古代文明正處於變革的時代，不論是尼羅河文明、兩河文明、地中海克里特文明、印度河文明還是中華大地的華夏文明，都在經歷城市化進程加快、文字產生並逐步系統化、各地的冶金術進一步成熟。中國西北地方冶金術的發展，肯定與同中亞地區進行技術交流分不開。**齊家文化**受到了全球文明變革的影響，那裡的**青銅技術顯然來自更西方的世界**。

至於青銅技術傳入中國的路線，可能是透過新疆的前絲綢之路傳輸而來，也可能來自讓石峁古人寢食難安的草原地帶。

考古發現證實，在距今五千多年前到距今三千多年前，歐亞草原帶的東部廣泛分布幾個早期青銅文化，它們的共同特點，是擁有以動物紋青銅飾件和青銅短劍為代表的早期青銅冶煉與製作技術，這說明青銅技術在草原上快速傳播，被各個角落的草原人群掌握，他們也會在與周邊的交往過程中，傳播青銅技術，甚至傳到草原帶以外的區域。

從各地發現的青銅製品看，中國北方草原帶比中原地區早接觸青銅技術，中原地區的青銅文化至少受到草原帶的影響。

比如在二里頭遺址裡，出土過一件青銅兵器，長身窄厚，此前在中原地區從未見過這種器形，它其實是北方草原上流行的青銅戰斧，安裝把柄的方式被改造成了中原樣式。無獨有偶，二里頭遺址還出土一件柄部有鏤孔紋飾的環首刀，它同樣是來自北方草原的武器樣式。

沿著草原帶向西追蹤，西亞的伊朗也出土過類似的青銅戰斧，出現的時代比二里頭文化早幾百年，甚至更早。

家馬與馬車以及青銅武器，在輸入農耕社會之前，率先提升草原人群的戰鬥力。可以想見，當草原人群駕駛著馬拉戰車，揮舞青銅戰斧衝向石峁古人的領地時，威脅是非常巨大的，迫使石峁古人不得不竭盡全力建造更加牢固的城池，抵禦外敵突襲。

同時，中原及其周邊以農耕為主的文化人群，應該多少有些感激草原人，正是草原人群沿著草原帶，把珍貴的馴化動物和先進技術向東傳播過來，才使得中原文化有了翻天覆地的變化。

草原之路，西方彩陶從這裡來

一談到古代中國與外界的交流，我們往往想到絲綢之路跟張騫出使西域的壯舉。西漢時期，漢武帝為了對抗匈奴，派遣張騫當使節聯絡西域的大月氏。張騫歷盡千辛萬苦往返，雖然沒能實現結盟的目的，但是間接打通漢朝與西域各國的聯繫，史稱「鑿空西域」。

古代中國與中亞乃至更西地區透，過貿易往來建立聯系，古代商人們沿著天山南北麓、崑崙山北麓的沙漠綠洲一站站行進，溝通東西方世界。後人將這些貿易路線以中國古代的美麗手工品絲綢來命名，即絲綢之路。

由於絲綢之路的巨大影響力，長期以來，學者默認古代中國與西方的貿易和文化交流，主要沿著今新疆南部的天山、崑崙山路線進行。中國自古以來崇玉，並且最為推崇崑崙玉，也就是今天我們所說的和闐玉，其產於崑崙山北麓，正所謂「玉出崑岡」。崑崙玉文化的影響，進一步應證學者默認的東西方交流路線經過新疆南部的觀點。

「世上本沒有路，走的人多了，也便成了路。」早期東西方的交流途經哪裡，對於理解古代世界的文化傳播意義非凡。學者一開始默認絲綢之路，引發學術界的一些困惑，比如彩陶的起源與傳輸。

最早一批系統研究古代中國與西方世界文化交流的學者，是近現代來到中國考察指導、教學研究的西方學者，比如瑞典科學家安特生[50]。第一章談到，周口店龍骨山最初出土的兩顆北京人牙齒，就是由安特生等人發掘出來的。但安特生在中國工作時，更大的發現是仰韶文化。還記得上一章談到仰韶溫暖期嗎？幾千年的溫暖開啟了中華大地的農業時代，而仰韶文化就是這段溫暖期中最適宜生存的一段歲月。

安特生在河南仰韶村發現遠古中國的遺址，仰韶文化人群善於製作精美的陶器，並用紅色和黑色，在陶器表面繪出絢麗多彩的幾何紋或動物主題紋，尤以人面形紋、魚紋、鹿紋、蛙紋、鳥紋等最為常見。安特生和其他西方科學家比較仰韶文化彩陶與中亞、西亞古老文化彩陶，他們認為以仰韶文化為代表的彩陶，是外來文化帶來的，可能有一支以彩陶文化見長的先進農業人群，跋山涉水來到黃河流域，在融合原有的本地文化後，形成一種全新的中國史前文化。

他們還判斷，這支人群和這種文化向中國的行進路線，經過新疆和甘肅。除了彩

50　約翰．古納．安特生（Johan Gunnar Andersson），是中國現代考古學的奠基人之一。

陶，仰韶文化所發現的鼎、鬲[51]、小口尖底瓶[52]、石環、貝環等器物，可能也是從西方起源的。

這些西方學者的觀點，被稱為「中華文明西來說」（以下簡稱「西來說」）。在二十世紀上半葉，中國被外敵入侵的日子裡，有的中國學者痛定思痛，尋找自身文化上的問題，向西方學習，也有很多學者堅信本國文化是優秀的，要捍衛本國文化幾千年連續的傳統。

在各種思潮混雜時，西來說在中國學者之中引發很大的爭議。但當時反對西來說的中國學者並不具備現代科學知識，他們只能拿古書記載來反駁，難免有點「雞同鴨講」的尷尬。

二十世紀下半葉，中國本土的考古學建立起來，中國學者終於有能力從現代科學入手，鑑別西來說的對錯曲直。

中國學者發現，中華大地上彩陶文化的出現，有東面早、西面晚的現象，比如，甘肅的彩陶源自陝西關中地區，越往西去，彩陶出現得越晚；新疆的彩陶很多來自甘肅，出現時代更晚。

常識上講，一定是出現早的地方把文化傳播到出現晚的地方。中國學者因此認為，安特生的觀點——彩陶從西方經過新疆、甘肅傳入中原——站不住腳，更斷言，仰韶文化的彩陶是中國祖先獨創，並非西來的，進而從宏觀上看，中華文明也應該是從本土孕育出來的，不是西方傳來的。這就是「中華文明本土說」（以下簡稱「本土說」）。

僅從中華大地的彩陶出現年代分析，本土說所描繪的彩陶從東向西傳播、從中原向新疆傳播的路徑，應該是符合實際狀況。但是，如果站在世界彩陶的分布及年代角度來分析，就會出現矛盾。

世界遠古彩陶的分布地點，從東亞的黃河流域一直向西蔓延，經過中國甘肅、青海、新疆，到中亞、西亞，再到東歐和東南歐，形成長達一萬多公里的「彩陶文化帶」。因此，我們很難想像各個區域的彩陶都是獨立創造出來的，彼此間沒發生傳播和借鑑行為。

從時代上看，在距今八千年前，西亞的伊朗、伊拉克出現世界上最早的彩陶，隨後是敘利亞、土耳其、中國、希臘、巴基斯坦、埃及等地相繼出現。如果把這些地點的彩陶出現時間標在一張地圖上，可以很清楚的發現規律：基本上與伊朗、伊拉克相距越

51　音同力，是一種古代的炊具，用於燒煮加熱。
52　一種禮器，尖底插入陶琮的中孔，瓶內盛放酒水，用於祭祀天地。

遠的地區，彩陶出現時間就越晚。而且很多地區的早期彩陶，在顏料、紋飾上有很多類同，這表明世界彩陶以伊朗、伊拉克地區為源頭，向周圍擴散，最終形成了彩陶文化帶。當然，彩陶文化輸入世界各地後，也會與各地的本土文化融合，創造出一些當地語系化的彩陶樣式和紋飾。

矛盾產生了。按照世界彩陶傳輸的趨勢看，彩陶應該是從西亞經中亞傳輸到中國，方向自西向東，照理來講，中國最西面的新疆應該最早出現彩陶，然後依次是甘肅、中原地區，但中國境內的彩陶傳輸的實際情況，卻是自東向西。

我們該如何解釋這個矛盾？矛盾的癥結，在於預設的輸入路線是錯誤的。

中國的彩陶文化，的確是受到西方彩陶的輸入而被激發出來，但彩陶文化進入中原腹地，最早並不是經過新疆、甘肅，而是從草原之路傳輸過來的，也就是說，從中亞北部沿著草原帶向東，然後從蒙古高原南下，越過內蒙古的陰山山脈抵達中原（見圖20）。比起從中亞直接經過新疆、甘肅到中原，雖然這條路線看上去像繞遠路，但是在古代，草原之路更容易行進，從中亞到中原的時間更短，成本也更低。

透過新疆南部的絲綢之路，它的遠古時代名稱往往是「綠洲之路」或「前絲綢之路」，要翻過險峻的帕米爾高原。

魏晉時期的高僧法顯、唐朝的高僧玄奘，都描寫他們走絲綢之路翻越帕米爾高原的艱辛，簡直是九死一生。旅者還要穿過廣袤的沙漠邊緣地帶，比如塔克拉瑪干沙漠，小心翼翼的在一個個相距遙遠的綠洲間跋涉。

草原之路相對容易得多，草原帶地勢和緩，沒有廣闊的沙漠和險峻的高山阻擋，只需要穿越一些不算很高的山脈，山脈有若干低海拔的山口供旅者們愉快的穿過，草原上的動植物資源也很豐富，便於補給。在馬、牛、駱駝等大型動物被馴化後，就更容易通過草原之路了。從草原帶南下中原地區，其實沒有我們現代人想像的那麼難。

第二章談到草原狩獵族祖先沿著草原帶東進時，正是一段溫暖期，證據之一，就是內蒙古西部居延海的水位變化。

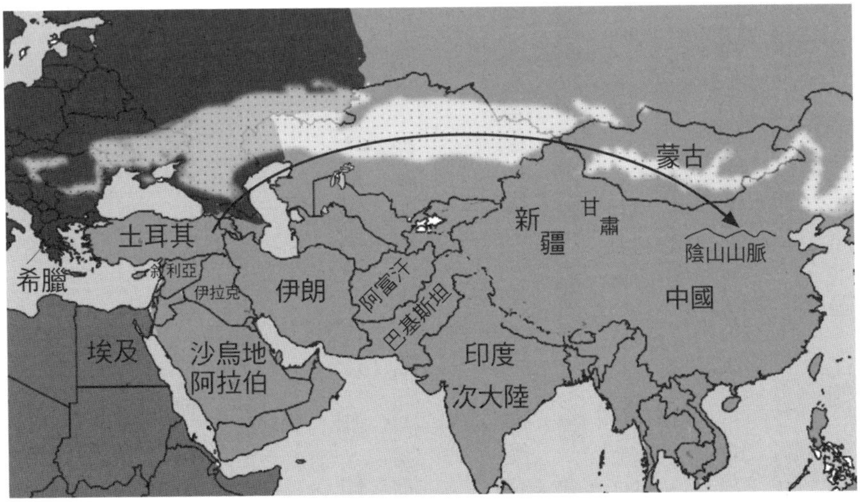

圖20　中國的彩陶文化受西方彩陶的輸入影響，而西方的彩陶文化從中亞北部經草原帶而來。

居延海北接草原，南鄰黃土高原，附近水草還算豐美。更重要的是，中國第二大內陸河額濟納河從青海祁連山發源，從南向北流經甘肅，進入內蒙古西部，最終注入居延海。

額濟納河又稱黑河，古代稱黑水、弱水。與中國很多大河如長江、黃河、黑龍江自西向東流不同，額濟納河順著南北方向流淌，溝通了青藏高原北緣、甘肅河西走廊和內蒙古草原地區。額濟納河流域動植物資源豐富，自古以來就是西北地方一條南北方向的重要通道，直到環境惡化，居延海徹底消失。

若我們糾正彩陶文化傳輸路線，那麼前面談到的矛盾就解決了。以伊朗、伊拉克為中心的彩陶文化，向東經過草原帶輸入中國的腹地，然後再從中原地區向周圍擴散，包括向甘肅、新疆的西面擴散。

搞清楚了彩陶文化的傳輸路線，我們再回頭看青銅技術的西來。銅冶煉術在西亞誕生後，擴散方式幾乎與彩陶文化一樣。學者曾製作古代世界青銅技術分布圖，青銅技術依次出現的地區，是西亞兩河流域的古巴比倫、古埃及、古印度，最後是古代中國。顯然，距離銅冶煉術和青銅技術起源地越遠，就越晚出現這些技術。

從中國青銅技術的分布情況看，最早的銅器和冶煉遺址主要分布在西北地方、中原地區、北方草原帶和東部山東地區（考古學家稱為海岱地區）。在中國青銅時代早期，銅器數量以西北地方最多，發現銅器數以千計；次之是中原地區，比如二里頭文化遺址出土數百件銅器；然後是北方草原帶如內蒙古地區，而海岱地區發現的銅器數量最少。總之，**中國早期銅器整體上看從西向東越來越少**。

但是，在西部地區存在銅器和青銅技術從東向西傳輸的一些跡象。比如在甘肅，東部的銅器年代較早，西部的銅器年代較晚。青銅技術有從甘肅東部向西部傳輸，甚至再傳輸到新疆東部的現象。因此學者猜測，青銅技術應該是從草原帶先進入中國北方草原，然後向南傳入中國甘肅東部，再分別向東、向西傳播。青銅技術與彩陶進入中國並擴散的方式很相似。

遠古東西方的交流是漫長的，借用今天電腦的一個術語來描述，彩陶技術與青銅技術的傳入，很像是「斷點續傳」，可能存在多次傳入的情況。比如，彩陶技術在距今八千年前誕生後，可能只用花七百年就第一次傳入中華大地，但是那時的彩陶樣式和後來的彩陶樣式有很大不同，都與西方不同時期的彩陶技術有聯繫，所以，後來應該還有發生東西方彩陶技術交流。數千年中，青銅技術從草原帶向南的傳輸可能更為頻繁。

另一種從草原帶傳入中國的物品更是令人匪夷所思，那就是熱帶海貝。

在二里頭遺址裡出土了一些海貝，主要隨葬在貴族的墓穴中。貝殼上有穿孔，可用絲繩穿繫起來，戴於頸上和胸前。墓葬規格越高，用的海貝越多。海貝作為那個時代的貨幣和財富象徵，而在上層階級中使用的，這種習慣至少延續到了商朝，甲骨文中就記錄了商王賞賜某貴族多少海貝，作為完成某工程的經費和酬勞。

學者起初以為，這些海貝應該來自中國的近海，從東面沿海的東夷部落傳到中原地區。然而鑑定海貝種類後，發現這些海貝屬於暖水品種，它們的故鄉在印度洋和中國南海的熱帶海域，它們絕對不會生活在古代中國東海以北的沿海。

那麼，這些海貝如何來到中原？

它們在印度洋沿海被捕撈上來後，透過貿易向北輸入中亞地區，然後通過歐亞草原帶，再向南抵達中原地區。生活在南方大洋的海貝，竟然兜了一個大圈子，從北方輸入進來。後來，當中原地區用青銅錢幣逐步取代海貝時，北方草原上的游牧部族，比如匈奴人和鮮卑人，仍然流行使用海貝。

彩陶、青銅、海貝……中國古人的生活因這些來自西方、南方的技術和物產而變得五彩斑斕起來。但草原之路輸送給中華大地最重要的東西，也許並不是這些光彩奪目的玩意兒，而是小麥。

古文明出現與繁榮，關鍵是小麥

中國北方地區，傳統以麵食作為主食，山西、河南、陝西幾省都有各自的特色麵食。麵食的原材料是用小麥研磨出的麵粉，至少在兩千多年中，小麥已然是北方地區當之無愧的糧食之首。在上一章，提到史前時代中華大地的本土糧食作物，是北方的粟、黍加上南方的水稻，而且水稻還在氣候適宜時北進，在北方地區也一度頗有種植。

那麼，小麥如何後來居上，擊退北進的水稻、扳倒粟的地位，躍居北方糧食之首？首先，讓我們了解小麥是如何「後來」的。

小麥的故鄉在遙遠的西亞。

西亞、西亞、西亞……為什麼我們一談到外來的某個技術和物產，往往就是來自那裡？根本原因在於，**西亞是人類農業的起源地**，農業革命的烽火是從西亞點燃的，進而引爆了一個又一個技術革命，傳播到全球。

現已發現最早的小麥遺存年代為距今一萬年前，第一批栽培小麥有兩個品種，古人先是馴化出了一粒小麥，它又與一種山羊草雜交，產生了二粒小麥，兩者都不是我們現在享用的小麥。

大約在距今八千年前，二粒小麥向東傳播到伊朗高原一帶，與當地野生的粗山羊草雜交，形成了一個新的栽培小麥品種，六倍體小麥。這就是今天全世界人民廣泛種植的小麥品種，占小麥種植區九五％，也被稱為普通小麥或麵包小麥。六倍體，是指這種小麥基因組，是由三套（六條）相似而又不同的基因組整合在一起所形成的。人類的基因組可以看成「二倍體」，由分別來自父親和母親的基因組構成。

六倍體小麥的出現，簡直是遠古時代一次重大的「基因工程」，好吃又高產的小麥讓古人如獲至寶，迅速普及。**幾大古文明**，比如兩河流域的美索不達米亞古代文明、尼羅河流域的古埃及文明、印度河流域的古印度文明，以及後來的古希臘文明和古羅馬文明等，它們的**出現和繁榮，全建立在以小麥為主要糧食作物的農業生產基礎上**。一直**到工業革命之前，小麥都堪稱世界第一糧食作物**。

如果只能用一種物品來代表全世界的古代文明，很多學者認為，只能是小麥，得小麥者得文明。

早在距今七千年前，小麥的腳步就已經向東抵達中亞地區，比如今土庫曼境內的科佩特山脈北麓，當時就種植小麥。但此後，小麥向東的腳步竟然停下來了，這一停就是幾千年，東亞地區遲遲沒有投下小麥的倩影。

這到底是怎麼回事？是地理阻隔讓小麥無法光臨中華大地，還是中國祖先只願意吃小米和黃米，拒絕吃小麥？

根本原因在於，小麥的植物特性讓東亞農民頭疼不已。

小麥的起源地在西亞，在地中海氣候區域，這個氣候很古怪，絕大多數氣候都是冬季寒冷少雨，夏季溫暖多雨，但是地中海氣候相反，冬季陰冷多雨，夏季炎熱乾燥，降雨時節主要在冬春兩季，也就是說，在那裡，小麥冬季播種，夏季收穫。

中國北方地區以溫帶季風氣候為主，南方地區以亞熱帶季風氣候為主，特點是雨熱同期，夏季高溫多雨，冬季寒冷乾燥，降水集中在夏季。「春雨貴如油」，在小麥最需要水的春季，中國卻剛好處於少雨的季節，不利於小麥生長；在小麥要收穫的夏季，大量的雨水又不利於小麥成熟和收割。

正是小麥生長週期與中國本土氣候的不合拍，阻礙小麥東進的步伐，小麥因此遲遲不能進入中華大地。

小麥畢竟是一種旱地作物，因此相比水稻，更加適應中國北方的乾旱環境。至於春季缺水的問題，可以透過開春時人工澆水來解決。小麥在中亞「休息」了近三千年後，終於邁開腳步，走向了東亞。

小麥的傳入，使中國開啟灌溉農業的歷史，甚至要透過大規模興建水利設施滿足小麥的「喝水」需求。

小麥何時傳入中國？我們可以透過考古發現和古人記載確定時間，但是首先，我們單獨講述中國阿爾泰山區。

由於阿爾泰山區臨近中亞，所以那裡的小麥、裸大麥（青稞）的種植時間非常早。考古學家在阿爾泰山區的通天洞遺址裡，找到炭化的植物種子，分析後發現，裡面有小麥和裸大麥，年代在距今五千兩百年前。由於阿爾泰山區所處的緯度比大部分中亞地區都高，因此光照更短、氣溫更低，種植小麥也需要經過物種改良。

生物學家推測，小麥在傳入該地區後，又與當地的野生大麥雜交，從而獲得能在高緯度、高海拔地區繁茂生長的重要基因，小麥才終於實現了本地馴化，成為當地的重要農作物。

也就是說，如果按照今天中國的國境線來看，小麥在距今五千多年前就已經傳入新疆北部。那麼，小麥何時才越過西北地方的荒漠與山川，進入中原地區及其周邊？

在商周時期的甲骨文中，已經出現「來」和「麥」二字，應該都是指麥類作物，當時古人可能用前者表示小麥，後者表示大麥。而在《左傳》中，也出現「周子有兄而無慧，不能辨菽麥，故不可立」，說的是春秋時期晉國的貴族選擇立誰當國君的故事，周子的哥哥因為分不清豆子和麥子（言外之意是沒有生活常識），不能被立為國君，因此貴族選擇周子來當國君。從這句話可以看出，當時麥子在北方的大邦晉國，已經是一種重要的農作物，普通人都應該認識。

從這些文獻記載分析，在距今三千多年前，小麥肯定已經傳入中國，並為人熟悉。因此，小麥最早傳入的時間，還要再向遠古上推，這就需要考古來幫忙了。

目前中國北方出土小麥遺存最早的地點在山東膠州，只出土了一顆，透過碳十四測年，那顆小麥的年代為距今四千四百五十年前。可是膠州地區向東南方就是東海，屬於中國沿海地區，從地理位置看，那裡比中原地區、西北地方離中亞更遙遠。因此，學者們還不清楚，為什麼目前發現的最早小麥遺存會出現在山東沿海，而不是中原地區或西北地方。

或許是因為那個時代中國北方地區都有小麥種植了，只是種植量少，各地很難留下遺存，剛好膠州留下了遺存。

小麥作為植物，是一種有機物，容易腐爛，很難長期保存在考古遺址中。又或許，那顆小麥的年代等資訊有問題。從時間上看，歐亞草原帶東部在距今五千多年前，接受小麥作為草原上畜牧生活的一種糧食補充。這個時間應該早於南方的中原地區。因此，我們有理由相信，在小麥向中華大地的行進路線上，歐亞草原帶是重要的中繼站。

小麥從中亞向北先傳入阿爾泰山區，進而擴散到歐亞草原帶東部，之後南下到中原與草原交界的北方山區，比如陰山山脈和燕山山脈一線，最後翻越山區進入中原地區。

拋開膠州那顆有疑問的小麥不談，距今四千年前或稍晚一點，中原地區、西北地方都出現了小麥的蹤跡。其中在青海、甘肅和新疆東部的幾個遺址中出土的小麥，年代測定結果都接近距今四千年前。因此，從小麥東傳的路線上講，草原帶固然是一個重要的站點，而新疆也許是另一條小麥輸入路線上的停靠站。

小麥是農作物，它更容易在從事農業的人群中擴散。相比家馬與馬車技術、青銅技術受到草原人群的追捧，小麥更受新疆南部的綠洲人群的青睞，每一個小綠洲都是一處農業田園，期盼優良農作物來提高產量。從中亞出發，只要小麥成功越過帕米爾高原，就能進入塔里木盆地。盆地內部雖然是沙漠，但是南北兩側分布一連串的綠洲。小麥繼續沿著綠洲一站站向東，進入甘肅適合農耕的河西走廊，再向東抵達中原地區。這樣的路線，就是後來赫赫有名的絲綢之路。

一旦跋山涉水進入中原地區，小麥就邂逅擅長農耕的中國祖先和廣闊的易開墾耕地，中華大地很快迎來小麥時代。小麥「反客為主」、「後來居上」的大戲正式上演，比如在有「八百里秦川」美譽的關中平原。

渭河是黃河的重要支流，在秦嶺與黃土高原之間流過，向東注入黃河，渭河沖積形成肥沃的關中平原。那裡地處暖溫帶半溼潤氣候區，土壤鬆軟，渭河及其小支流的充沛水量給灌溉提供保障。關中平原是北方地區一塊重要的農耕區。

早在仰韶文化時代，距今約六千年前，關中平原上的古人就從狩獵採集經濟，過渡到旱地農業。當然，在仰韶文化時代，關中平原的主要糧食作物是粟和黍，此外，這裡竟也種植南方的農作物水稻。在陝西渭南的一處遺址中，發現的稻米顆粒占所發現糧食顆粒總量的四分之一，可見水稻也是當地的重要農作物之一。在仰韶溫暖期，氣候環境溫暖溼潤，是水稻北進到關中平原的幕後功臣。

不過在距今三千七百多年前的二里頭文化遺址中，小麥雖然已經出現，但出土顆粒只占糧食顆粒總量的不到一％，只能算是當時古人的一種「零食」。幾百年後，在中原地區的遺址中，出土的小麥顆粒已經占據糧食顆粒總量的一〇％至二〇％，僅次於粟和黍，坐上了糧食作物的第三把交椅。到西周時期，在北方地區出土的小麥顆粒數量和出土比例已經僅次於粟，遠高於其他農作物，穩坐糧食作物的第二把交椅。到東周時期，小麥的種植在有些地區已經成功反超本土的粟，比如前文提到渭南的遺址中，不僅發現了小麥遺存，而且數量驚人，小麥顆粒占了出土糧食顆粒總量的八〇％以上。

伴隨著小麥「攻城掠地」，水稻在關中平原則逐漸敗退。水稻種植需水量大，它能一度進入北方地區，憑藉的是比粟和黍更高的產量。現在小麥的產量可以與水稻相提並論，而且需水量少於水稻，更適合在北方地區廣泛種植，水稻也就在競爭中逐漸敗下陣來，退守南方地區了。

終於，到秦漢時期，小麥坐穩北方糧食作物的第一把交椅，中國古代糧食格局從「南稻北粟」轉變為「南稻北麥」，且一直延續到今日。

綿羊和黃牛，由內而外人類用透透

在中國成為文明古國的前夜，有兩種重要的動物攜手與小麥一同來到了中華大地，牠們就是綿羊和黃牛。

馴化的家綿羊最早出現在西亞……又是西亞！人們簡直要懷疑，一萬年前是不是有外星人降臨西亞，教給了遠古人類開採礦產和馴養動物的外星科技？事實上，製造出如此科幻劇情的不是外星人，而是農業革命。

就在距今一萬年前農業剛誕生，家綿羊誕生於西亞地區。從世界各地的家綿羊基因型分析，家綿羊的演化可能出現不只一次馴化事件。或者說，在西亞首先馴化家綿羊後，它與野生品種也曾有若干次基因交流，並持續被人類馴化。其中的一個家綿羊基因型，在東亞綿羊中占據絕對優勢，而且在綿羊中所占比例自東向西逐漸降低。因此，科學家推測，家綿羊在東亞也發生過一次馴化事件。這個家綿羊基因型與西亞的家綿羊基因型不同。

目前中國最早的家綿羊骨骼出土地點，是阿爾泰山區通天洞遺址，那裡出土大量的綿羊骨骼，及一些小型哺乳動物和鳥類骨骼。結合發現的小麥顆粒，我們可以猜測，距今五千兩百年前早期的草原人透過混業生存，農業、畜牧業、狩獵與採集並舉，以適應草原和山區的自然環境特點。

然後，在距今約五千年前的甘肅東部和青海東部的遺址中，也出土家綿羊骨骼。到距今四千年前，中原地區的多個遺址中都出土了家綿羊的骨骼。所以，中國家綿羊的擴散可能是從西向東，大概在距今五千年前或者更早，古人把西亞的家綿羊帶到中國境內，然後在本地，遠道而來的家綿羊與這裡的野綿羊雜交，並經過馴化，形成東亞的家綿羊類型。

距今四千年前，中華大地上的家綿羊就已以這種東亞家綿羊類型為主體了，只有少量家綿羊屬於西亞類型。從甘肅、新疆等地考古發現的家綿羊骨骼分析，西亞的家綿羊可能與彩陶技術、青銅技術類似，也是從歐亞草原帶傳輸過來的。

說完了羊，我們再來聊聊牛。馴化的黃牛最早也出現在西亞嗎？這個答案只能算半對。

在中國人祖先的家牛分類學中，黃牛是指犛牛、水牛之外的所有家牛，主要包括普通牛和瘤牛[53]兩種。普通牛的馴化的確發生在西亞，時間大概在距今一萬一千年前，

53　又稱肩峰牛，是一種肩部長有肉瘤的黃牛亞種。

出現得非常早。

一般認為瘤牛是在南亞的印度河河谷被馴的，時間上比普通牛的馴化晚了約兩千年。順便說一句，「高原之舟」犛牛[54]是在中亞被馴化的，被馴化時間略晚於普通牛。

另外，近期中國學者在黑龍江發現距今萬年以前的牛骨骼和牙齒、頜骨上有凹槽，似乎是馴化造成的。如果這個發現得到證實，那麼中國東北地區就是一處黃牛的起源地，而且時間上不比西亞晚。

不過，牙齒和骨骼上的凹槽也許有其他解釋，不一定是馴化造成的。考慮到西亞是農業的最早起源地，人口暴增，糧食剩餘充足，具備馴養大型動物的物質和技術條件，現在學者們仍然秉持「西亞是黃牛最早的馴化地」的觀點。

拋開這個存疑的起源地不談，距今四千五百年前，黃河流域已出現家養黃牛的蹤跡，看起來黃牛來到中國的時間比家綿羊晚。最早發現家養黃牛骨骼的遺址，主要分布在甘肅東部、河南北部和中部一帶，因此黃牛傳入中國的路線，可能跟綿羊一樣，都是沿歐亞草原帶而來，畢竟沿途有充足的青草可供牲畜食用，草原人群也有豐富的畜群管理和利用經驗。利用化學元素進行的食性分析[55]，中華大地上的第一批家養黃牛以吃碳四類植物為主，也就是當時北方主要的農作物粟和黍，也許古人用打下來的粟和黍的莖葉來餵養黃牛。

分子生物學家曾對在新疆、青海、內蒙古發現的考古遺址中的黃牛骨骼，做古DNA分析，發現所有的樣品都屬於普通牛，不屬於瘤牛，說明了古印度的瘤牛可能更晚進入中國。

而且這些樣品絕大部分是來自西亞的黃牛基因型，只有少量可能來自東北亞，這表示東北亞也發生過黃牛的馴化事件，類似於家綿羊來到東亞後又經歷馴化事件。與家綿羊有所不同的是，黃牛進入中國還有一條西南方向的路線。瘤牛在印度河河谷得到馴化後，在南亞、東南亞傳播，然後從雲南進入中國，再繼續擴散。在雲南大理美麗的洱海裡有一處銀梭島，島上的遠古遺址中曾出土過黃牛骨骼。

綿羊與黃牛攜手走入中華大地，不僅給祖先提供肉類、奶類食物以及毛皮禦寒材料，還改變了文化習俗。

豬是中國本土馴化的動物，從距今九千年前開始，在中華大地上的很多遺址中，古人都以豬來祭祀和隨葬，偶爾也使用狗，這是另一種本土馴化動物。

54　體型較黃牛稍矮短，因能耐寒旱，是高原寒漠中最佳的運輸工具，故稱為高原之舟。

55　Diet Analysis，為了解某動物捕食什麼生物，哪種生物是其食物主要來源所進行的研究，稱為食性分析。

到距今約四千年前，從遺址中可看出，古人開始利用牛和羊進行祭祀與隨葬，而且越來越普遍。看上去在他們心中，外來物種牛和羊的地位比本土馴化的豬和狗還高。

到商代，這種祭祀文化上的「動物歧視」更加嚴重了，商代有「太牢」和「少牢」兩種高規格的祭祀禮儀形式。

太牢，是商王一級的祭祀，必須牛、羊、豬三牲齊備；少牢，是卿大夫一級的祭祀，只用羊、豬兩牲。所以，如果排序幾種動物在祖先心目中的地位，黃牛的地位最為崇高，接下來依次是羊、豬、狗。

「犧牲」二字的偏旁，都是「牛」，就是因為牛是最高級的祭祀品。商朝人流行占卜，黃牛的肩胛骨被用來做卜骨。在當時的手工業生產中，黃牛骨頭是重要的材料，用於製作骨器。再到後來的春秋戰國時期，隨著鐵製農具出現，力氣大且性情溫順的黃牛開始被用於農耕勞作，成為農民的好幫手。

西來說、本土說，文明不能只看一面

至此，在距今五千年前至四千年前的中原地區，中國古代所謂的「五穀」——粟、黍、菽、麥、稻，全都齊備了；「六畜」——狗、豬、牛、羊已經出現，馬正在北方草原揚蹄馳騁，雖可能正在南方地區啼鳴破曉，這兩者稍後會進入中原地區。

這些重要物種中，**麥**、**牛**、**羊**、**馬**都來自西方世界；極為重要的**青銅技術**、**馬車技術來**自西方世界，同樣重要的**彩陶技術也來自西方世界**。那麼，我們是不是該重新拾起安特生等人曾經提出的西來說，拍拍塵土，擺上學術的供桌？

從邏輯和史實上，我們都不能如此武斷的支持西來說。正如上一章我們談到的，中華大地的北方祖先馴化粟和黍，並在距今七千前年至五千年前沿著草原帶西傳，讓亞洲西部與歐洲古人嚐到小米和黃米的滋味。狗和豬這兩種家畜起源於中國，牠們同樣也在很早時，擴散到了歐亞大陸的其他地區，包括西方世界。

如果僅僅因為一些物種和技術的輸入，就認定中華文明是「西來」的，那麼在這樣的邏輯下，根據古代中國向外輸送物種的史實，反過來我們也可以說西方文明是「東來」的。

那麼，本土說就正確嗎？中華文明是本土產生並繁榮起來的，即使沒有輸入外來文化（包含物產、技術等），仍會結出碩果、輝煌燦爛嗎？

本土說走入了另一個極端，它的錯誤在於不承認塔州技術悲劇的原理，認為一個封閉的中華大地，可以自我生長出燦爛的文明。實際上，自從西亞、東亞各自馴化野生植物，發展出原始的農業開始，東亞就不再是一個大型塔州。在更早的現代智人擴張時代，東亞就已經不再是人群和文化交流的孤島了，它與歐亞大陸頻繁的交流，有些人走進來，有的人走出去，他們把思想、文化、技術、物種帶來帶去。

堅持西來說或本土說的人，都只看到或只願看到硬幣的其中一面，沒有或不願看到其另一面。

考古學家和歷史學家口中所說的**文明，是有標準**的。不同學者提出的標準會有所不同，但無外乎幾個要素：**（青銅）冶金術、城市、文字系統、信仰（宗教）體系。一個被學者承認的古代文明不一定具備所有要素，但至少具備大部分要素**。

舉個例子，前文談到的良渚文化，已具有城市和信仰體系，但是缺乏冶金術和文字系統，因此外國主流學者沒有把良渚文化，提升為「良渚文明」。中國國內學者則傾向認為，以良渚文化的大型社會規模和治理能力而言，當得起「良渚文明」稱號。因此，良渚社會算不算文明古國，還是一個爭議話題。

從文明標準和文明進程來看，中華文明能誕生並屹立於東亞，正是中華大地在本土充足的人口數量和糧食產量、本土文化傳統的基礎上，吸收來自西方世界的技術與物種，甚至一些思想與文化，一舉脫胎換骨，把各種地區文化、技術熔煉成整體性的中華文明，邁向了「最早的中國」。

青銅和家馬，正是中華文明及其他文明誕生的決定性推手，它們衍生出來的青銅武器和馬拉戰車，給古代勢力提供遠端軍事輸送能力，這種能力對於國家政權的建立至關重要。

青銅技術和馬車技術傳輸到北方草原後，在那裡主要用於軍事領域，增強草原人群的戰鬥力，給南方農耕社會極大的壓力，石峁古城展現的防禦能力便反映出這種壓力。稍後，青銅與家馬擴散到北方地區，肯定也提升中原地區各地人群的戰鬥力。為了共同防禦敵人，原本分散的各個部落，會組成更大規模的強有力的部落聯盟，打破族群、文化的界限。在部落聯盟內部，青銅技術和馬車技術帶來遠端軍事輸送能力。過去一個偏遠部族發動叛亂，聯盟首領鞭長莫及，難以鎮壓，現在就可以迅速派出軍隊，攜帶青銅武器、以馬拉戰車，去平定叛亂，震懾有二心的部族，從而使部落聯盟內部更有效的整合在一起，朝著文明國家不斷邁進。

此外，青銅技術在北方地區還起到如文明催化劑般的重要作用。青銅技術是文明古國誕生前夕的高科技，古人用青銅器取代了古老的陶器，作為祭祀和禮儀用品，創造出中華文明獨有的禮樂文化，使部落聯盟內部的文化建設更上一層樓，以和平的方式增強了內部凝聚力。

與此同時，外來物種使北方地區各個部落對於貿易有了更大的需求，從而促進各個部落聯繫，對古代家畜的基因研究顯示了這個趨勢。

黃牛本來是從西方世界傳入中國，優質的黃牛品種給古代人群優質的勞作畜力和美味糧食。透過分析當時各個文化人群養的黃牛基因，我們可以看到，他們的貿易往來非常頻繁，原本各有居所的人群正在變得越來越緊密。

在當時的西北地方、東北地區和中原地區，如此大範圍內，每個遺址中占比最高的黃牛基因型都相同。其他幾個黃牛基因型則占比很低，牠們在各個遺址中的分布也不太一樣。從這點可以得知，北方地區的黃牛交流十分廣泛，一種優質的家牛品種會讓各個部落趨之若鶩。

有趣的是，中國上古傳說竟然也講述牛羊貿易的故事。根據《竹書紀年》、《山海經》等古書記載，商王有一個叫作王亥的先祖，與兄弟一起趕著牛、羊到有易氏部落做生意，結果被有易氏的貴族謀財害命。王亥的兒子上甲微，想為父親報仇，但是實力不夠，直到四年後才借到河伯的兵，終於消滅了有易氏，為王亥報仇雪恨。此後在商朝的甲骨文中，記錄後世商王祭祀上甲微，向他彙報目前本國的事項。上甲微顯然很受商朝人尊重，經常享受後代的祭祀。

上古傳說的細節未必真實，但它所反映的先商部落進行遠距離牲畜貿易的情景，應該是符合當時北方地區部落交往實際情況。

這個傳說也反映當時北方地區動盪的狀態，各個部落之間既有和平的商貿往來，也有暴力的兵戎相見。從考古遺址中，學者也能讀出那段動盪的歷史。

仰韶溫暖期本來是一段祖先們的快樂時光，風調雨順、五穀豐登，新的技術和物種不斷湧現，廣闊天地裡的古人傳播彼此的文化，生活變得越來越好了。但是在距今約四千五百年前，北方地區進入長達幾百年的龍山時代[56]，仰韶時代那種和諧社會土崩瓦解。從龍山時代的遺址看，聚落開始構築堅固的環壕，更大的聚落甚至修建城垣工事，對外防禦強鄰騷擾，對內凝聚部落人心。北方地區陷入萬邦林立的狀態，相互之間征伐不斷。

從仰韶時代到龍山時代，是什麼造成社會轉變？人口增長顯然是重要的內因。進入龍山時代，可能有數百萬人生活在農耕社會的核心地帶——中原地區。在當時的生產力條件下，即使粟、黍、菽已經得到充分馴化和種植，但農田的產量依舊不高，而小麥尚在趕來的路上，糧食增產在彼時彼地遇到瓶頸，人口激增帶來強烈的生存壓力。各個部落都盡力擴大自己的生存空間，彼此會為了爭奪一塊耕地、牧場甚至一處水源，而發生衝突。

56　新石器時代晚期的考古學文化之一，又名黑陶文化，主要分布在山東、河南、山西、陝西等省。

龍山時代的氣候也是製造社會動盪的元凶之一。在經歷仰韶時代的溫暖後，龍山時代已處於大暖期末期，氣候變得波動起來，有時還出現降溫事件。氣候波動帶來大大小小的自然災害，激發各部落的生存危機，求生欲驅使他們對外訴諸暴力，搶奪資源。最終，氣候變化推動了中華大地，從一片亂世邁向了最早的中國。

距今四千年前，不論是中華大地還是歐亞大陸，似乎都正在經歷巨大的氣候轉變。比如良渚文化在距今四千多年前衰落了；沿著長江上溯，長江中游的石家河文化、中上游的寶墩文化都在同一時期衰落。北方的齊家文化在距今三千七百年前左右走向消亡，更北的遼河流域的文化也差不多同時走向衰落。只有中原地區的二里頭文化，在古文化大面積衰落的背景下冉冉升起。

這種巨大的轉變，考古學家稱之為從「滿天星斗」到「月明星稀」，原本東西南北如繁星般的各種古文化都黯淡下來，只有中原升起了一輪文化的明月。

我在前作《草與禾：中華文明四千年融合史》中，分析文化面貌巨變的氣候原因，猜測可能是西太平洋副熱帶高壓南北向移動，導致中華大地古文化的大量衰落。

如果我們把視野擴大，放眼全球，當時整個歐亞大陸似乎都在經歷氣候巨變。

距今四千兩百年前左右，埃及古王國在奴隸大起義的動盪中走向了終點。不過，學者最近提出古王國滅亡的新視角。他們找來那個時代古埃及人的棺材板，仔細分析棺材板上的樹木年輪痕跡，發現當時的氣候極端異常，有強烈且短暫的乾旱期。乾旱帶來的糧食減產，給古埃及統治者製造巨大的麻煩，局勢最終失控了。

在西亞兩河流域，考古學家考古發掘一座消失的大型城市，在距今四千兩百年前至三千九百年前的土壤層中，發現那個時期氣候嚴重乾旱的證據，甚至連蚯蚓都因乾旱而大量死亡。

在印度河河谷，距今三千七百年前左右，**古印度文明突然消失**。過去學者認為，古印度文明可能遭遇了西北方向族群雅利安人的入侵。但是氣候學家發現，印度河文明當時已經出現嚴重衰退，**原因很可能是氣候波動導致灌溉水源不穩定**。

為什麼距今四千年前，全球氣候經歷如此巨變？目前還沒有確切的答案。我們能知道的是，比遠古中國先期進入文明古國階段的古埃及、古巴比倫和古印度，都遭受了沉重打擊，而中華大地卻在氣候打擊下鳳凰涅槃，中原地區邁入了文明古國階段。

最早的中國，不信神靈，但崇拜祖先

動盪不堪的環境中，相對適宜生存的中原地區二里頭文化終於脫穎而出，擴大了自己的影響力，站上了文明的高臺。

考古發現，降溫、洪水、乾旱等災難，在龍山時代末期導致北方地區人口規模下降。同時，人口向中原地區的核心區域集中，以二里頭都城為中心的區域人口規模逆勢膨脹，二里頭遺址出土的都城規模宏大，有縱橫交錯的大道、方正規矩的宮城，宮城內還排列多座建築，具有明顯的中軸線格局，這種城市格局為此後的古代中國各個朝代所繼承，比如漢唐長安城、明清北京城等。

當時的二里頭社會已經是階層井然的社會，貴族住在宮殿區以東區域，城市的西部和北部，則是一些小型的地面或半地穴式建築，是平民百姓的居住區。都城內部有許多功能區，比如鑄銅作坊。二里頭遺址的青銅作坊規模大，延續時間長，澆鑄工廠、烘烤陶範的陶窯，展現出鑄銅工藝設施已有較高的專門化水準。在宮殿區和鑄銅作坊之間，還另有製作綠松石器作坊，二里頭先民主要在那裡製作綠松石管、珠及嵌片之類的裝飾品。

在城市的中東部，集中分布一些與宗教祭祀活動有關的建築和其他遺跡，主要包括一些圓形地面建築、長方形半地穴式建築，以及附屬於這些建築的墓葬。二里頭先民可能就是在這些祭祀點祭拜祖先和神靈，或許他們會戴上精美的綠松石裝飾品和青銅飾物，祈禱神靈保佑這片土地風調雨順、土地上的民眾人丁興旺。

二里頭不僅僅是一處城市，它實際上是一處都邑性質的所在，其統治力控制著輻射向四周很廣的區域。

按照前文所說的文明標準，二里頭社會已經具備了治金術、城市以及信仰體系。儘管二里頭遺址尚未發現文字證據，但它所顯示的文化高度和影響力，已經可以算是跨入了文明古國的門檻。考慮到之後的商朝就是接續了二里頭社會稱雄中原地區，很多學者認為，最早的中國就出現在中原地區的二里頭。

與大陸西邊的一些文明如巴比倫文明相比，最早的中國自誕生的那一天起，就具有獨特的氣質。與西方世界偏重宗教主導的古代文明不同，古代中華文明偏重祖先崇拜，並圍繞祖先崇拜構築起自己的文明結構。

這種不同地域的文明差異，是如何塑造出來的？早在五千多年前，西亞兩河流域——底格里斯河和幼發拉底河的入海口附近，就出現一批泥磚建築城市，也就是蘇美城市，這裡是地球上最早出現的城市群之一。蘇美人是地球上最早的象形文字楔形文字的發明者、兩河流域最早的定居者。這些蘇美城市的出現，與貿易有很大的關係，城市的位置正是陸地上的商隊與海洋、河流商船交接的地方。

在蘇美城市中，居民主要分為三類：第一類是地方貴族，統治著當地的農民和奴隸，在城市周邊擁有耕地；第二類是商人，以及為商隊服務的隨從、水手們；第三類是祭司，他們也擁有土地、牧場和大量勞工，但與貴族不同的是，他們是神靈在人間的僕人，主要工作是建造神廟、供奉物產以取悅神靈。蘇美祭司們的權力很大，在早期甚至透過選舉的方式，確定負責執行城市事務的首領。

在蘇美城市出現前，當地只有一些狩獵採集者，所以蘇美人最初是「外來戶」，他們白手起家建造城市，並興修水利發展灌溉農業，大張旗鼓的開展海路和陸路貿易，促進城市發展。作為外來戶，要維繫自己的統治，蘇美人的上層選擇依靠宗教來樹立權威、團結民眾。宗教中的神靈虛無縹緲，具有超越族群差別和階層差異的普適性，便於蘇美上層統治本地原住民，以及從各地遷移而來的新住民。

以宗教立城、以神權治國，這正是蘇美人和**蘇美文明的特色**，注重貿易財富的外來祭司主導了兩河流域文明國家的形成。這種特色也被西方世界不同地方、不同時代的各種文明繼承和發揚。

從蘇美文明的出現與演變，來觀察中華大地的早期文化和文明，我們會看到，南方的良渚文化與蘇美文明有一定的相似之處，良渚文化可以被認為是「突然之間」在江南地區勃發，而且具有強烈的宗教色彩。這似乎暗示我們，良渚文化的上層神職人員，說不定也是「外來戶」，他們從遠方遷入江南地區後，以自己的宗教作為精神支柱（他們可能還攜帶了遠超過南方本地的玉器技術而來），構建了他們的地上天國，管理大量的人口和土地。

但是，北方中原地區的各種文化乃至最早的中華文明形態，就與蘇美文明南轅北轍了。

考古遺址告訴後人，中原地區城市群的出現過程大致上是這樣的：大地上先有了大量的農耕聚落，以周邊的農田養活部落民眾；然後聚落不斷壯大，最終有些聚落成長為地域性的城市，具有貿易功能。中華大地是先有農田，再有城市，而兩河流域是先有貿易城市，再有配套農耕聚落，兩者路徑截然不同。

既然中華大地上的城市是從更古老的農耕聚落一步步擴大而來，基本上就不存在「外來的和尚好念經」的現象，部落的信仰工作，主要由部落首領及其親屬「代勞」了，部落首領既是行政長官，也是宗教首領，當然也是祭祀祖先的族長，或者即便他們不是每個角色都擔任，也是由自己的親族來分擔某些角色。

每個部落的成員血緣關係親密，因此在部落內部，對共同祖先的崇拜就變得比對共同神靈的信仰更重要，或者說，更有利於首領統治民眾和團結民眾。很多時候，部落的祖先就相當於本族群的神靈一樣的存在。

即便各個部落組成了部落聯盟，朝著最早的中國邁進，對共同祖先的崇拜，仍是維繫血緣關係較近的部落之間，及部落內部團結一致的精神武器。因為廣闊的中原大地是農耕沃土，廣泛的部落聯盟以農耕為根基，正是注重血緣關係的農民塑造最早的中國，所以祖先崇拜也就成為最早的中國的精神根脈和信仰支柱。最早的中國，即是祖先的家國。

一方水土養一方人。最早的中國，是本土物產與思想文化漫長積澱、外來物產與異域文化涓涓流入，以及氣候巨變合力孕育出來的文明果實。當中華大地一腳跨入文明古國的殿堂時，等待這些古人的命運，並不是歲月靜好的田園戀歌，而是疾風暴雨的文明碰撞。

草原番外篇

從古人蛀牙比例看飲食結構

現代人只要條件允許，每天都會刷牙。牙醫甚至建議，每次用餐之後都應該刷牙。刷牙的一個重要目的是防止齲齒。齲齒也叫蟲牙、蛀牙，很多因素都可能會造成齲齒，但是一般來說，食物中所含有的糖分是牙齒的最大敵人。

古代人的牙齒衛生問題更嚴重，他們吃的食物中所含的碳水化合物經分解後，滋生能分泌酸性物質的細菌，進而腐蝕牙齒，形成齲齒。外國學者經過統計發現，古代的狩獵採集人群的齲齒，發生比例為〇%至五．三%，平均為一．三%；狩獵採集和農業混合經濟人群，其齲齒發生比例為〇．四四%至一〇．三%，平均為四．八%；農業人群的發生齲齒的比例最高，為二．一%至二六．九%，平均為八．六%。另有學者指出，以游牧生活為主的古代人群，發生齲齒比例最低，只有〇．二%至〇．九%。

也就是說，越是依賴農作物糧食，攝入的碳水化合物越多，古人出現齲齒比例就越高。

於是，透過分析古代人群的齲齒發生比例，學者得以一窺他們的飲食結構，進而推斷他們所身處的社會階段。

就拿山西陶寺文化來說，這個古老文化活躍在距今四千三百年前至三千九百年前，與陝西石峁文化的年代大致相當。陶寺遺址中有墓葬和灰坑，裡面分別出土人類骨骼。從隨葬品和建築規格看，墓葬人群應該是陶寺文化的上層貴族，灰坑人群則是平民。

對陶寺遺址的植物考古表明，陶寺文化的農業較發達，種植的農作物以粟為主。另外，對陶寺遺址出土動物骨骼的統計分析表明，哺乳動物占有絕對優勢，包括豬、牛、羊和狗，其中豬骨最多，據此推測當時陶寺人群獲取肉食的來源主要是馴化動物。

那麼，陶寺人群的食譜是怎樣呢？透過統計古人遺骸牙齒中的齲齒，學者發現，陶寺人群的齲齒率大概在三％，其中墓葬人群的齲齒率是二．九％，灰坑人群約三．一％，兩者差別不大。

看起來，陶寺人群雖然擁有出色的農作物和農業技術，但是他們的飲食結構中包含相當多的非碳水化合物，比如肉類，使得他們的齲齒率並不高。還有學者分析陶寺人群牙齒的磨損情況，發現他們的牙齒磨損也不嚴重，這顯然與他們食譜中有很多柔軟的肉類有關。而且，對人骨中微量元素的分析，揭示出陶寺人群在早期和晚期的食肉量基本沒有變化，說明他們的食譜挺固定的。

從陶寺文化的案例看，即使古人掌握很好的農耕技術，也並不一定就讓農作物主糧占據絕大部分餐點料理。植物性主糧只能提供更多的能量，但口感和營養方面比較糟，因此古人在有條件獲得其他食物——特別是肉類——的情況下，還是會讓自己的餐桌盡量豐富起來。

類似的例子還有紅山文化，這是比陶寺文化更早的東北地區古文化。紅山人群的齲齒率為一％至二％，這當然和紅山文化的農業水準，可能比陶寺文化低一點有關，但這也說明，紅山人群能獲得其他食物來源，特別是由於靠近叢林和草原，可以透過狩獵或畜牧獲得肉食，因此不必過度依賴農耕獲得的糧食。

陶寺文化的消失比較突然，在末期那裡發生了激烈的動盪，宮殿和城牆被毀，貴族墓地遭到破壞，很多人被殺害。對於陶寺文化的結束到底是內部叛亂還是外來入侵導致，學者們還在爭論。至少我們從齲齒反映的食譜來看，陶寺文化的上層貴族與下層百姓在飲食上比較相近，不太容易產生內部激烈衝突。

小小的蛀牙好似穿越時空的晶片，提供給人們了解古老文化的寶貴資訊。

第五章

西域爭雄，間接導致中國換朝代

「高貴的衣著，中間分縫的黑色長髮上，戴著一頂裝飾有紅色帶子的尖頂氈帽，雙目微合，好像剛剛入睡一般，漂亮的鷹鉤鼻、微張的薄脣與露出的牙齒，為後人留下一個永恆的微笑。」

考古學家沃爾克．貝格曼（Warlock Bergman）如此描述自己看到的古墓中女性乾屍，並把她稱作「微笑公主」。貝格曼與微笑公主在一九三四年相遇。那年，貝格曼三十一歲，而微笑公主大概三千八百歲了，當然，這是指她的肉身存在的時間長度。

沉睡在沙漠墓葬中的微笑公主無言無語，但她以及那些一同躺在小河墓地[57]的大量乾屍基因，為後人拂去歷史的塵沙，展現西域幾千年間的人類遷徙歷史。

小河墓地人群來自北方，但有中西南亞的基因

沃爾克．貝格曼是瑞典人，當他於一九二七年從考古學專業畢業，來到中國，加入瑞典地理學家斯文．赫定[58]組織的中國西北科學考察團時，他的瑞典前輩安特生不僅已經發現了仰韶文化遺址，還在前一年向世界公布發現了周口店古人類的牙齒，早已聲名鵲起。

在當地人的協助下，西北科學考察團在新疆塔里木盆地羅布泊附近，發現「有一千

口棺材」的古墓群，貝格曼隨口用旁邊流淌的小河，將這處墓地命名為「小河墓地」，那裡正是微笑公主安眠之所。

跨越幾千年的一瞥，竟然成為永別。由於當時中國局勢動蕩，貝格曼帶著少量文物離開了小河墓地，再也沒有返回。微笑公主驚世一現後，就隱藏在漫漫黃沙之中，消失了蹤影。

苦苦尋覓六十多年後，小河墓地在二〇〇〇年終於又重現在世人面前。這一次，考古學家又發現了一具年輕女性的乾屍，她頭戴尖頂氈帽，微閉雙眸，穿越歲月的長長睫毛固守著她的美貌。人們稱呼她為「小河公主」（見下頁圖21），與貝格曼描寫的微笑公主相對應。

根據碳十四同位素測年的資料，小河墓地的年代在距今三千九百八十年前至三千五百四十年前，這很可能意味著，小河公主和她的族人是羅布泊地區最早的定居者，分析這一早期人群的基因，應該能揭開塔里木盆地史前時代的一段歷史。

---

57 位於中國新疆維吾爾自治區的羅布沙漠中，於二〇一三年，中國公布這裡是第七批中國重點文物保護單位（古墓葬）。

58 Sven Hedin，他的探險紀錄，為繪製精確的中亞地圖奠定堅實的基礎。

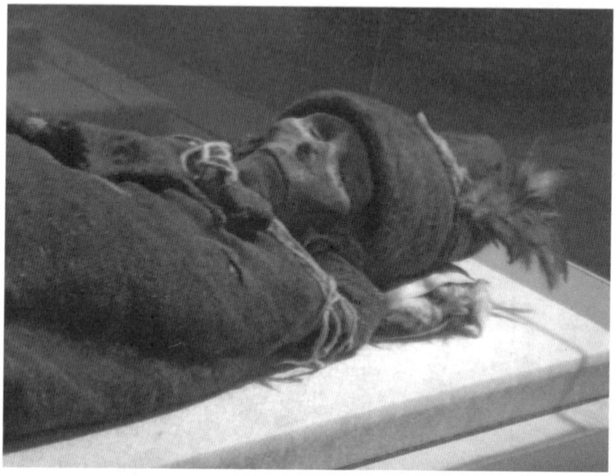

圖21　考古學家在 2000 年又發現一具年輕女性的乾屍，人們稱她為小河公主（圖片為 Hiroki Ogawa 所有，CC BY 3.0）。

分析結果表明，小河墓地人群的母系基因，來自歐亞大陸西部，也有來自歐亞大陸東部，但這並不代表早在近四千年前，東方人和西方人在羅布泊相遇並融合在一起了。從更詳細的基因類型看，故事應該這樣講述：歐亞大陸東部的人群很可能來自蒙古高原、貝加爾湖一帶，與西部的人群先是在歐亞草原帶上相遇且發生融合，地點可能在西伯利亞南部、中亞哈薩克的草原一帶；然後，這批混血人群向南遷移，有一支進入了羅布泊地區，在這裡定居下來。

這就是小河公主族群的來歷。所以，他們可能是來自西北方、北方的畜牧人群的後代。

此外，小河墓地人群還攜帶少量南亞地區、中亞伊朗地區的基因，一種解釋是一批南亞人群透過險峻的帕米爾高原，進入塔里木盆地，然後繼續東進，最後來到羅布泊地區。這條路線比較艱苦，因此另一種解釋也許更為合理：一些南亞人群的基因首先融入歐亞草原帶的人群，然後從哈薩克草原向東南方向遷移到北疆草原，再翻過天山進入羅布泊地區。

小河墓地人群的來源複雜，而且隨著時間的推移，可能融入更多不同來源的人。在早期，小河墓地人群的基因型多樣性較低，比如某個母系遺傳基因型，在整個群體中占約五〇％，包括一個被祭祀的泥棺中的女屍，其基因也是屬於該類型，也就是說，她的地位較高，很可能生養很多子女。也許最初遷徙來的那批人群基本上屬於一個大家族，女性成員的血緣都比較親密。不過這個基因型在後期的比例迅速下降，這說明，生活在羅布泊地區的女性來源越來越複雜了。

然而，小河墓地人群的父系基因型卻是另一番景象，普遍屬於歐亞大陸西部基因型，而且早期和晚期沒有多大的區別。

這表示，他們可能沒有或者極少接受外來的男性成員，而是不斷接納外界的女性成員。我們可以猜測，那些女性成員可能是透過聯姻從周邊娶過來的。我們甚至能進一步推測，也有很多羅布泊女性外嫁到周邊去。

小河墓地人群保留很多來自草原的文化元素。比如他們的墓地放置許多牛頭、公羊角，墓內隨葬公牛角和公羊角，有的墓中多達二十六個，木棺用整張牛皮或羊皮覆蓋，這些墓主人生前顯然是以畜牧業為生。小河墓地裡沒有發現陶器，但是臨近同類人群遺址中出土的尖底草簍，風格上與一種草原上流行的尖底陶器非常相似。

小河墓地人群以小麥作為隨葬品之一，這是中國境內發現最早小麥的遺址之一。此外，墓地裡還出土了粟和黍的籽粒。

這樣東西合璧風格的農作物組合，最早很可能是在草原之路上出現的。因此，也許小河墓地人群的祖輩，透過草原之路的東西交流，獲得了東西方的不同農作物，然後南下時也將它們隨身攜帶到了羅布泊地區。

更有趣的發現是牛奶。

人們發現在隨葬草簍以及墓主人的衣物、皮膚上，殘留乳白色的漿狀物質。透過蛋白質分析可以確定，這種物質是牛乳製品。換句話說，牛奶作為畜牧業的副產品，已經成為小河墓地人群食譜中重要的一部分。

歐亞大陸西部人群擁有能消化牛奶的乳糖酶基因，而歐亞大陸東部人群缺乏這種基因，小河公主和她的族群普遍食用牛奶的現象，再次把他們與歐亞大陸西部人群聯繫起來，小河墓地人群擁有的歐亞大陸西部基因可能讓他們消化乳糖，因此可以暢飲牛奶。

不論是基因分析還是文化比較，小河墓地人群的族源，都指向歐亞草原帶的一支古老草原人群——克爾木齊文化人群。

人類最早的農業誕生於西亞，**畜牧業是在農業有了剩餘糧食餵養馴化的動物後出現的**。一部分農民攜帶著馴養的動物走向廣闊的草原，他們變成了牧民，專門從事畜牧，與專門從事農耕的農民形成勞動分工。這一點都不奇怪，整個歐亞草原帶上，率先崛起的草原文化來自歐亞大陸西部，因為那裡靠近農業的誕生地，農民與牧民分工的情況，也更早出現。

距今五千六百年前，在草原帶西部，大概在今俄羅斯南部的草原上，誕生了顏那亞文化（Yamnaya culture），這批草原人群掌握青銅技術，馴化家馬，很可能發明了車輪。其突出文化特點是豎穴墓——從地面直接向下挖出直立墓室，埋葬死者。

從基因型上看，顏那亞人群和後來草原帶上的各種游牧人群，都攜帶了與其周邊農耕人群有關的基因，說明他們的確是從農耕人群中分化出來的。此外，距今四千多年前，顏那亞人群後裔已經擴散到歐亞草原帶東部。例如，在貝加爾湖地區發現的古人遺骸上，就檢測到歐亞草原帶西部基因成分，而在顏那亞人群之後活躍在俄羅斯南部草原上的人群，也攜帶來自歐亞草原帶東部人群的基因，由此可知，東西草原帶間的人群基因交流很早就開啟了。

更有趣的是，在貝加爾湖地區距今四千五百年前的古人遺骸上，分子生物學家還檢測到一種古老的鼠疫桿菌基因資訊，而這種鼠疫桿菌最早應該出現在西方的顏那亞人群中，然後隨著這一人群的擴散而傳播到廣大的地區。

不過，檢測出鼠疫杆菌的兩個貝加爾湖古人，卻並不攜帶顏那亞人群的獨特基因，我們可以猜測，也許鼠疫桿菌「先行一步」，透過不同人群間的相互感染，比顏那亞人群基因更早傳播到了歐亞草原帶東部。

就在綿延萬里的草原帶風雲際會的時代，克爾木齊文化在新疆北部的阿爾泰山附近誕生了。

從人群基因交流的角度來說，克爾木齊人應不僅繼承源自顏那亞人群的西方基因，而且融入來自東方的基因，比如西伯利亞古人。這就能解釋為什麼小河墓地人群也擁有複雜的基因型了，因為他們的祖輩克爾木齊人早已融合了東西方人群的血脈。

克爾木齊人主要活躍於阿爾泰山與天山之間的北疆草原上，克爾木齊文化是新疆境內年代最早的青銅時代文化之一。考古學家發現，克爾木齊人善於使用外觀經石頭雕琢、用來冶煉青銅的坩堝，在新疆奇台縣一處克爾木齊文化遺址中，出土的石坩堝口徑近二十公分，高近四十公分，並有圓形的長柄。這口石坩堝的樣式，竟然與河南安陽出土的一口商朝陶坩堝「將軍盔」如出一轍。

兩者的差別之一是材料，安陽坩堝用陶土燒造，而奇台縣的坩堝用石頭雕琢；第二個差別是年代，安陽陶坩堝的年代比兩千多公里外的那口石坩堝晚好幾百年。由於商朝的冶金術很先進，並沒有經歷自然紅銅冶煉階段，因此其青銅冶煉術應該來自西亞，透過歐亞草原帶傳入中原地區。**克爾木齊人的這口石坩堝，佐證青銅技術從西向東的傳播過程。**

商朝滅亡的最初原因：俄羅斯古人太強盛

融貫東西方的克爾木齊人稱霸北疆草原沒多久，歐亞草原帶風雲突變，在克爾木齊文化西面興起一股駕駛雙輪馬車征戰的強大勢力，他們向東挺進，對克爾木齊人構成極大的威脅。此外，在克爾木齊文化北方，也有一群手持單鉤長矛和空首銅斧的強大勢力興起，向南擴張。克爾木齊人難以抵擋多方強敵的壓力，不得不避其鋒芒，向南、向東遷移，其中的一支越過東天山，南下到達羅布泊地區，這就是小河墓地人群的來歷。

手持長矛與銅斧驅趕克爾木齊人群的亞洲北部勢力，就是奧庫涅夫（Okunev Culture）人群，他們最早活躍在西伯利亞葉尼塞河中游的米努辛斯克盆地（Minusinsk Hollow），名字來源於最早發現這種文化的村莊名。

米努辛斯克盆地位於南西伯利亞地區，靠近中國的新疆與蒙古國的西北邊境，盆地內分布山地、丘陵、草原、山谷等不同的地貌，擁有豐富的森林、水、岩石礦產等有利人類生存的自然資源。相對封閉的自然環境使其易守難攻，因此外界的戰事對當地人群的侵擾較小。在青銅時代，這裡是一些重要的草原文化人群的搖籃。米努辛斯克盆地甚至還與遙遠的中原地區發生過文化聯繫。

作為歐亞草原帶的一員，奧庫涅夫人群的基因型也融合東西方人群的基因。他們以畜牧經濟為主業，兼營捕魚和狩獵。奧庫涅夫人群能壓制克爾木齊人群，可能是因為青銅技術更加先進。他們採用先進的錫青銅鑄造技術，也透過鑄造工藝製作紅銅斧，使單銁矛頭和空首銅斧變得鋒利無比。

奧庫涅夫人群的精良武器，是當時各路人馬夢寐以求的寶物，所以在歐亞草原帶東部的很多地方，都發現過這種風格的武器。阿爾泰山一帶自不必說，向西在歐洲與亞洲交界的烏拉爾山的墓地中，就發現四件奧庫涅夫長矛，向東在中國甘肅西部的馬廠文化遺址中，也發現過兩件長矛。在甘肅稍晚的一些文化，比如齊家文化和四壩文化遺址中，也發現了空首銅斧。

奧庫涅夫武器分布廣泛，並不代表奧庫涅夫人群南征北戰，即使他們建立龐大的草原帝國，但他們沒有強大到那個程度。實際上，不論是克爾木齊人群或奧庫涅夫人群，在他們試圖向中華大地腹地東進的過程中，都遇到四壩文化人群的頑強抵抗。

四壩文化活躍在距今三千九百年前至三千五百年前的甘肅西部到新疆東部一帶，

向東毗鄰齊家文化，而齊家文化再向東就是以二里頭文化為首的中原各文化。四壩文化人群應該是後來中國西北地方重要的族群——羌人的主要祖先，從基因型來講，他們應該以東亞人群為主體。

由於更加靠近草原帶和中亞，這批古羌人部落很早就接觸青銅文化，從草原帶輸送而來的各種動植物資源，也被他們廣泛種植和馴養。在西北地方乾旱的環境中，古羌人部落種植大麥和小麥，放牧山羊、綿羊、牛、馬。

四壩文化人群吸收很多來自西方的武器技術，擁有透銎斧、有銎矛和三叉護手劍等青銅武器，他們的武器很多能在草原帶上找到原型。有趣的是，他們的文化中還有權杖頭，這是典型的來自西方世界的文化元素，是權力的象徵。古埃及文明就廣泛使用權杖頭，西亞等地也流行這種器物。

中國境內最早的權杖頭出土於甘肅天水的遺址。權杖頭在中國西北地方的分布呈現出東早西晚，新疆地區權杖頭的出現時間晚於甘肅地區，這種器物顯然是西方起源的，這再次說明，很多西方物產、技術、文化都是順著草原帶向東傳輸，然後再從蒙古高原南下進入中華大地。

正是古羌人部落盤踞在甘肅西部、新疆東部一帶，向西勢力範圍抵達哈密盆地，頑強的抵禦以克爾木齊文化、奧庫涅夫文化為代表的阿勒泰部落東進，使得融合東西方基因型的西域強大勢力，只能在新疆停頓，駐足不前，否則，也許中華大地上的很多文化人群，會更多的融入歐亞大陸草原帶西部人群的基因。

但是，青銅時代的草原帶風起雲湧，青銅武器和馬拉戰車已經成為強勢人群的標準配備，草原部族策馬飛奔，激烈的爭奪地盤和財富，中華大地樹欲靜而風不止。

距今約四百年前，位於今俄羅斯西伯利亞的米努辛斯克盆地內，又孕育一支強大的草原族群——卡拉蘇克（**Karasuk culture**）人群。卡拉蘇克人興起後，向相對溫暖的南方擴張，從而進入了中國新疆北部草原，成為影響中國西北地區的一支力量。

從基因型上看，卡拉蘇克人群既有草原帶西部人群基因，也有南西伯利亞原住民人群基因。卡拉蘇克文化的最神奇之處在於，它與同時期中原地區的強大勢力商朝有技術和文化交流。曲柄青銅刀是卡拉蘇克文化的標準配備，這種器物與中國北方流行的一些款式很相似；卡拉蘇克人使用的陶器風格，也與中國北方的流行風格相似。

分析青銅器演變後發現，以米努辛斯克盆地為根據地的卡拉蘇克文化和中原地區有過交流，卡拉蘇克人的凹格劍、獸首劍、鈴首刀劍、弓形器等，都受到中國北方影響。在米努辛斯克盆地還發現了少量的三足蛋形甕（見圖22），這種器物最早出現在中國山西中部。反過來看，中國北方地區的很多獸首風格的刀劍，可能受到卡拉蘇克文化的影響。

卡拉蘇克文化縱橫草原五、六百年，時間跨度涵蓋商朝的大部分時期和周朝早期。在青銅時代，青銅就是當時的高科技、戰略物資。相對來說，商朝地處中原，擁有東亞其他勢力無可比擬的青銅礦產資源和青銅產量，以及無與倫比的冶煉技術。一個強大的草原強權自然會想「抱大腿」，結交商朝這樣的「科技大國兼資源大國」，希望從商朝那裡獲得青銅器和青銅技術，哪怕兩者相距數千公里。更何況，商朝族群很可能是從北方地區遷徙到中原地區的，他們與北方地區乃至草原帶有很深的淵源。

圖22　三足蛋形甕。在米努辛斯克盆地還發現了少量的三足蛋形甕，這種器物最早出現在中國山西中部（圖片取自維基百科）。

弔詭的是，卡拉蘇克文化的強盛，竟然間接導致商朝滅亡。

卡拉蘇克人能與商朝人互相交流，意味著兩個政權之間已填充足夠多的族群，他們充當遠距離文化交流的接力手。不論是中國北方地區還是蒙古高原，都有許多族群生活，他們彼此之間或戰或和。卡拉蘇克人擴張，勢必引發一輪族群大混戰和大遷徙。

就像是骨牌效應一樣，推倒第一張骨牌，就會引發一連串骨牌倒下。當卡拉蘇克人駕駛著戰車向南、向東挺進時，原本生活在北疆草原的阿勒泰部落，在壓力下往東南方向尋找生存空間，於是又擠壓了盤踞在新疆東部、甘肅西部的古羌人部落；古羌人部落又把這種壓力沿著河西走廊向東傳導，影響甘肅東部和陝西的各個族群。在那些族群中，有一支就是周人。

史書記載，周人早期生活在「戎狄之間」。按照商朝人對外部族群的定義，西邊族群曰戎，北邊族群曰狄，周人恰好就位於西北方向上，最初可能活躍於甘肅東部到陝西西部一帶。史書還記載，周人的早期首領古公亶父，因族群受到戎狄各族群的威逼，率領部眾從豳[59]向東南遷徙到岐山下的原野，這就是所謂的亶父遷岐事件，從此周人的歷史翻開新的篇章，在岐山下的周原[60]逐漸壯大自己。

再然後，周人揮師東進，在商朝因為與東夷作戰而耗盡精力、後方空虛之時，周人帶著與戎狄交往而獲得的青銅武器、馬拉戰車，偷襲商朝的都城朝歌，竟然一戰定江山，消滅強大的商朝，以「小邦」克「大邦」，建立起屬於自己的朝代。

史書的記載透露出當時族群大遷徙的祕密。從卡拉蘇克人、阿勒泰部落、古羌人、周人再到商人，軍事壓力從南西伯利亞的米努辛斯克盆地釋放出來，層層傳導，最後壓向中原地區。南西伯利亞的卡拉蘇克舉起青銅刀劍隔山打牛，中原地區的六百年商王朝轟然倒地。

草原上的一隻蝴蝶輕舞自己的翅膀，萬里之外的中原掀起了一場改朝換代的血雨腥風。周人推翻商朝後，繼承了商朝的青銅文化，並在青銅銘文上標榜自己的祖先賢能，自己的族群多麼偉大。但不論周人怎麼在青銅器上粉飾自己族群的早期歷史，搶占道德制高點，都不能否認他們的族群源頭應該也屬於戎狄之一，不能否認他們在西方傳導的軍事壓迫下，向東尋找生存空間的事實。好在他們的東進成功了。

從克爾木齊人南下羅布泊到周人克商，大約一千年中，「西域爭霸」的基本態勢是草原族群占優勢，他們往往來自西方的草原帶或者北方的南西伯利亞草原，一撥又一撥的向東、向南擴張自己的勢力範圍。面對強敵的侵襲，逃避不是解決之道，周朝需要拿出應對之策，既要攘外，也要安內。

59 音同賓，古地名。

60 廣義的周原是一個自然地理地區，即今中國陝西省渭河平原西部。

中國一詞，最早的意思是祭祀

追溯「中國」一詞的最早出處，人們就會提到一件國寶級青銅器何尊[61]（見圖23），以及何尊上的那句銘文：「宅茲中國」（見圖24）。

武王伐紂獲得決定性勝利後，苦苦思索如何統治如此廣大的疆域和眾多的人口，他對大臣周公旦說，還沒有定下都邑，徹夜難眠。從上天的規律看，洛陽距離天室（上天都邑）不遠，以後應該在那裡修建一座都邑。這個故事記錄在先秦古籍《逸周書》中。

打敗商朝後只過了兩年，周武王姬發就去世了，周成王姬誦即位，他的母親是呂尚的女兒，呂尚就是人們常說的姜子牙，「姜太公釣魚，願者上鉤」典故的主角。周成王繼承父親遺願，開始在成周（洛陽）修建都城，並召集宗族，進行訓誥。一個叫何的貴族鑄造一件青銅尊，在尊內底部刻上銘文，紀念這一重大事件。這就是何尊的來歷。

在何尊的第十二行一百二十二字的銘文中，有一段是「餘其宅茲中國，自茲乂民」，中國一詞，首次現身於歷史長河之中。

學者們仍在討論，該怎麼解讀何尊銘文中的中國二字，但基本一致的意見是，這件青銅尊為西周早期鑄造，當時所說的「中國」，並非現代人理解的「中央之國」。

一部分學者認為，銘文「中國」是說洛地交通便利，處於天下之中的有利位置。

另一部分學者則認為，「中國」的中，表示上古時期人群祭祀和戰爭時所用的建鼓，一種由高杆挑起的鼓。今天中國西南地區的苗族等少數民族，在喪葬儀式上仍使用建鼓這樣的樂器。所以，宅茲中國是指「在洛陽居住，在洛陽祭祀」。而且分析句式，宅茲中國和自茲乂民應該是同類句式。乂，是動詞，表示治理、安定，而中，應該也是

圖23　國寶級青銅器何尊。

圖24　何尊銘文。「中國」一詞，最早出現在這上面。

61　西周早期青銅酒器，是一位名叫「何」的宗室貴族祭祀所用的尊，作於周成王五年，是西周已知最早有明確紀年的青銅器。

動詞，表示祭祀。

在商周時期，維繫族群精神的祭祀儀式幾乎是頭等大事。從周武王根據周人的上天信仰，選擇洛陽作為未來都城的修建地點來看，把中國理解成在洛陽祭祀，可能更為合理。

所以，何尊銘文反映的是周滅商後，周朝上層的國家內部建設，當時才剛經歷劇烈的改朝換代，國內局勢仍然不穩定。銘文中一句「唯武王既克大邑商」，就反映了勝利來之不易，是以蛇吞象，顯然鞏固勝利也並非易事。

周朝王室必須設法把貴族緊緊凝聚在一起。周朝充分發揚中華文明的根基——祖先崇拜傳統，建立影響深遠的宗法制度，設立天子、諸侯、卿大夫、士的階層，宗族內部根據嫡長子繼承制，設有大宗和小宗之別，讓貴族們各自明白自己的地位。根據地位的不同，能享受的祭祀級別也不同。

這就是周朝的安內。安內的同時，周朝還要攘外，抵禦周邊的越來越強烈的侵擾，明確本族群、本國與外族群、外國的界線。

其實，在商朝中後期，商朝人就已經感受到北方、西方其他族群的威脅。

商朝的邊境經常受到敵人的騷擾，比如在一片甲骨上記載，有一天「𢀛方[62]」入侵商朝，劫掠人口。又一天，卜師問商王，接下來會平安嗎？商王看了卜骨後判斷，情況不妙。

過了幾天，消息傳來，「土方[63]」從西面入侵商朝，占領兩個城鎮。而西北方向的「羌方[64]」也是商朝的主要對手之一，在最早的一批甲骨文中，就記錄商朝殺掉羌人俘虜祭祀。同樣，羌人肯定也不會饒過商朝人，雙方的戰事曠日持久。一度弱小的周人就曾經依附商朝，協助商朝對付西面的這些強敵。

透過甲骨文，商朝人把那些對本國有很大威脅的各方族群「記錄在案」。但在甲骨文記錄外，商朝人可能不了解，青銅時代的草原帶正在發生深刻的社會變化，正是這種變化讓商朝人以及此後的周朝人無法安然入睡。

當時的草原上，由於馬、牛、駱駝等大型動物完成馴化，草原人群對於草原特性的了解增多，畜牧經濟正在向游牧經濟演變。

62 為殷墟出土卜辭中見到的一個商代的方國部落，是商朝長期的敵對方國，可能與土方聯合與商朝作戰。「𢀛」字是甲骨文的隸定字，其最初被解讀為「呂」，而後又被解讀作「吉」或「工」，關於此字的解讀目前尚無定論。

63 為殷墟出土卜辭中見到的一個商代的方國部落，是武丁以及先前商王的長期征討的對象。

64 羌方又稱羊方，是古代亞洲部族落。羌方受到武丁打擊後部分降服，部分向西退去，之後在今陝甘一帶又重新崛起，侵犯商朝，常使商軍受到很大損失，成為商朝用兵的重點。

一般來說，畜牧經濟往往只是農業人群的一個「副業」或若干「主業」之一，畜牧人群仍需要農耕經濟的支撐。比如考古學家發現，在距今六千年前的伊朗北部山區，人們主要從事灌溉農業，也飼養山羊和綿羊，以畜牧經濟補充農耕經濟；向西到高加索山區，那裡的農耕與畜牧並重，家畜以牛、羊、豬為主；再向西到東歐，那裡不僅有農耕和畜牧經濟，人們也保留了狩獵和採集生計。

游牧經濟雖然是從畜牧經濟中演變而來，但是與畜牧經濟有本質區別，游牧經濟已能獨立於農耕經濟之外自行運轉，游牧人群在草原上趕著牲畜四處遊走，以放牧這些牲畜為自己的主業之一，甚至是唯一的主業。畜牧人群的活動範圍有限，往往圍繞自己的農業據點小範圍遷移；游牧人群的活動範圍很大，不同的季節他們有不同的牧場，既保障牲畜有充足、新鮮的青草吃，又保障草原不會因集中過度放牧而退化，反而因牲畜的踩踏和排泄物滋養而生長得更好。

這正是草原生態系統的有趣且獨特之處。生物學家知道，森林生態系統屬於人為干預越少越好的系統，而農耕生態系統則強烈依賴人為干預才能良好運轉。與前兩者不同，草原生態系統的繁盛需要人力干預，但又不能過度干預，它是草地、牲畜和游牧人共生的一種系統，草、畜、人之間相互影響，透過游牧經濟活動實現動態平衡。

游牧人群對於草原規律的掌握，也有一個過程。比如，在三千多年前的歐亞草原帶西部，當時的畜牧人群每二十多年就會整體性的遷徙擴張，原因是經過多年的使用，本地的草場發生退化。這類人群應該就是最早嘗試游牧的人群，游牧經濟可能最初是在草原的一個小範圍內產生，但是游牧人群一出現，他們對於游牧空間的需求，驅動他們向外擴張，為了在不斷遷徙中獲得各種補給，不論是食物還是工具，他們會縱馬闖入鄰近定居的畜牧社會和農業社會中，嚴重威脅畜牧與農耕人群。

這個過程迫使很多人群武裝自己，於是產生分化：要麼增加自己的機動性，也變成游牧人群之一；要麼提高聚落防禦力，更多的依靠農耕社會的優勢：糧食、人口以及技術，與游牧人群對抗。

如此一來，古代世界的兩大陣營——農耕社會與游牧社會，就在這種動盪局勢中慢慢浮現。從世界範圍看，距今四千年前至三千年前，被稱為「游牧世界對農耕世界的第一次大衝擊」。

過往朝代輪替，也是農業的衝突變化

過去，有所謂的雅利安人大擴張之說，雅利安人是生活在歐亞草原帶的游牧族群，他們從西元前十四世紀起從中亞入侵古印度，創造了印度歷史上的吠陀文化；從西元前一千兩百年起入侵古希臘，消滅了邁錫尼文明。

其實，當時這場游牧族群的大擴張，可能不是某一個族群造成的，草原帶上游牧經濟的擴散，加劇了各個族群的征戰和遷徙，所以站在農耕世界的角度看，似乎是草原帶上湧現出成千上萬的馬上族群，要來滅亡自己的文化。

游牧族群的擴張，很可能與草原上的「戰車革命」有關。大約距今三千七百年前，在兩河流域的北方，輕便、堅固的馬拉戰車登上歷史舞臺，當時的戰車可以將一位馭者和一位弓箭手同時載入戰場，結合機動性和武力，根本性的改變古代世界的戰爭模式。歷史學界曾把駕駛馬拉戰車衝出草原的族群，統稱為雅利安人。

很快，馬拉戰車橫掃兩河流域的古巴比倫，然後西進突入古埃及，向東突入古印度。幾百年後，馬拉戰車遠遠擴張到北歐斯堪的納維亞半島，以及中國的北方，那時正是商朝的後期。

二十世紀上半葉流行種族主義時，德國納粹曾經宣揚自己的日爾曼民族源自古老高貴的雅利安人，其理論來源之一，就是本書第一章談到的德國學者海克爾。其實基因分析表明，只有約二〇%現代日爾曼人繼承雅利安人基因；與古老的雅利安人血緣最緊密的現代人群，是德國納粹從種族上貶低的現代俄羅斯人、烏克蘭人和波蘭人。這真是對種族主義者的一種諷刺。

這種基因分布其實很好理解，雅利安人是草原帶的游牧人群，與其血緣關係最近的，肯定是有更多草原血緣背景的人群，而非有更多農耕血緣背景的人群。

現在，讓我們回到商周。周朝取代商朝，本質上就是歐亞大陸上游牧族群大擴張引發的一個結果。商朝是以農耕為主的王朝，周朝取代商朝之後，也從一個農耕兼畜牧的西北勢力，轉化為以農耕為主的中原王朝。游牧族群掀起的衝擊浪潮，是兩個王朝不得不面對的挑戰。

西周的滅亡也與游牧族群威脅有直接關係。

在「烽火戲諸侯」故事中，周幽王為了博美人褒姒一笑，點燃報警的烽火臺，多次戲弄趕來救援的諸侯。後來犬戎真的來攻打周朝的鎬京，諸侯無視烽火，鎬京被攻破，周幽王被殺，西周滅亡了。

這則東方版「狼來了」戲說的成分很多，不過有些資訊可能符合歷史事實。為了抵禦來去如風的游牧族群襲擊，周朝肯定會設立預警系統，鄰近的諸侯會共同組成防禦體系，一旦有變，立即趕來救援。歷史學家目前認為，犬戎是在周朝出現內亂時，被其中一方請來助拳的力量。

犬戎在史書中也被寫作獫狁（音同險殞），是活躍在甘肅、陝西一帶的游牧族群。獫狁在西北地方的強勢表現，佐證周人東進滅商確實是「壓力傳導」的過程，並非周人強大到占據西北地方後的行為，周人是被其他西北族群趕向東方的。即使周朝建立後，獫狁也仍然是周人的夢魘。《詩經．采薇》中寫道：「采薇采薇，薇亦作止。曰歸曰歸，歲亦莫止。靡室靡家，獫狁之故。不遑啟居，獫狁之故。」這首詩描寫的是周朝戍邊將士的抱怨，豌豆採了一年又一年，一次又一次說可以回家，卻總是回不了家，都是因為獫狁這個凶悍之敵。

翻開中國地形圖，我們會看到一個半圓弧的山地區域圍繞著東部、南部的大片平原區域，這個山地區域由燕山山脈、陰山山脈、賀蘭山山脈、橫斷山脈構成。在畜牧經濟流行的時代，中國北方地區不同人群的文化面貌其實差距不是很大。在這個山地區域，人們既從事農耕，也從事畜牧，畢竟畜牧經濟非常依賴農耕經濟，所以山地人群與中原農耕人群有著很深的文化聯繫。

即使遠在蒙古高原與黃土高原交界的石峁文化，也呈現很多農耕社會的特點，以農業為主業，兼顧畜牧業，修建堅固的定居點等。但當游牧經濟席捲歐亞草原帶時，出現流動性非常強的草原族群，他們來去如風，遠端軍事打擊能力強大，嚴重威脅山地區域的族群乃至身後的中原農耕政權。

在對立與衝突的過程中，游牧社會與農耕社會走向截然不同的發展模式：一個更加強調機動性，草原族群逐漸向游牧國家演進；另一個更加強調穩固性，農耕族群逐漸向農耕國家演進。位在兩者之間山地區域的畜牧族群，處於腹背受敵的境地，拚機動性、戰鬥力不如草原族群，拚人力和物產又不如農耕族群，逐漸被兩邊的強敵吞併。

比如歷史上的山戎，在考古學家那裡叫作夏家店上層文化人群，而夏家店下層文化人群，就是和石峁文化人群有衝突的東北族群，山戎是其後續，是一個兼具農耕與畜牧的政權。在東周時期，強大的山戎曾把燕國等北方諸侯國打得很慘，直到春秋首霸齊桓公挺身而出，號召東周列國「尊王攘夷」，九合諸侯，向北驅逐山戎。

山戎很可能是在中原王朝與草原游牧政權的夾擊下滅亡，此後那片區域崛起了一個游牧政權——東胡。

另一個更靠近中原的山地區域政權是孤竹，其曾經長期盤踞在燕山山脈南北和太行山一帶，也是中原王朝的重點打擊對象。齊桓公討伐孤竹後回師，卻迷路了，於是依靠老馬的記憶力找到道路，這就是「老馬識途」的典故由來。

基因研究也反映山地區域族群的尷尬境地。比如在內蒙古靠近陝西邊界的朱開溝遺址，年代為距今四千多年前到距今三千五百年前。透過鑑定該遺址中出土的古人牙齒DNA，發現其主要是亞洲東部的人群基因型，尤以中國北方和中部的基因型為主。在那個年代，朱開溝地區的人群可能從事的是畜牧經濟，從基因型上看，他們與南面的中原地區人群很相似。

在朱開溝遺址向東不遠處還有另一處遺址，大概屬於東周晚期，也就是戰國時期。從基因分析看，這個遺址人群的基因型延續了朱開溝人群的基因型。

但是，從當地的墓葬看，出現了兩種截然不同的喪葬風格：一個是墓葬中墓主頭向東，另一個是墓葬中墓主頭向北。考古學家因此推測，前者可能屬於游牧族群喪葬風格，而後者可能屬於中原族群喪葬風格。這表明南北方的農耕政權和游牧政權的文化，都對這個中間地帶施加影響力。

所以，華夏文化意義上的「中國」如何在人們的心中形成？

因有四鄰，始有中國。

為了抵禦四面八方與本族群文化不同的其他族群，尤其是北方、西方強大的游牧族群，華夏族群產生「中國」概念。中國與四鄰有著經濟和政權模式的本質區別，從而導致了文化與文明的差異。如果把目光放長遠、放廣闊，我們會發現，文化中國的產生，既是中華大地族群自身文明發展的結果，也是西北地方乃至整個歐亞草原帶變革傳導而來的力量使然。

這就是歐亞大陸上的蝴蝶效應，那時的歐亞大陸已經緊密聯繫，沒有哪個區域是孤島。

族群擴張：從生物基因到文化基因

從距今四千多年前到距今兩千多年前，「短短的」兩千年裡，整個歐亞大陸就從詩意的曠野變成了擁擠的鬧市，不論是在適宜農耕的平原和盆地，還是在適宜游牧的草原、適宜漁獵的叢林，每個族群的人口都大量增加，整塊大陸上的族群摩肩接踵、摩擦不斷。

從基因角度看這段歲月，古人們以族群為單位擴展自己的勢力範圍，也擴展著自己的基因分布區，其過程明顯可以分為前後相繼的三種模式。

第一種基因擴展模式，就是本書第二章所說的填空模式。

在大陸上還有許多杳無人煙的未開發土地，族群的擴展基本上是填補自然環境中的空白，從事農耕或畜牧的族群遷徙到沒有其他人類占據的新空間，把那裡變成自己的家園。當然，說那些土地完全沒有人，並不是很準確。狩獵採集人群也曾經廣布整個大陸，只是他們的人口密度太小，族群規模也很小。

所以，在農耕族群和畜牧族群闖入他們的空間時，人數過少的狩獵採集者要麼被消滅、要麼被同化，要麼遠遁山林更深處。

在填空模式下，一塊新空間的族群基因與他們的故鄉族群一致，至少短期內是一致的。族群與族群之間有較為分明的基因型差別，分子生物學家也很容易追蹤這些族群的起源地。由於起源地不同，族群擴張時繼承各自的文化，因此族群與族群之間的文化差別也很大。克爾木齊人南下羅布泊之舉，基本上可以算是這種模式的擴展。

第二種基因擴展模式是「群體替代模式」。此時已經很難尋到了杳無人煙的地區，每一塊區域都有族群生活，只是族群有大有小，族群的文化各不相同。族群之間還很陌生，很少往來，文化甚至語言差異很大，於是族群與族群間，會把對方當成無法溝通的「異類」。在自然環境變化的壓力下，或純粹為了爭奪更好的生存環境，強大的族群會去侵占弱小族群的生存空間。很多弱小的族群不是被消滅，就是被驅趕到其他的區域、鳩占鵲巢，該空間的族群發生了替代。

在群體替代模式下，空間的族群基因發生了替代，從原來的原住民基因型變成了新居民基因型。也許有極少量的弱小族群成員被強大族群接納，但是由於人口基數差距很大，社會地位也差距很大，極少量成員沒有或很少有後代，他們並未給強大族群的基因庫增添新基因型。奧庫涅夫人驅趕克爾木齊人、卡拉蘇克人驅趕阿勒泰部落的過程，大體上屬於這種模式。

第三種基因擴展模式是「上層更換模式」，此時各個族群都有相當多的人口，彼此之間也有所了解，不論是語言、文化還是經濟，都有存在一定的交流。族群與族群之間的戰爭，是靠專業化的軍事力量來進行，最終某個族群的政權被推翻，過去的上層王族、貴族更換為新的上層王族、貴族，而其下的黎民百姓仍留在原地，接受新統治階層的管理。

在上層更換模式下，一個區域的基因型變化會比較複雜。底層廣大民眾的基因型會保持不變，而上層統治者的基因型可能會發生更換，並且與底層民眾的基因型不一樣。也有可能新統治者與舊統治者的基因本來就相近，這時候政權更迭甚至不會帶來基因型的變化，不論是上層王族、貴族還是下層民眾。這個時候，發生變化的是文化基因，而不是生物基因。

文化基因的概念可以追溯到半個世紀以前，英國著名科普作家、演化生物學家理查・道金斯（Richard Dawkins）在《自私的基因》（*The Selfish Gene*）中仿照基因（gene）提出一個新詞：迷因（meme），用來描述「文化的複製基因」。

在他看來，文化上的一個觀念、一種行為在人群中被模仿、被傳播並流行的過程，其實與生物學上的基因透過生物繁殖，而遺傳和傳播的過程十分相似，不同迷因即文化基因之間的生存競爭關係，也與生物基因之間的競爭在原理上類似。當人類社會發展到一定程度，萌生出各種各樣的文化時，這種文化基因的競爭也就產生了。

此外，在上層更換模式中，生物基因的更換可能較少，但文化基因的更換可能更為重要，對於族群的影響更大。因此，當古代社會邁入人口眾多的族群相互競爭的時代時，文化基因之間的競爭就成為主流。某一族群、政權與其他族群、政權之間的分野，可能不是生物基因，而是文化基因。

以中原地區的族群擴張為例，當農業養活更多人口時，農耕族群開始向有耕種潛力的空曠區域擴張，他們攜帶北方的粟、黍等作物，或攜帶南方的水稻等作物，也可能帶著西方傳來的小麥、大麥，走向新的原野並將其改造成農耕區。這個時候基因的流動是填空模式。當各種文化族群並立而起，開始爭搶比較好的資源環境時，就進入了群體替代模式，比如中原一些強勢文化的對外拓殖群體，驅趕南或北方山區一些弱小族群。

再往後，像周朝取代商朝這樣的歷史事件，就呈現出上層更換模式的特徵。周朝以小邦掀翻大邦，原來的商朝統治者換成了周朝統治者，而商朝的底層民眾成了周朝的底層民眾，他們該種地的還是種地，該畜牧的還是畜牧。

從基因上講，也許周朝的上層會給中原地區注入一些西北地方的基因型，但其實這種基因的交流，早在周朝取代商朝之前就開啟了。中原地區族群的生物基因變化很小，真正改變的是文化基因，周的宗族禮儀文化逐漸確立，並替代商的包含鬼神信仰的文化，然後逐步強化中原地區乃至更廣闊區域的族群的「中國」文化認同。

處在春秋時期的孔子評論管仲的言論，生動的表達當時貴族階層的文化認同觀念。

根據《論語》的紀錄：

子貢對孔子說，管仲不能算仁者，齊桓公殺了管仲原來的君主公子糾，管仲卻不去殉死，反而輔佐齊桓公。

孔子回答，管仲輔佐齊桓公稱霸於各路諸侯，匡正天下秩序，民眾至今都享受著管仲的恩惠。「微管仲，吾其被髮左衽矣（如果沒有管仲，我們大概都會披散著頭髮，衣襟向左邊開了）。」

孔子在乎的是頭髮是束著還是散開，衣服是向左開襟還是向右開襟，這就是族群的文化認同，以孔子為代表的春秋貴族最為珍視的，是他們的文化基因。

在那個時代，有著共同文化基因的中原王朝，正在以其充足的糧食產量和龐大的人口基數，發動向四方的「文化基因擴張」，此前由西向東朔風勁吹的基因擴張與文化擴張趨勢，即將發生東西大逆轉，西域爭雄的下半場大幕拉開。

西域番外篇

人類飲用動物奶的證據，牙結石

自從人類能捕獲大型哺乳動物，比如駱駝、馬、牛和羊，人類就接觸到了一種優質的蛋白質食物：動物的奶。

但人類曾很難有效消化吸收奶的營養成分。這是因為哺乳動物包括人類，必須借助體內的乳糖酶來分解、消化奶中含有的乳糖蛋白質。可是大多數哺乳動物，只在嬰兒時期擁有這種神奇的乳糖酶，能消化母親的乳汁，長大後體內的乳糖酶就消失了。人類曾經也是如此。

幸虧有了基因突變，讓一些人群擁有了特殊的乳糖酶基因，即使長大成人，體內也擁有乳糖酶能消化動物的奶。這個特殊基因大概在距今九千年前出現，出現的地點很可能在歐亞非大陸的西部，因為現代人中，很多歐洲人和非洲人有這種基因，而亞洲人、美洲人普遍缺少這種基因。

具體來說，東亞、東南亞的現代人群中，有高達八五％至一〇〇％的成員沒有這種基因，而北歐的現代人群中只有不到一〇%的成員缺少這一基因。

人類日常食用動物奶，可能起源於萬年之前。考古學家透過分析古代陶器碎片上吸附的殘留脂類判斷，亞洲西部可能是最早食用動物奶的區域。這個時間與乳糖酶基因出現的時間非常接近，基本上可以認為兩者是同時發生的。

也許人類在歷史上，曾多次嘗試喝動物奶，但都無福消受，直到有一天，人類突然發現自己能消化動物的奶了，從此以後，動物奶成為這些人及其後代的日常飲品之一。

人類飲用動物奶的直接證據，來自科學家研究先民的牙結石。他們分析蒙古國中部和阿爾泰山一帶古人牙齒上的牙結石，這些古人大概生活在距今五千三百年前，屬於歐亞草原帶東部先民。牙結石所含的蛋白質成分顯示，那些古人的確飲用牛奶和羊奶。

看起來，經過約五千年的傳播，食奶方式隨著馴化動物的擴散，已經到達了蒙古高原上，這個過程中一定伴隨著擁有乳糖酶基因人群的擴散。考古學表明，五千年前的確有一支來自歐亞大陸西部的古老文化向東擴散。

中國境內發現最早的食奶證據，恰恰來自新疆小河墓地。

考古學家發現墓主人的頸部和胸前散布著一些淡黃色的塊狀物，在隨葬的草簍裡也有類似的顆粒狀物，值得分析。結果表明，這些東西基本上是牛乳製品，以及少量羊乳製品。進一步的蛋白質分析表明，塊狀物和顆粒狀物的蛋白質並不一樣，顆粒狀物應該是全成分奶的殘留物，而塊狀物以酪蛋白為主，缺少乳清蛋白，說明那個塊狀物是乳酪，而且是用乳酸菌發酵牛奶所製成，現代名稱叫「克非爾乳酪」。這個發現把世界克非爾乳酪的製作歷史，推進到距今三千六百年前，它也是中國境內目前發現的最早的乳製品。

同樣是在蒙古地區，在距今三千兩百年前的古人牙結石中，科學家分析出馬奶的成分。在這個時期，馬奶消費與馬的騎乘技術，同時在歐亞草原帶的東部出現，反映出當時草原上的重大轉變：人群正在從定居性較強的農耕—畜牧社會轉向游牧社會。此後到了匈奴帝國時代，馬奶已經成為人們生活中的常見食物。

從人類需求來說，從馬、牛、羊身上提取的奶類食品，比單純宰殺牠們獲得的肉類食品，能提供多幾倍的能量，更不用說其他營養成分了。人類馴養和繁殖馬、牛、羊的過程，也是對牠們進行基因改良的過程，讓牠們進化得更為溫順、產肉和產奶更多。野牛與家牛在體型和性情上的明顯差別，證明上萬年來人類干預牛的進化。

乳糖酶基因在草原帶的傳播，是否增強草原人群的力量，使他們對於周邊區域有了更大的影響力？這是一個值得深究的話題。

然而，地處草原帶南面的華夏地區人群一直缺乏乳糖酶基因。雖然黃牛、綿羊乃至馬匹相繼進入中原地區，但是華夏地區中能夠飲用動物奶的人寥寥無幾，相對於西亞、中亞的農民很早就擠奶並大量食用，在華夏地區，這種方式一直沒有普及，動物主要還是作為肉食和毛皮來源，以及用作農耕和拉車畜力而被豢養。

假如古代東亞地區的人群出現了乳糖酶基因突變，而西亞地區人群卻缺乏這種基因，人類歷史也許會是另一番面貌。

第六章

漢匈百年爭霸，西域族群大融合

當棺蓋被幾位考古人員合力抬起時，棺內合葬的男女遺骸及從未被擾亂的隨葬物品，仍保持當時下葬的場景。墓主身上覆蓋的織物中，一件色彩斑斕的織錦在灰塵遮蔽的墓室裡如此醒目，立刻吸引考古人員的目光。當這塊織錦被緩緩展開時，鮮豔的藍、白、紅、黃、綠花紋之間，露出了藍底白色織出的「國」、「東方」、「五星」等字。當織錦全部展開時，漢字組成的語句讓在場者脫口而出：「五星出東方利中國！」（該織錦又稱五星錦，見圖25）

這次考古挖掘的是新疆和田地區的尼雅遺址，時間是一九九五年十月。在棺蓋被打開的此前一天，北京大學考古學家齊東方剛好帶著一面五星紅旗，趕到尼雅遺址挖掘現場。這塊織錦上「五星出東方利中國」的文字與考古學家齊東方、五星紅旗之間出現神奇的巧合，成為此後人們津津樂道的考古學界趣事。

其實，這塊織錦的神奇故事還未

圖25　1995年於尼亞遺址出土的織錦。

結束，上方文字揭示的族群演變歷史同樣神奇。

尼雅遺址，四大古文明的交匯點

織錦上的文字與齊東方、五星紅旗和中國之間的巧合，提供人們話題，但從學者的角度看，這些就只是巧合而已。

這塊織錦是西漢王朝的皇家工廠織造品，正如上一章所說，不同時期的古人對於中國一詞有不同解釋。西周人所說的「宅茲中國」，指的可能是他們進行祭祀的洛陽，對應著天上的都城位置；在西漢，中國基本上還是指代東周人所說的洛陽及其周邊的中原地區，是地理概念，而非國家名稱。

在西漢時，五星指的是夜空中的太白、歲星、辰星、熒惑和鎮星，即人類用肉眼能夠看到的夜空中的五大行星。在東漢道家陰陽五行學說興起後，這五顆星的名字被改為金星、木星、水星、火星和土星，這些名稱沿用至今。

「五星出東方利中國」，是指天象上五顆行星都會聚於東方天空，中國地區就大吉大利。反之，如果它們都聚於西方天空，就是「外國用（兵）者利」。

可是這句話其實並不完整。在墓室中還出土一件織錦殘片，它與五星錦其實是同一件織物，它們的花紋一致，這件織錦殘片上還有三個字——討南羌，因此織錦上的完整語句應該是「五星出東方，利中國討南羌」。

尼雅遺址在當時屬於精絕國[65]，這個墓室裡刻有「王」字的陶罐表明，墓主應該是精絕國國王。那麼，相距遙遠的西漢與精絕國為什麼會發生聯繫？南羌又是哪裡？

讓我們先從精絕國的基因來探尋那段歷史。

尼雅遺址在一九〇一年由英國著名考古學家馬爾克．斯坦因（Marc Stein）發現，他從遺址裡帶走大量的文物，轟動歐洲學術界，尼雅遺址也被稱為「東方龐貝城」。一九九五年，中日聯合考古隊深入塔克拉瑪干沙漠，再次發掘尼雅遺址。這裡中出土西亞風格的玻璃器，希臘風格的藝術品，犍陀羅（位於今巴基斯坦東北部和阿富汗東部的古國）的裝飾圖案，古印度的棉織物，中原地區的錦、絹、漆器、銅鏡、紙片等。可以說，**尼雅遺址是古代中國、古印度、古希臘和古波斯四大古代文明的一個罕見交匯點**。

科學家檢測尼雅遺址裡一個男性成年個體股骨上所含的粒線體DNA，發現他的基因型屬於歐亞大陸西部的基因型，與西亞和伊朗人群的基因關係最近，與東亞人群沒有基因聯繫。對比新疆其他遺址的古代人群DNA，科學家發現同屬和田地區的一處于闐國[66]遺址的人群DNA，與尼雅遺址人群相近。

于闐國與精絕國同屬塔里木盆地南緣的崑崙山下區域，歷史上于闐國曾吞併精絕國，所以兩國人口基因相近並不奇怪，但他們與西亞、伊朗人群基因相近，這還是能揭示出一些人群遷徙的往事。

根據碳十四測年，尼雅遺址的年代，在距今兩千兩百年前至一千五百年前，從西漢時期一直延續到南北朝時期，而于闐國遺址的年代，在距今兩千兩百年前至一千七百年前，從西漢時期到三國兩晉時期。

學者猜測，在精絕國出現之前，應該有一支具有西亞、伊朗基因的人群翻越帕米爾高原，進入塔里木盆地南緣，在崑崙山與塔克拉瑪干沙漠之間的綠洲上生活，甚至向東擴張。到了西漢，漢武帝命張騫出使西域，鑿穿了漢朝與西域各國的阻隔，漢朝開始對西域各國包括精絕國產生影響力。

從基因型來講，精絕國人群有西方的基因型，與漢朝的東亞基因型不同，但這並不妨礙精絕國與漢朝交好。那塊「五星出東方，利中國討南羌」的皇家織錦，很可能就

---

65 漢晉西域三十六國之一，人口三千多、且實力較弱的小國，史書上關於精絕國的紀錄並不多，滅亡原因也眾說紛紜。

66 儘管于闐是絲綢之路上的重要城市，也是古代中國著名的玉石來源。由於幾個世紀以來當地人民的尋寶活動，古老城市的許多考古證據已被破壞殆盡。

是漢朝贈送給精絕國國王的禮物，被精絕國王室視作具有壓制敵人的神祕力量物品，在去世時也要帶入地下隨葬。

那麼，要征討的南羌又是哪裡？

南羌，也叫南山羌。所謂南山，指的就是崑崙山。張騫出使西域回到漢朝後，向漢武帝彙報，黃河的源頭就在于闐國，而上古傳說中的崑崙山應該還在更西邊。根據河流發源於于闐國的山脈，剛好于闐國出產玉石，與古籍中記述的崑崙山很吻合，於是漢武帝宣布，于闐國的南山就是崑崙山。

現在我們知道，黃河發源於巴顏喀拉山脈，並非崑崙山，而古籍記載的傳說中的崑崙山，虛無縹緲，不能深究實際對應的山脈。

當時的張騫與漢武帝並沒有今天的科學知識和科學素養，判斷有誤不足為怪。漢武帝定名的崑崙山倒是一直流傳至今，指代塔里木盆地南緣的一線高大山脈，在那時，西域綠洲國家習慣稱呼其為南山。

南山羌就是崑崙山上的游牧族群。從族源來說，南山羌很可能來自古羌人部落，並融合了周邊其他部落的部眾。南山羌曾經蟄伏於漢朝的羈縻[67]之下，後來試圖北渡湟水[68]、尋找合適的土地定居，而發動叛亂，其背後也許有漢朝的死敵匈奴的支持。

西元前六十一年，漢朝大將趙充國以七十歲高齡率軍出征，征討反叛的羌人，臨行之前，漢宣帝賜書「今五星出東方，中國大利，蠻夷大敗」，先討個好口彩。趙充國很快平定叛亂，然後又積極的在當地屯田，使當地長治久安。

所以，繡有「五星出東方，利中國討南羌」的織錦，很可能是這次勝利後製作的「宣傳品」，然後禮贈崑崙山附近的綠洲國家，精絕國獲得一件。

精絕國國民屬於歐亞大陸西部基因型，那麼南山羌人是不是屬於土生土長的歐亞大陸東部基因型呢？也未必。古羌人及其直系後裔，基本上屬於歐亞大陸東部基因型，但南山羌人不僅繼承了古羌人的基因型，他們可能還融入了另一支重要族群——小月氏人的基因，而小月氏人是有著歐亞大陸西部基因型的族群，因此歷史上的南山羌可能是東西合璧，族群與基因融合。

既然有小月氏，那就還有大月氏。既然談到月氏，那麼我們可以正式引出秦漢王朝的死敵匈奴。要搞清楚西北地方的族群演變，匈奴是必須好好介紹的重要族群。

從歷史上看，匈奴自戰國時期登上歷史舞臺，並威脅戰國七雄中的北方三強——

67 縻，繫牛的繩索。羈縻引申為牽制、維繫。

68 又稱西寧河，是黃河上游最大的一條支流。

秦、趙、燕。一直到東漢時期被漢朝聯合鮮卑等部眾打垮為止，匈奴與以中原為核心的華夏王朝纏鬥幾百年。然而，如此重要的草原強權，它的很多細節還沒有搞清楚，比如匈奴的族源仍然是個謎團。

匈奴，不是一種人種，是融合歐亞人群的大部落

難點在於，**匈奴是一個歐亞草原帶東部的部落大聯盟**，它囊括廣闊區域裡各種背景的部落，很可能融合西伯利亞、亞洲東部、中亞、西亞，甚至歐洲基因型的族群。所以，從擴展模式來說，匈奴是很典型的上層更換模式：很可能從一個核心的部落，透過不斷的征服，把各個部落的部族都納入自己的統治，那些部落原來的上層貴族要麼被替換掉，要麼臣服於匈奴單于[69]，成為單于管理各個部落的代理人。

既然匈奴政權的族群來源多樣，一言難盡，那麼我們能不能確定構成匈奴政權統治核心的單于族群的來源呢？

分子生物學家曾檢測蒙古國境內，一處匈奴時期墓地內六十多具遺骸的基因。這處墓地的年代為距今約兩千年前，正好是匈奴稱霸蒙古高原的時代。透過分析後發現，墓地中近九成人的基因型屬於歐亞大陸東部基因型，約一成人屬於歐亞大陸西部基因

型。學者還檢測蒙古國東北部另一處匈奴貴族墓地裡的三具遺骸的基因，發現一位是西部基因型，兩位是東部基因型。

所以，至少從墓葬中的匈奴人基因來分析，**匈奴族群中的大多數應該是土生土長的歐亞大陸東部族群，主要來自歐亞草原帶東部的各種部落**。但是，至少在兩千年前，有一部分匈奴人屬於歐亞大陸西部的族群或其後裔。基因型比例雖然確定了，但我們還是無法確定匈奴單于一族的族源歸屬，是屬於占多數的歐亞大陸東部族群的一員，還是屬於占少數的歐亞大陸西部族群的一員？

語言學的分析也面臨著這種尷尬的情況。幾十年來，語言學家試圖根據秦漢王朝對匈奴一些專有詞彙的直譯發音，比較各個族群的語言，以確定匈奴人講什麼語言。既然是一個部落大聯盟，匈奴人內部肯定也講各種語言。漢文文獻中記錄的一些專有詞彙，一般來說應該是匈奴上層使用的語言，是單于一族的語言。語言學家們長期爭執匈奴人所講的語言，應該屬於突厥語系統還是蒙古語系統，沒有定論。

基因學和語言學在匈奴單于一族族源追尋過程中，陷入困境，這反映出基因學和

69 匈奴族對他們部落聯盟首領的專稱。

語言學在研究族群來源時的局限。

從分子生物學上講，學者藉由比較古人的DNA與今天生活在歐洲、非洲、亞洲、美洲的人們DNA，以判斷古人的族群來源。可是，現代人是古人的後裔，用現代人的基因來判斷古人的族群類別，從邏輯上是本末倒置。

例如，現代歐洲人的祖先可能不在歐洲生活，而是生活在西亞，所以歐洲人祖先的基因型，很可能與西亞某些族群更接近，而與現代歐洲人的基因型較遠一些。當我們在歐洲某地發現古人DNA與現代西亞人群接近、與現代歐洲人群較遠時，我們要意識到，這類古人完全可能是歐洲人的祖先。

語言學也是一樣，用現代蒙古語和現代突厥語來比較匈奴人的語言，可說是本末倒置。

真實情況是，匈奴人的語言可能影響現代蒙古語和現代突厥語的形成，很多匈奴人的詞彙、文法，被後來的蒙古人等繼承和使用，並流傳到今天。所以，後人可以在現代蒙古語和現代突厥語中，找到與匈奴人語言相似的證據，但不能說匈奴人講所謂的古代蒙古語或古代突厥語。

基因和語言能告訴我們的，是各個現代族群的親疏遠近。此外，基因還可以透過突變速率，講述兩個族群最初分開時的大致時間。我們要知道基因和語言研究的局限性。

我們再回來探討匈奴單于一族族源，如果能發現大量的匈奴人墓葬，並且明確哪些是匈奴單于一族的墓葬，哪些是普通匈奴人的墓葬，然後分別提取DNA進行分析，應該對探索匈奴單于一族的來源有一定的幫助。除了利用基因和語言研究之外，還必須借助其他各種資訊來分析，包括考古學的各種發現，以及古書中的記載。

《史記·匈奴列傳》記載：「當是之時，東胡強而月氏盛。」

在戰國後期到秦朝這段時間裡，中國北方草原上三強鼎立：西邊月氏，中間匈奴，東邊東胡，匈奴早期的勢力範圍被東西兩強限制。從這個草原格局判斷，匈奴的單于一族也許是蒙古高原本地的族群，或者是從更北邊的貝加爾湖地區南遷而來，不太可能是來自中亞或西亞的草原帶族群。

特別是盤踞在匈奴西邊的月氏，實力和背景都頗為強大。從族群和語言來看，月氏很可能是前文提到的卡拉蘇克人的後裔之一，因此從基因型上講，月氏很可能有更多的歐亞大陸西部基因型。月氏族群可能講古老的語言——吐火羅語，所以月氏以及相關的族群也經常被稱為「吐火羅人」。

吐火羅人在中國境內的活動，可以追溯到克爾木齊人以及南下到羅布泊的小河公主的族群。

月氏在早期匈奴的西邊活動，但是學界對其具體的勢力範圍有所爭議。中國史書記載，月氏與另一個族群烏孫「共在敦煌間」、「俱在祁連、敦煌間」。若按照今天的地理名稱，祁連山在青海與甘肅交界處，是河西走廊南界的山脈，而敦煌在甘肅省西部，是河西走廊的最西端。因此，按說月氏應該活躍在今甘肅河西走廊以及北面鄰近的蒙古高原西部一帶。

基因研究挑戰這個說法。針對月氏活躍的時代，學者藉由在甘肅、寧夏、陝西、山西等古代遺址中獲得的古人DNA表明，這些地區都是歐亞大陸東部基因型，並不存在歐亞大陸西部基因型。同時期的新疆地區是歐亞大陸東部和西部基因型共存，來自西方的族群可能擴張到新疆東部就止步不前了。所以，擁有歐亞大陸西部基因型的月氏勢力，可能沒到達甘肅的河西走廊。

那麼，我們該如何解釋，古書中所寫的月氏「俱在祁連、敦煌間」？

正如我們前面談到的崑崙山名字的變化一樣，祁連山一詞在古代的意思也很混亂，所指的山脈並非今天的祁連山。根據語言學家的研究，不論是崑崙山、祁連山還是今天新疆的天山，它們的名字其實都來自吐火羅語裡的「聖天」，漢地史書應該是根據吐火羅人對山脈的稱呼，而記錄這些名字。所以，「祁連、敦煌間」裡的「祁連」無法明確是哪條山脈，但應該是在今新疆境內，可能是天山或者崑崙山，甚至可能是阿爾泰山。

總之，月氏活躍的地區在今新疆的北疆草原以及更北方，這就是基因研究帶來的新認識。

月氏一度非常強大，以至匈奴不得不送出質子[70]到月氏。《史記》記載：「單于有太子名冒頓（音同默讀，見圖26）。後有所愛閼氏，生少子，而單于欲廢冒頓而立少子，乃使冒頓質於月氏。」冒頓在成為匈奴單于前，有一段日子是在月氏當人質，可見在當時的草原上，月氏比匈奴更強盛。

圖26　現存於土耳其的冒頓單于雕像（圖片為Vikiçizer所有，CC BY-SA 4.0）。

不過，在冒頓殺死欲置自己於死地的老單于，成為匈奴的新單于後，匈奴迎來了揚眉吐氣的時代，向西擊敗月氏、殺死月氏首領，用其頭顱當盛酒的器皿，月氏「及為匈奴所敗，乃遠去，過宛，西擊大夏而臣之，遂都媯水[71]北，為王庭。其餘小眾不能

70 政治人質。在中國春秋戰國時代，諸侯國之間為了互相取信，會互相交換人質，稱為質子。

71 指阿姆河（Oxus），中亞最長的河流。「媯水」為其漢代名稱。

去者，保南山羌，號小月氏」。

月氏的西遷如同骨牌效應，只不過這一次，骨牌是從東向西倒了。月氏先是占據烏孫人盤踞的伊犁河谷，也許是匈奴兵鋒太急，月氏不得不繼續西遷，越過實力一般的大宛[72]，向西渡過阿姆河，攻取大夏，以大夏的都城藍氏城，作為自己的都城。

過去人們根據月氏和烏孫「俱在祁連、敦煌間」的紀載，以為烏孫也曾經在河西走廊活躍，後來趁匈奴趕跑月氏，占據了伊犁河谷。但是，如果基因研究是對的，月氏和烏孫的勢力都在新疆境內，那麼烏孫可能原本就活躍在伊犁河谷，在強大的月氏的西邊偏南。這樣一來，月氏從東北方向來襲，烏孫就首當其衝，烏孫殘部向東逃到吐魯番盆地避難，在地理上就解釋通了。

在匈奴的打擊下，月氏一分為二，主力西遷，搶占中亞土地，後來建立貴霜王國，但中國史書仍稱呼其為「大月氏」。那些沒有西遷的小部分部眾，則從伊犁河谷向南避走崑崙山麓，與當地族群融合，形成了南山羌，也就是「五星出東方利，中國討南羌」裡的打擊對象。

北方草原三強中的另一強東胡，也受到崛起的匈奴的毀滅性打擊。《史記》中以文學化的語言，描寫了東胡勢力一次又一次敲詐匈奴，索要名馬、美女和土地，冒頓忍耐幾次後終於爆發，帶領匈奴擊破麻痹大意的東胡。在相當長的時間之後，鮮卑和烏桓在蒙古高原東部興起，鮮卑在北，烏桓在南，兩個族群在東漢末年就開始威脅中原王朝。因此，人們曾提出，東胡解體後，一部分向北躲入鮮卑山，另一部分則躲入南方的烏桓山，鮮卑和烏桓都是東胡的後裔。

如果當時的草原還處於群體替代模式，一個族群在遷徙時會整體性的保持自己的基因型，那麼說東胡是鮮卑和烏桓的祖先，並沒有問題。可是，在草原三強匈奴、月氏、東胡並立的時代，甚至這個時代之前，草原就已經進入上層更換模式，匈奴擊破東胡，趕跑的可能只是東胡的少量上層一族，大量的人民應該還留在原地，他們搖身一變，從東胡人變成了匈奴人。

這就是古代草原上的常見場景，大量的部落都是隨風倒，某個勢力崛起控制這些部落後，大家就都以這個勢力作為族群和政權的名稱了，這就是我們前面所說的文化基因和文化認同。

至於幾百年後從叢林和深山裡走出來的鮮卑一族、烏桓一族，他們是否真的是逃跑的東胡上層的直接後裔？答案很大概率是否定的。

72　是西漢時，泛指在中亞費爾干納區域居住的國家和居民。

同理，月氏西遷，也只是一部分族眾的遷移，只不過月氏本是草原強權，即使遭受匈奴打擊，仍有足夠的軍事實力擊敗中亞的一些族群，趕跑上層一族，占據他們的地盤和民眾。就拿大夏都城藍氏城來說，該名稱是漢地史書的音譯，它的本意是「亞歷山大城」，是古希臘的亞歷山大大帝東征後，留在當地的希臘化部族所建立的城市。顯然，這些希臘化部族構成了大夏的上層，統治著當地的大量原住民。月氏鳩占鵲巢，也不過是對統治上層進行了又一次更換而已。

兵精糧足的樓蘭古國，為何消失？

向西推動骨牌的推手，並非只有草原新霸主匈奴，中原王朝經過春秋戰國的亂世歷練，早已不是曾經的吳下阿蒙，向西的反擴張，從秦朝還只是秦國的時候就開始了。

考古學家在陝西臨潼發現一處秦朝陶窯勞工的墓葬，他們可能是燒製兵馬俑的勞工。透過檢測遺骸DNA，分子生物學家發現，這些勞工大部分是歐亞大陸東部基因型，但是也有若干勞工的基因型屬於歐亞大陸西部，其基因型可以追溯到中亞和伊朗等地。這說明在秦朝，甚至在之前的秦國境內，已經融入很多來自歐亞大陸西部族群的後代，很早就發生了人口和基因的交流。

當然，這個事例只是說明了歐亞大陸西部基因型的東進，那麼歐亞大陸東部基因型的西進又是怎樣的情景？

國外學者曾檢測中亞出土的幾十具古人遺骸ＤＮＡ，發現在距今兩千七百年前，中亞地區的古人還不存在歐亞大陸東部基因型，也就是說，在中國的東周時代之前，亞洲東部地區的族群基本上還沒有向西滲透到中亞，不論是草原帶東部族群，還是中原地區的勢力，可能都無暇或無力西進。

不過在此之後，隨著亞洲東部草原和中原各路豪強紛紛崛起，東部族群向西滲透的現象開始出現。

在天山南麓的新疆中部和靜縣一處遺址，學者分析其中九具人骨的ＤＮＡ，發現有七人的基因型屬於歐亞大陸西部或西伯利亞類型，兩人的基因型屬於東亞地區類型。

這個遺址的年代為距今三千年前至兩千五百年前。另外，分析新疆東部吐魯番盆地內，青銅時代到鐵器時代的墓地出土的人骨ＤＮＡ後，其結果表明，其中約三分之二墓主的基因型，來自歐亞大陸西部，約三分之一墓主的基因型來自歐亞大陸東部。

這些分析說明，從**距今三千年前開始，亞洲東部人群正在慢慢的向西域地帶滲透**。雖然從基因型來看，西域地區仍然以歐亞大陸西部人群為主，但東部人群的數量也不容忽視。

有趣的是，在距今兩千五百年前至兩千年前，塔克拉瑪干沙漠中心地帶的圓沙古城墓地中，墓主DNA分析表明，這裡的人群與中亞南部和印度河流域的人群關係最密切。看起來，**在東亞人群西進的同時，古印度文明圈的人群也在北進，有少量人群進入今新疆南部**。

整體上看，在漢朝之前，亞洲東部人群的西進比較零散，並不像之前歐亞大陸西部人群那樣一撥一撥的東進。自漢朝開始，東亞大帝國羽翼豐滿了，亞洲東部人群西進的規模越來越大，整個西域地區各人群的基因型變得越來越紛繁複雜。

比如樓蘭古國（見圖27），位於今新疆若羌縣北部，是漢朝人從中原地區西出陽關後，遇到的第一個具規模的西域政權。在當時人的眼中，出了玉門關、陽關，就跨出漢地文明圈的範圍，「勸君更盡一杯酒，西出陽關無故人」，進入了異域。

從族群上說，樓蘭古國在最初立國之時，樓蘭人可能確實與漢地族群有很大不同。從地理上說，樓蘭人活躍在羅布泊一帶，前面談到的小河公主的族群，也在羅布泊附近生活，因此，也有人把小河墓地人群稱呼為古樓蘭人。但是，小河墓地人群生活在距今四千年前至三千五百年前，很難判斷是否與後來的樓蘭古國族群有親緣關係。

樓蘭國名最早見於歷史，是在西漢時期匈奴冒頓單于給漢文帝寫的一封信。冒頓在信中提到，自己派右賢王向西攻破月氏，斬殺降兵，並平定樓蘭、烏孫在內的二十

圖27　樓蘭故城遺址。樓蘭古國是漢朝人從中原地區西出陽關後，遇到的第一個具規模的西域政權（圖片取自維基百科）。

六國，使其都歸順匈奴，所有引弓之民都合併為一家。從這封信中可以看出，樓蘭原本受到月氏羽翼庇護，在月氏被匈奴擊敗後，又向匈奴稱臣。漢文帝時期，距今兩千一百多年前，這個時期的樓蘭古國與小河公主的時代相隔約一千五百年。

不過，從樓蘭古國原本臣服於月氏的史實分析，在匈奴攻破月氏前，亞洲東部人群向西滲透的頻率應該很低，因此樓蘭古國最初的族群，也許以歐亞大陸西部人群基因型為主。但是，隨著匈奴趕跑月氏，控制西域各國，匈奴大聯盟的人群想必會以通婚、駐軍或經商等方式向西滲透。前文已經談到，大部分匈奴人屬於歐亞大陸東部基因型，因此他們的基因型應該會摻入樓蘭古國人群中。

與匈奴纏鬥的漢朝當然不會坐視匈奴控制西域，樓蘭古國作為西域的東大門，成為漢朝首要拉攏和控制的對象。從漢武帝時期開始，漢朝就積極在西域屯田養兵，以對抗匈奴。當地一處遺址中曾經出土漢文木簡七十餘枚，上面記錄屯田士兵的來源和生活狀態，比如「里公乘史隆家屬畜產衣器物籍」。

「公乘」代表漢朝的一種爵位，「史隆」是人名，這句話表明，當時去西域屯田的官員，攜帶家屬以及私人生產生活用品，他們肯定會與當地人並肩勞作和生活，彼此融合是顯而易見的。

另據史書記載，西漢的一位貳師將軍索勵曾經率領酒泉、敦煌的上千士兵，前往樓蘭屯田，並召集幾個西域政權的人馬，截斷河水以供灌溉之用，結果「大田三年，積粟百萬，威服外國」。漢朝調集軍民到西域屯田，是控制西域、對抗匈奴的重要手段，這個過程中，必然會有很多中原王朝人群的基因型摻入樓蘭古國。

除了匈奴和漢朝官方行動帶來的亞洲東部人群東進，原本就在西北地方活動的族群，也會在漫長的歷史中彼此滲透，以羌人為例，既然他們能與月氏融合形成南山羌，那麼他們同樣會與樓蘭古國的居民融合。考古學家在樓蘭發現一件魏晉時期的漢文書信，內容是一位生活在樓蘭的女羌人思念遠方的親人。這可說是羌人融入樓蘭的直接證據之一。

在漢朝乃至匈奴的卓力經營下，樓蘭可謂兵精糧足，到東漢時期，已經改國名為鄯善的樓蘭古國在西域東部擴張，「小宛、精絕、戎盧、且末為鄯善所並」。可惜，這差不多是樓蘭古國最後的輝煌時刻了。西域脆弱的自然環境與沃野千里的中原不同，並不適合大規模的屯田開發。再加上，經過漢朝涸澤而漁的大量用水屯田，這裡的生態環境逐漸退化。

等到東晉的高僧法顯前往天竺，也就是古印度求法，路過羅布泊時，那裡已成了黃沙籠罩的死亡之海。在《佛國記》中，法顯寫道：「上無飛鳥，下無走獸，遍望極目，欲求度處，則莫知所擬，唯以死人枯骨為標識耳。」一度繁榮的樓蘭古國已經無影無蹤了。最後的樓蘭人走向了何方？

漢朝與匈奴的數百年爭霸，間接帶來了穿過西域的絲綢之路的繁榮，也激發西域地區的族群大融合。在此之前，商貿往來和族群交流，更多是透過北方的草原帶進行的，因為草原帶上的交通更為便利。

但是，東亞兩強的長期對立，阻斷透過草原帶的商貿和族群交流，逐利的商人、弘法的僧人不得不改道，從雖然不便但是還算通暢的絲綢之路，沿著天山南北的兩條路線、崑崙山北麓的一條路線東西方向旅行。

從一定意義上講，正是草原之路的阻斷，刺激絲綢之路的興盛，同時給西域注入大量來自東方的族群基因。幾千年中，先是歐亞大陸西部族群的持續東進，後是歐亞大陸東部族群的反向西進，伴隨著中亞南部和南亞族群的少量北進，共同締造了新疆——世界人種博物館的歷史美譽。

羌藏族能生活在高原，因為有一種特殊基因

秦漢王朝的西進，首當其衝的還不是以樓蘭為代表的西域綠洲政權，而是西北地方，特別是河西走廊一帶放牧馬、牛、羊的羌人。歷史上的羌人分布範圍很廣，主要以青海、甘肅為中心。周人、秦人在入主中原之前，就曾經與羌人雜居在西北地區。

黃河上游有一條重要的支流湟水，湟水谷地曾是上古時代的一塊風水寶地。那裡發現了距今三千多年前處於青銅時代的卡約文化遺址，年代相當於中原地區的西周時期，應該屬於古老的羌人文化。根據遺址出土人骨ＤＮＡ分析結果，他們的母系遺傳基因與現代西南地區少數民族的基因更接近，特別是與雲南省的現代普米族親緣關係最近，與現代漢族的基因較遠。

在湟水谷地另一處距今一千九百年前至一千七百年前的文化遺址中，人骨ＤＮＡ

分析結果表明，這支人群的基因與現代漢族、雲南的藏族、納西族相近。這一處遺址的年代，相當於中原地區的東漢到三國時期，根據史書記載，東漢晚期羌人在西北地區，給大漢王朝製造很多麻煩，東漢屢次興兵討伐羌人，在這個過程中，以董卓為代表的軍閥崛起，並敲響東漢喪鐘，然後曹操、孫權、袁紹等諸侯討董卓，開啟紛紛擾擾的三國時代。

兩處不同時期的遺址反映出的基因資訊，給這段歷史注入了新注解。羌人並不是一個純粹的族群，而是中原王朝對於西北很多族群的統一稱呼。在西周時期，羌人似乎還沒受到中原王朝很大的影響；此後在強勢秦漢王朝向西的壓迫下，羌人這些族群面臨著何去何從的選擇。

一部分羌人族群被秦漢王朝納入自己的體系，這個過程肯定會引發羌人與漢人在族群和基因上的融合。西晉末年，羌人首領姚萇曾經建立後秦政權，與各路勢力一道逐鹿中原。**其實當時的少數民族並非中原王朝的外來入侵者，他們本來就是被秦漢王朝納入體系的族群，甚至各個族群之間已經有了很深的基因融合**，往往你中有我、我中有你，把這些少數民族視作文化族群而非基因族群，可能更為恰當。

一部分羌人可能由於種種原因，沒有進入秦漢王朝的體系，可能是因彼此敵意很深，或由於文化隔閡，這批羌人走向遷徙之路，為躲避強敵，他們可能向南遠走，成為今天西南地區彝族、白族、哈尼族、納西族、傈僳（音同力素）族、拉祜族、普米族等少數民族的祖先族群之一。還有一部分羌人向西走入青藏高原，成為今天藏族的祖先族群之一。

藏族祖先向青藏高原進軍時，以北方農作物作為武器。根據考古發現，距今五千兩百年前至三千六百年前，攜帶著粟、黍的農耕人群，已在青藏高原東北部低海拔河谷地區大規模定居了。此後，重要的耐寒農作物裸大麥，也就是青稞出現了，給古人提供占據高原的新武器。

透過比較現代藏族人和周邊其他民族人群的基因，分子生物學家發現，藏族人中的兩種基因型的分布比例，與粟、黍作物從東向西傳播的分布趨勢十分吻合，而且與仰韶文化遺址的人群在基因型上有聯繫。換句話說，藏族人最早的祖先可能來自仰韶文化人群，至少可以追溯到四、五千年前走向高原種植粟、黍的那批古人。這次遷徙過程，是從低海拔的青海河谷向高海拔的青藏高原的擴張。

距今三千三百年前，藏族人的祖先人群中廣泛擁有這兩種基因型。也就是在這個時候或者稍早，即卡約文化時期，他們開始種植青稞，並攜帶著青稞走向高原深處，最終大規模定居在青藏高原上。

在這些勇敢的開拓者中，除了那些粟、黍種植者的後裔外，也加入了羌人族群的身影。此外，甚至還有中亞和南西伯利亞族群的基因也融合到高原族群中。這些族群可能與羌人類似，在匈奴與漢朝向西擴張的歷史背景下，為了尋找生存空間而輾轉來到青藏高原。別忘了，大麥本來就是跟隨小麥沿著草原之路傳輸到東亞，中亞與南西伯利亞族群很早就開始種大麥了。

再往後，距今兩千年前，青藏高原高海拔地區的人群又經歷一次較大規模的擴散，這是高原內部的一次融合過程，基本上奠定了現代藏族人群的基因型分布。

在開拓高原的過程中，藏族先民還培育了身強力壯的好幫手——家犛牛。犛牛馴化的歷史最早可以追溯到距今七千三百年前，根據基因的研究，在距今三千六百年前，家犛牛群體激增。與青藏高原的考古學相對應，高原史前人群分別在距今一萬年前至七千年前和距今四千年前至三千年前，經歷過兩次大規模的增長，前者可能是仰韶溫暖期時走入高原的狩獵採集人群，後者顯然屬於農耕人群。犛牛的馴化和群體擴張，與人類在高原上的活動在時間上十分吻合，說明古人與犛牛攜手征服高原。

雖然目前發現的家犛牛的最早實體證據，出土於距今約三千七百五十年的西藏拉薩曲貢遺址，但是從家犛牛的基因多樣性看，青海東北部的青海湖地區的家犛牛基因多樣性最豐富，這點暗示家犛牛的起源地，應該在這裡附近，那裡也是湟水谷地的位置。根據這些資訊，我們可以猜測，也許是羌人先民最早馴化家犛牛，他們本就是擅長畜牧和游牧的人群。

馴化犛牛，對於藏羌先民永久定居高原至關重要，使他們擺脫只能季節性進入高原謀生的舊方式，代之以高原畜牧和游牧生活，並極大的改善他們從事農耕的技術條件和畜力條件。

總之，如果要追溯藏族人的祖先，最基礎的族源，來自於種植粟、黍的仰韶文化人群，然後又融合羌人乃至中亞、亞洲北部的少量族群。到吐蕃王朝時期，吐蕃人的基因已經與現代藏族人很相似了。考古學家曾發掘青海省都蘭縣的一處吐蕃貴族墓葬，發現他們的基因型屬於亞洲東部類型，分散於現代藏族人中間，雖然時間相差千年以上，但基因上並沒有明顯的差別。

如前所述，藏族人的體內有來自古老的丹尼索瓦人的特殊基因，能讓他們在高原缺氧的環境中生活自如。我們很難知曉這種基因到底是哪個族群帶來的，仰韶文化人群、羌人、還是中亞和南西伯利亞人？這種特殊基因一開始肯定只存在於族群中的少數人體內，擁有這種基因的人在高原上具有生存優勢，後代越來越多，這種基因在群體中的所占比例也就越來越高了。

藏族人還把這種特殊的基因傳遞給了「喜馬拉雅山上的挑夫」雪巴人。雪巴人由於為攀登珠穆朗瑪峰的登山者當挑夫和嚮導，而聞名於世。

關於雪巴人的族源，學者曾有不同的看法，一般認為他們可能源自古羌人的一支。在藏語中，雪巴的意思是「來自東方的人」，所以也有學者猜測他們可能是西夏國的王族後裔。

基因研究找到了雪巴人的族源。透過分析五百多名雪巴人的ＤＮＡ，發現不論是在父系基因還是母系基因，其實他們與藏族人共用著基因型，這個群體並非直接來自古羌人，更不是什麼西夏王族後裔，他們是藏族人的一個比較晚近的分支。

兩個族群大約在距今一千五百年前分離，當時正值青藏高原上部落間彼此征伐比較劇烈的時期，吐蕃王朝誕生前夕，也許雪巴人的祖先為了躲避戰火，而走向喜馬拉雅山區。他們的體內也繼承藏族族群源自丹尼索瓦人的特殊基因，因此在險峻的雪峰上也如履平地。

分別崛起於草原與中原的匈奴帝國和秦漢王朝，開啟歐亞大陸東部基因型的西進浪潮，昔日向東傾倒的骨牌，此時完全逆轉，匈奴與秦漢兵鋒所向，西北地方各個族群、政權或降或走。這股浪潮並沒有因匈奴和漢朝的滅亡而停歇，反而在之後的歷史中持續洶湧，此後閃亮登場的若干草原帝國，如突厥、柔然、蒙古與華夏王朝如隋唐，都積極向西拓展勢力範圍，激發持續的族群融合。

帝國時代不僅是生物基因有了擴張，連文化基因也是。

在此之前，從散落在大地上的部落到部落聯盟，進而到最早的文明古國，社會組織形式日趨複雜，廣袤大陸上文化基因的多樣性也相應增加。但是，在秦漢與匈奴這樣的大帝國登上歐亞大陸舞臺後，東亞地區的各路文化開始上演大魚吃小魚的一幕，文化基因的多樣性逐漸減少，廣大地區的文化面貌漸趨一致。

這是因為，生物基因進化遵循英國生物學家達爾文（Charles Darwin）所提出的「自然選擇」原理，而文化基因進化遵循的，是類似法國生物學家拉馬克（Chevalier de Lamarck）的「用進廢退」原理。

目前流行的進化論是以達爾文的理論為基礎，加入了現代基因的概念而形成的，對生物進化的描述是：生物基因不斷發生突變，大自然對這些突變進行選擇，有益於生物生存的突變基因會保留並擴張，不利於生物生存的突變基因則被淘汰，整個生物種群進化得更加適應環境。

人類膚色的進化，就符合達爾文進化論的描述。在大約兩百萬年前，人類的體毛變少了，就在那個時期，人類進化出深色皮膚基因，以避免被非洲的強烈陽光傷害，這種基因因適應環境而擴張。當現代智人走出非洲，來到陽光並不強烈的北部歐洲、亞洲時，深色皮膚反而成為劣勢，淺色皮膚基因能讓人體合成更多維生素D，成為更適應北部歐洲、亞洲環境的基因，因此歐洲和亞洲現代智人中的淺色皮膚越來越普遍。

一般來說，達爾文式進化的過程很緩慢。

而拉馬克的用進廢退理論認為，生物的某些特徵使用得越多，就進化得越有優勢，於是保留並擴張；某些特徵使用得越來越少，就退化、淘汰。從生物基因角度看，拉馬克的學說基本上是錯的，因為我們使用某個特徵並不會改變自己的基因，後代也不會獲得強化這個特徵的新基因。

在進化生物學領域，人們經常比較達爾文的進化論與拉馬克的進化論，然後批判後者的理論。但是，在文化基因領域，一種文化使用（推崇）的人越多，就越占優勢，並透過自身的擴張，迅速瓦解其他文化，奪取其他文化的資源為己所用，甚至把其他文化人群轉變為自己文化的信徒。這就有點用進廢退原理的味道了。

秦漢帝國向西挺進的過程中，也把華夏文明的政治、經濟、文化特徵傳輸到西北地方，很多西北地方的戎狄文化，甚至綠洲文化遭受沉重的打擊，要麼徹底消失，只留下遺址供後世的考古學家探尋其古老文化；要麼遠走他鄉，尋找新的家園，延續本族群的生物基因和文化基因。

生逢帝國時代，對於弱小的文化人群是不幸的，但這就是歷史，是人類社會的生存競爭和自然選擇。接下來我們將看到，那些在南方地區山嶺中散落的古老文化人群，與西北地區的人群有著同樣的無奈。

第七章

人口南遷，走向南方，走出中國

高山頂上水淼淼，白鵬拖拖過山坳。
石拐咕咕水上跳，萬頃梯田盡妖嬈。

早春的深山裡飄出陣陣山歌，那是梯田邊勞作的人們在低吟淺唱。江西崇義客家梯田背靠贛南第一高峰齊雲山，高低海拔落差達數公里，層層田塊沿著山坡向上展開，最多的一處梯層達到了六十二層，印證了那句俗話：「山有多高，水有多高；水有多高，田就有多高。」

客家人是這處氣勢磅礴的梯田的創造者。唐宋時期，客家先民就已在群山中扎根，以掌握的農耕技術，因地制宜的讓險峻山坡化為萬頃良田。客家人長期居住在江南丘陵環境之中，因此被稱為「丘陵上的民族」，客家文化也被稱為「古漢文化活化石」。

他們為何自稱客家人？敢問客從何來？群山原來的主人又是誰？他們去向何方？

想了解客家起源，得先知道漢從哪來

客家人素有「寧賣祖宗田，不賣祖宗言」，「寧賣身，不賣聲」的說法，界定客家人的最主要標誌是客家方言。客家人認為自己是漢人，講的是古老漢語。古老的語言與文化，成為他們客居山嶺所堅守的根脈。

因此，要追問客從何來，我們首先要面對一個大問題：漢從何來？

漢人族群如何誕生？漢語又如何產生？

眾所周知，「漢人」一稱與漢朝有關。秦末天下大亂，以項羽為首的昔日戰國貴族後裔們起兵反抗秦朝的統治，最終推翻了秦朝。項羽分封各路諸侯，劉邦被封為漢王，他帶兵到秦嶺和大巴山之間的漢中。

漢中，應當來自流經該地的河流漢水，這是長江的重要支流之一。劉邦以漢中為根據地，開啟了與項羽的數年「楚漢爭霸」，最終戰勝項羽，建立大漢王朝。漢，來自漢中，此後漢朝、漢人、漢族等名稱都與之有關。

絕大部分史書都是由勝利者寫的，往往讚美自己、貶低對手、無視他者或弱者。其實，不論是商周王朝，還是秦漢大帝國，落在地圖上的版圖都不完全是真實的，中央政權沒有完全控制那些面積，那個版圖裡並不是只有商人、周人、秦人或漢人。

比如，東周周天子居住的洛陽周圍，就布滿蠻夷戎狄等族群。史書上甚至留下有相關描述：「當成周者，南有荊、蠻、申、呂、應、鄧、陳、蔡、隨、唐，北有衛、燕、翟、鮮虞、潞、洛、泉、徐、蒲，西有虞、虢、晉、隗、霍、楊、魏、芮，東有齊、魯、曹、宋、滕、薛、鄒、莒，是非王之支子母弟甥舅也，則皆蠻、荊、戎、狄之人也。」

如果我們把漢人群體出現之前的中原地區古代人，群稱為華夏族群，那麼，蠻夷戎狄，其實都是建立商周的華夏族群用來貶低周邊族群的稱呼。這些周邊族群在漢人族群形成的過程中，起到什麼作用？他們的基因是否也融入漢人族群之中？

分子生物學家選擇距今五千年前至七百五十年前的八個古代人群，分析他們的粒線體DNA。這八個古代人群包括中原古代人群、山西陶寺古代人群、秦始皇陵勞工人群，也包括西北地方古代人群、東北地區古代人群，以及古代鮮卑人群乃至蒙古國境內發現的匈奴人群，這些古代人群整體上屬於歐亞大陸東部的人群。然後，比對這八個古代人群的基因型，與現代漢族的二十四個群體之基因，尋找古代人群與現代漢族群體在基因上的異同，從而揭示漢人的形成過程。

第一個發現是，所有古代人群均能在現代漢族人群中找到共用基因型的個體，而且都有一些個體只與現代漢族人群共用基因型，與其他現代族群不共用基因型。說明了八個古代人群都與現代漢人的祖先有親緣關係，一部分人加入了歷史上漢人形成的洪流。比如東北地區古代人群，他們有共用基因型的個體都只與現代漢族人群共用同一基因型，也就是說東北地區古代人群確實對漢族具有一定的基因貢獻。

第二個發現是，中原古代人群與現代北方漢族人群的基因型，共用比例最高；西北地方古代人群與現代漢族人群的基因型，共用比例也較高，而距今四千年前的陶寺古代人群和東北地區古代人群，與現代漢族人群的基因型，共用比例較低；鮮卑人群、匈奴人群，與現代漢族人群的基因型，共用比例則最低。

看起來，距離越近、年代越近的古代人群，對漢人形成的影響就越大；距離越遠、年代越遠的古代人群，影響就越小。

西北地方古代人群對漢人基因貢獻較大的事實，佐證我們前幾章所描繪的那些場景：南西伯利亞人群南下、東進，引發由西向東的族群遷徙；然後，匈奴與秦漢又開啟西進的浪潮，並把西北地方的氐、羌等族群納入自己的體系。可以想見，有大量的西北古代族群先後融入華夏族群，他們的基因一代代的傳遞給後來形成的漢人族群。

即使是距離中原地區很遙遠的匈奴人群，也與現代漢族人群共用一部分基因型。歷史上看，**匈奴與秦漢兩大強權之間，存在密切的經濟文化交往和頻繁的戰爭，並相互掠奪人口，都會造成人群間基因的交流。就是在這樣的接觸與碰撞中，草原上的匈奴人群的基因融入中原的漢人基因庫。**

綜合來看，漢人群體主要起源於中原地區，距今約三千年前，中原古代人群在基因結構上，與現代北方漢族人群很相似。四面八方的古代人群對現代北方漢族人群，或多或少有一些基因貢獻，當然這些古代人群與現代北方漢族人群也存在很多基因差異。

更進一步說，漢人族群的前身華夏族群，顯然也融合中原地區乃至周邊很多族群而出現。有些考古學家甚至認為，「華」和「夏」分別代表不同的古代人群。在史前時代的冰期和間冰期，北方草原帶族群南下，南方族群北上，最終在中原地區相遇，使得中原地區成為亞洲東部的一個族群的熔爐，華夏族群的誕生，就是中原古代人群克里奧爾化的產物。

什麼是克里奧爾化？

這本是一個語言史上的現象。大航海時代開啟後，西班牙人、葡萄牙人和其他歐洲人殖民美洲大陸，經過第一代移民的打拚後，殖民者在美洲生育了後代。這些後代有著歐洲族群的基因，甚至有非洲黑人族群的基因，但他們是土生土長的美洲人，這些孩子在一起玩耍、學習時，由於父母的來源背景有所不同，因此他們所說的話也各有不同。

好在人擁有智慧，這些孩子會創造性的進行交流，既使用從自己父母處學來的語言，也從同伴那裡借來詞彙，他們甚至還集體創造一些新的詞彙。最終，這些殖民者後代形成自己獨特的語言，連他們的父母都不容易理解的語言。這就是克里奧爾語，而在美洲說克里奧爾語的人群，就被稱為克里奧爾人。

在今美國路易斯安那州等地，甚至還形成克里奧爾地方菜，以大米、番茄、秋葵、海鮮等為食材，輔之以重口味的辣椒調味。

當東南西北各方人群紛紛遷入中原地區時，東亞版本的克里奧爾化就啟動了。各種語言交融在一起，最後醞釀出一道「克里奧爾大菜」——原始漢語。語言是重要的文化基因，說原始漢語的人們也交融了各自的文化，形成共同的文化基因，他們就形成了華夏族群，此後漢人族群的核心。

從華夏族群演進到有著共同文化認同的漢人族群，也是一個漫長的過程。中原地區適合農耕，是華夏族群的根據地，許多族群長期在這個區域裡交錯雜居。農耕人群占據適合開墾的平原和谷地，修築有一定防禦能力的城邑。

在商周時期，這些農耕區域如同島嶼一樣分布在廣袤大地上，而遠離城邑與農田的山嶺叢林，則是狩獵採集人群、畜牧人群的家園。比如鄭國、衛國以及魯國的周圍，就有很多戎人部落。鄭國曾經被太行山裡的北戎侵擾，衛國更是在戎人的威脅下不得不多次遷都，最後跑到了今河南濮陽，但是都城外面就有戎人居住。

對於春秋時期及以前的中原地帶，我們可以戲謔的描述為「牧區包圍農區」。多族群比鄰而居的狀態，就會帶來族群的通婚，發生基因的交流。《左傳》記載一則故事：春秋時期晉國晉獻公有兩個兒子，公子重耳和夷吾，他們的封地分別在山西境內的蒲和屈。由於內部權力鬥爭，兩位公子打算離開封地逃到白狄。重耳最後在白狄生活十二年。白狄是游牧人群，他們活動的區域其實離重耳的封地很近，而重耳選擇到白狄避難的最大原因，是他的母親狐姬就是白狄人。

重耳是赫赫有名的晉文公，姬姓貴族，春秋五霸中的第一位霸主是齊桓公，第二位霸主就是他。連這樣一位華夏族群的重要人物，都是族群融合的後代，當時普通民眾之間的通婚融合就更是數不勝數了。

從春秋時期的東周列國到戰國時期的七雄爭霸，一些小國被大國吞併的同時，散居在山嶺叢林的蠻夷戎狄部落，也加速融入華夏族群的政權，被綁上群雄逐鹿的戰車。或者從基因的角度來說，這些部落的基因都流入華夏族群的基因水庫裡。不過，在戰國時期，基因水庫中的「主要水體」肯定是華夏族群，這是興盛農業養育的眾多人口所決定的。

戰國七雄之間激烈的競爭，推動這些政權都基本上以「耕戰」作為國家基本政策，積極鼓勵開發農業，以增加人口，因為人代表生產力和戰鬥力。恰好在這個時期，鐵器技術進入中華大地有一段時間了，鐵製農具開始應用於耕作，進一步擴大農耕區。

當時，各個諸侯國都形成自己的大片農耕區，比如以秦都咸陽為中心的關中地區、以齊都臨淄為中心的山東中部、以魏都大樑為中心的豫中平原，都因糧食富足、手工業發達、商貿繁榮，而被史家稱道。司馬遷就稱讚戰國時期的秦地「膏壤沃野千里」。其他諸侯國也毫不遜色，比如齊國人口也非常密集，人稱「雞鳴狗吠相聞，而達乎四境，而齊有其民矣」；魏國「田舍廬廡之數，曾無所芻牧」，也就是說，幾乎都沒有可以放牧的地方了。

如前所述，畜牧經濟、游牧經濟單位面積養育的人口與農耕經濟相比，只是個零頭。所以，在人口增長後，為了養活越來越多的人口，把畜牧區、游牧區變成農耕區，就成為古代政權的理性選擇。

於是，原本牧區包圍農區的中原大地早期景象消失了，那些原來從事畜牧、游牧乃至狩獵採集的部落也消失了。他們融入戰國時期農耕人口的汪洋大海。從基因角度講，農耕人口的基因構成了基因水庫的「主要水體」，那些非農耕人口的基因，則像一滴滴雨水落入池塘裡。

這個池塘就是漢人族群的基因庫，它以中原華夏族群農耕人口為主體，接納一部分源自各地從事各種生計的其他部落人口，待國土廣大的秦漢王朝確立，「帝國時代」開端，也很快確立漢人這個概念。

秦吞併六國之後，聲威震動東亞，秦朝之人被稱為「秦人」，顯然被吞併的六國遺民並不一定認同，他們合夥掀翻秦朝。但在漢朝建立後，漢朝之人自稱或被他稱為「漢人」，得到廣泛的認同。即便後來漢朝滅亡，進入混亂的三國兩晉南北朝時期，各個政權也接受漢人這個有「文化基因」的概念，哪怕政權的建立者是非中原族群。正如史學家所言：「漢族之名，起於劉邦稱帝之後。昔時民族國家，混而為一，人因以一朝之號，為我全族之名。自茲以還，雖朝屢改，而族名無改。」朝代名稱雖然變幻無常，但族群都以漢人自稱。

只是當漢之時，全國人口的情況是北方地區占據絕對優勢。在西漢元始二年（恰好是西元二年）的全國戶籍普查中，北方地區戶數占全國的八一%，廣大的南方地區的戶數占一九%。

這個人口格局，將隨著人口的一次又一次南遷而被打破。

客家基因，男客女主

談到漢人的南遷，最具代表性的南遷人群莫過於客家人了。

今天全世界自稱客家人的人口多達幾千萬，由於客家人在中國重點分布在廣東、江西、福建等地，靠近沿海，因此海外華僑中也有很大比例的客家人，他們大多是下南洋的客家人祖先之後裔。

正如本章開頭所講，客家人極其重視自己的文化，特別是語言，想必是由於他們的祖先，在從北方地區南遷的過程中，艱苦的抗爭大自然及周邊敵對族群，而保持自己的文化傳統，有助於提高本族群的凝聚力和戰鬥力。這就是文化基因的力量。

客家人與漢人族群的關係有多密切？他們的南遷路線如何？他們與南方其他族群發生什麼故事？

這些問題的答案，就隱藏在客家人的基因裡。

分子生物學家採集福建長汀各地共一百四十八位客家男子的樣本，分析客家父系遺傳的情況。結果發現，這個地區的客家人與漢族、畲（音同奢）族、侗族的基因型聯繫緊密。從比例上看，來自漢族的父系基因型占超過八〇％，來自畲族的父系基因型約占一三％，來自侗族的不到七％。也就是說，這些客家人的父系祖先主體來自漢人，但有相當一部分來自畲族、侗族的先民，其基因也融入這部分客家人社會之中。

但是，漢人是一個龐大的族群，全國各地的漢人族群在基因上也有差異。客家人的祖先源自哪裡的漢人？在這次研究中，分子生物學家把漢人族群分成了中原組、華東組、湖廣組和西南組。福建的其他漢族基本上都可以歸入湖廣組，而長汀的客家人群體則屬於中原組，他們與河北、山西的漢族人在基因上最接近。

所以，客家人自稱是來自中原地區的漢人的後代，這個說法在父系基因上，基本上站得住腳。只是需要補充一點，也有少量客家人的父系祖先，來自畲族、侗族先民。

畲族是南方一個很複雜的族群，關於他們的起源學者們仍然議論紛紛。相對來說，他們與苗瑤族群的關係較為密切，所以有人猜測，畬族是唐宋時期從廣東擴散的苗瑤族群分化形成。而客家人在基因上也與苗瑤族群接近，應該是客家先民吸收部分畬族先民的結果。

從一些特殊的基因突變判斷，長汀的這個客家群體可能從中原出發，向南進入湖北、江西，然後再轉入福建西部。他們在湖北時，與歷史上的荊蠻族群發生基因交流，融入了某種突變基因。至於少量侗族父系基因的來歷，也許是這批客家人先民在途經江西時，與侗族先民發生了基因交流。

客家人的父系遺傳以中原移民為主，他們的母系遺傳是否也以中原移民為多？粒線體DNA的分析為我們揭示有趣的一幕。

客家人粒線體DNA上有一個基因缺失的變異，在客家人群體中大概二〇%的女性有這種變異；在中原漢族中，這個比例是一〇%；在畬族人群中，其比例是一五%；而在湖南、廣西的苗瑤族群中，該比例高達三〇%至五〇%。

假如這批客家人的最初先民都來自中原地區，他們後來增加的變異都來自苗瑤族群（我們可以簡化問題，把苗瑤族群的變異比例設定在四〇%），那麼假設客家人群體的變異比例，從一〇%上升到二〇%，要融入多少苗瑤族群的人口？

由於粒線體DNA是母系遺傳，如果客家人從中原走出的女性有一千人，其中一百人（一〇％）有這種變異，需要融入五百個苗瑤族群的女性。她們有兩百人（五百×四〇％）有這種變異，這樣整個融合的族群，一千五百人中有三百人，含有變異的，剛好是二〇％。

上面的計算意味著，**客家人女性先民中，約有三三％女性先民來自苗瑤族群**。

實際上，考慮到畲族女性中這種變異比例只有一五％，比二〇％還低，畲族先民與南遷而來的客家人先民，有明顯的族群融合，我們可以猜測，**客家人先民的母系遺傳比例中，來自非中原漢人群體的女性可能會占一半左右，甚至更高**。

更廣泛的客家人群體的基因研究證實了這個猜測。

從粒線體ＤＮＡ的基因型看，梅州和長汀客家族群中，擁有南方地區一些基因型的比例約六〇％，在河源客家族群中，這個比例也超過五〇％。相對於其他幾個客家族群，河源客家族群與北方漢族群體的遺傳關係更近一些。更有趣的是，不同的客家族群的母系基因型存在差異，也就是說，雖然客家族群都吸納了很多南方地區族群的女性，但是不同客家族群吸納的南方族群女性也不一樣，這可能是因為不同客家族群面對不同的南方其他族群。

客家人雖然數以千萬計，但相對於今天南方地區的漢族人口來說，仍然是少數。透過客家族群基因發現的那些規律，同樣適用於更廣大的南方地區漢族群體。透過對比北方漢族群體和南方漢族群體的基因，分子生物學家發現，整體上南方漢族的父系結構與母系結構不太一樣。從Y染色體基因或說父系來看，南方漢族男性與北方漢族男性的分化並不明顯，南方漢族的男性主體上，應該是北方漢族男性祖先南遷而形成的。從粒線體DNA或說母系來看，南方漢族女性與北方漢族女性的分化很大，南方漢族的女性中，來自南方其他族群的女性基因，比繼承自北方漢族女性祖先的基因更多一些。

打個不太確切的比方，今天的北方漢族群體和南方漢族群體，有點像「同父異母」的兄弟。對大部分人來說，他們的「父親」（父系祖先），都是北方漢人男性；他們的「母親」（母系祖先）卻不同，北方漢族群體是北方漢人女性祖先的後代，南方漢族群體大部分是南方非漢人族群女性祖先的後代。

現在，我們可以大致描繪漢人南遷的故事梗概了。中國歷史上，從北向南有三次很大的移民潮：西晉滅亡前後時期、唐朝安史之亂時期以及遼金侵宋時期。在幾次政局動盪過程中，一批又一批的漢人族群被迫向南遷徙避禍。由於前路艱難，前途未卜，漢人族群的南遷以男性為主，畢竟在古代社會，男性是強壯的勞動力、戰鬥力。

漢人南下後，在與南方族群的互動過程中，把很多對方的女性納入自己的社會。這個過程也許是透過族群之間的聯姻，或透過族群戰爭搶奪人口實現的。面對在人口數量和技術水準上落後於自己的南方族群，南遷的漢人族群終於打開了自己的一片片新天地，最終反客為主，變成了南方地區最大的族群。漢人男性盡力延續了很多北方的族群文化，在族群基因交融的同時，相對維持了北方的文化傳統，或者說文化基因。

只是，如果我們強調基因細節的話，那麼南方漢人族群中的男性，的確是「客」，這些族群中大部分女性其實是「主」，南方土生土長的主人。

藏族語系來自北方，卻有南方基因

古代漢人既不是唯一居住於北方地區的族群，也不是唯一南遷的族群。正如上一章提及的，一部分氐羌族群走向高原，成為今日藏族的祖先；另一部分則從西北地方南下，成為今天雲南很多民族的祖先之一。

若以語言劃分人群，氐羌族群是今天龐大的藏緬語系族群的重要祖先之一。藏緬語系族群屬於漢藏語系這個語言大類（包含三百多種語言的群體）。今天，說藏緬語的人群廣泛分布於東亞、南亞和東南亞，覆蓋中國、尼泊爾、不丹、印度、巴基斯坦、孟加拉、泰國、越南、緬甸和寮國等國家。

在中國境內，藏緬語系族群主要分布在青海、西藏、四川、雲南和湖南等。如果按照現代民族的劃分，藏緬語系族群包括藏族、阿昌族、怒族、獨龍族、門巴族、珞巴族、彝族、白族、土家族、哈尼族、傈僳族、拉祜族、納西族、景頗族、基諾族、羌族和普米族等各民族，總人口超過兩千萬人。

氐羌族群在春秋時期就開始大規模西走南下，其標志性事件可能要算秦穆公的「稱霸西戎」。

秦穆公任好是春秋五霸之一，他讓自己的女兒嫁給晉文公重耳。可是，在秦穆公的時代，女婿重耳把晉國治理得很強大，秦國被晉國死死的擋在函谷關、崤山以西，難以向東前進半步。秦穆公不得已向西發展，消滅很多戎人部落。連周天子都對秦國西進的勝利感到驚訝，賞賜秦穆公以金鼓，鼓勵他在擴張周朝影響力方面的巨大貢獻。不過，若當時的周天子知道後來東周滅亡的原因，正是強大起來的秦國，不知他做何感想？

秦穆公向西擴地千里，對於原本生活在那裡的氐羌部落是一場災難。這些從事游牧、畜牧的部落遷徙性很強，為了躲避秦國的兵鋒，開始四散奔逃。大批屬於藏緬語系族群的氐羌先民，沿著所謂的藏彝走廊南下到四川、雲南等地。地理上的藏彝走廊「北連甘青黃土高原，南接雲貴高原」。

基因研究發現，藏緬語系族群的南遷模式，很像以客家人為代表的漢人南遷。南方藏緬語系族群的Y染色體基因與北方人群非常接近，從父系角度來講，這說明了南方藏緬語系族群的確來自北方地區。藏緬語系族群的粒線體ＤＮＡ卻與南方人群、北方人群有很大的差別，是南方人群與北方人群的混合。從母系角度來看，南方藏緬語系族群的女性祖先既有北方人群，也有南方人群。

不過，與漢人南遷不同的是，藏緬語系族群的南遷形成許多族群，這可能是因為氐羌族群原本就很龐雜，不同部落之間在語言和文化上都有鮮明的差別，或者說，他們還沒有完成族群的克里奧爾化，形成相對一致的語言和文化。所以，不同的部落分別南遷後，他們的文化面貌並不相同，最終演化成不同的族群。此外，相對來說，南遷的漢人群體在面對南方當地部落時，有較大的人口和技術優勢，而南遷的藏緬語系族群在面對南方當地部落時，這種優勢並不大，因此會受到南方部落較強的影響，不同的藏緬語系族群產生分化。

比如今天的彝族，從基因上看，不同地區的彝族群體差別很大，在語言、文化方面也有很多的分支。再如納西族，不論是父系基因型還是母系基因型，都混合了相當多的南方人群基因，可以看出，納西族祖先在南遷時，與南方當地部落有更多的通婚交融。

南遷藏緬語系族群混合南方人群基因的比例，還與他們的祖先進入南方的時間和周邊部落的情況有關。

從歷史上看，雲南南部的哈尼族、拉祜族、基諾族以及湖南的土家族等藏緬語系族群，他們的祖先可能更早進入南方地區，而雲南西北的傈僳族、怒族、普米族的祖先南遷較晚。正好基因對比表明，雲南南部和湖南的藏緬語系族群有比較高的南方人群基因比例，而雲南西北的藏緬語系族群的南方人群基因比例較低。基因學與歷史學很好的吻合在了一起。

有趣的是，從粒線體ＤＮＡ上看，雲南西北的藏緬語系族群更接近北方人群，而雲南南部和湖南的藏緬語系族群更接近南方人群。這似乎暗示，氐羌族群在南遷的時候，最初可能是整個族群一同遷徙，並不存在性別上的遷徙差別，遷徙隊伍中男女比例接近。作為機動性很強的游牧和畜牧部落，氐羌族群的女性同樣可以跟著大部隊，趕著牛羊一起行進。相對來說，漢人這樣的農耕族群在遷徙時，可能就存在性別上的遷徙差別，遷徙隊伍中男多女少。

所以，比較晚南遷的藏緬語系族群，其母系基因來自北方人群的比例更高。隨著與南方人群的長期融合，比較早南遷的藏緬語系族群的母系基因，來自南方人群的比例越來越高。從婚配規律來說，女性更容易嫁入非本族群的社會中，流動性強，而男性要想融入非本族群的社會卻很難，在族群間的流動性弱。

因此造成南遷藏緬語系族群在基因上，也呈現出「南客女主」的面貌，只是過程與漢人南遷有所不同。

反過來講，女性在各個族群間的流動性強，所以歷史上必然有很多藏緬語系族群的女性，外嫁到南方當地族群中，給當地族群的基因庫中注入北方人群的基因。翻越一道道蒼茫大山，蹚過一汪汪漣漪海子，藏緬語系族群的男女都遇到了自己的另一半。

百越族群不斷遷移，甚至走到臺灣

南方地區曾是現代智人最早進入中國的區域，最晚在三萬年前，中國人直系祖已棲居在南方的江河湖泊和崇山峻嶺中。當農耕時代來臨時，南方地區的先民最早馴化水稻，豬和狗的馴化主要也是在南方地區進行。

當文化之光初照中華大地時，良渚文化如同一座高峰屹立在四、五千年前的江浙地帶。按照史家定義的「春秋五霸」的一個版本，繼齊桓公、秦穆公和晉文公之後，第四霸主和第五霸主並非中原豪強，而是在南方江浙水鄉崛起的吳王夫差和越王勾踐。

所以，當古代漢人和氐羌族群開始南遷時，南方地區並不是中原史書中所描繪的蠻荒之地，而是有著自己一脈相承的悠久文化與漫長歷史。比如南方地區的腹地湖南中部一帶，一直流傳著梅山文化，也就是蚩尤文化。相傳這位與黃帝、炎帝上古大戰的部落首領，最終敗退的地點就在那裡的大熊山，炎黃的追兵趕到此處後，發現山嶺險峻、野獸出沒，怕中埋伏，於是不再追殺蚩尤。按照古書的描繪，九黎、三苗[73]以及他們的後裔在梅山地區生活。在兩漢三國時期，湖南也有長沙蠻、武陵蠻[74]活躍。

對南方地區不同歷史時期、不同地區的各種族群來說，最具代表性的整體性族群名稱，莫過於百越。百越族群最為有名的歷史發生於越國，越王勾踐臥薪嚐膽擊敗了宿敵吳國，然後揮師北上，與中原齊、宋、晉、魯會盟，成為春秋時期的最後一位霸主。

從歷史上看，浙江、福建曾經是百越族群的政治中心，基因研究證實了史書的描述。分子生物學家表示，百越族群有自己獨特的基因突變類型。根據突變基因在人群中的比例關係，他們發現，在現代漢族人群中，擁有百越突變基因最多的是上海人和浙江人，比例達到四分之一左右。顯然因為浙江曾經是越國的大本營，而且很多現代上海人來自浙江。比例由多到少依次是廣東、安徽、湖北、遼寧、江蘇、江西、湖南、河南……呈現出以浙江為中心，沿著海岸線附近擴散的特徵。

據此我們可以猜測，在漢人南遷的過程中，南方地區擁有百越基因的一些族群融入漢人社會，然後再隨著漢人走南闖北，走向全國各地，特別是沿海地帶。

不過，百越並非南方地區唯一的本地大族群，與之裂土分庭的另一個本地大族群，是百濮。

從語言上看，百濮族群與南亞人群的關係密切。從地理上看，百濮族群也更多的分布在中國西南地區，靠近南亞。早在漢人族群和氐羌族群南下之前，百越與百濮就在南方比鄰而居，兩者必然會發生融合，雖然不一定是以和平方式展開融合。

從地理分布上看，百越更像是現代智人沿著海岸線北上時，在東南沿海扎根的人群後代；百濮則像現代智人沿著內陸北上時，在西南山川裡居留的人群後代。從現代智人遷徙路線來說，他們的確是分為沿海和內陸兩條主線北上。但是，我們要把這兩條遷徙路線與百越、百濮族群的形成對應起來，跨度還是很大，尤其是南方不同族群之間也有複雜的交流和融合，就像北方漢人也是由來自四面八方的族群，經過克里奧爾化後形成的那樣。

也許我們能說的是，百越族群中，可能含有更多的那批沿海遷徙的現代智人（海岸暴走族）基因；百濮族群中，可能含有更多的那批內陸遷徙的現代智人基因。

73　九黎，又稱黎，是中國漢族上古傳說中的一個部落，傳說蚩尤為其首領，有八十一個兄弟，都是九黎酋長，蚩尤是大酋長。三苗，中國漢族傳說中黃帝至堯舜禹時代的一古國名，也被稱為有苗氏、苗民，是炎黃集團的平民。

74　長沙蠻，是漢朝至劉宋時期漢人對長沙地區非漢人民族的總稱，這些人在春秋戰國時被稱為蠻方、荊蠻、南蠻。武陵蠻，是指漢時對湘鄂西少數民族的總稱。

有一條線索值得深思：在東北亞的一些現代人群中，居然也含有一些百越族群的基因。比如俄羅斯的布里亞特蒙古人中，竟然有三〇%以上帶有源自百越的特殊基因，甚至也有日本人帶有少量比例的百越特殊基因。

雖然是這麼說，但不代表東北亞的一些人群以及一部分日本人，是百越族群的後代，他們擁有共同的特殊基因，也許是因為他們都從現代智人中的海岸暴走族，繼承了相關基因，那批現代智人沿著海岸線抵達過日本，也抵達過東北亞。這條線索暗示我們，最初的百越族群有可能是海岸暴走族的後裔。

從歷史、語言、文化等各方面分析，在南方地區的本地兩強博弈中，百越更占上風。從基因表現上看，起源自百濮族群的人群中，較為強大的分支往往擁有更多百越族群的基因；相對弱勢的分支，很少或沒有百越族群的基因。比如一些東南亞地區的百濮族群後裔分支，他們融入不到一〇%的少量百越族群基因；而百濮族群後裔布朗族、佤族等分支，他們的人口規模較小，體內沒有發現百越族群的基因。

另一條有趣的線索是，從**語言上比較，百越族群和臺灣少數民族的語言很接近，這暗示兩者可能有著共同的祖先群體**。

關於最早來到臺灣的人群，有多種說法。第一種說法，認為是兩千年前琉球古人南遷而來；第二種說法，是來自東南亞群島上的古人；第三種說法，則認為應該是來自中國的南方古人。

如果考慮到三萬年前海岸暴走族出色的遷徙能力，說不定現代智人在進入中國境內的那段時期，他們就已經發現臺灣。只是這個猜測，沒有考古證據支持。

好在臺灣一些古代遺址中有古人遺骸出土，能提取基因進行分析，現代臺灣少數民族的基因也可以用於對比研究。根據基因的研究，證實了第三種說法，也就是臺灣古人來自中國南方的觀點。

臺灣的一些少數民族群體如鄒族、達悟族和卑南族，都擁有一種特殊基因，這種基因廣泛分布於中國，包括幾千年前的陶寺遺址中的古人體內，以及沿海地區的漢族群體、內陸地區的苗瑤群體，至西北地方的群體中。唯獨在東南亞群體中沒有發現這種基因。據估算，這種基因出現在距今二．六萬年前的長江流域，應該是現代智人進入中國後才突變產生的基因。表明部分臺灣少數民族的祖先，是從中國南方遷入臺灣，並不是直接從東南亞漂洋過海而來的。

今天的臺灣少數民族中，很多都和距今一千八百年前臺南遺址出土的古人，有相同的基因，而這種基因在中國大陸的分布頻率更高，在東南亞則較低，同樣佐證了早在一千八百年前的臺灣古人就是其大陸祖先的後代，而且還不斷繁衍，把自己的基因傳給了今天的臺灣少數民族。

一千八百年前甚至更早，正是百越族群在南方地區肆意攀登每一座山嶺、走遍每一片山林的時代。古人向臺灣的遷移應該有很多次，那些跨過臺灣海峽的先民中，想必也有百越族群成員的身影吧。

人口成長，但男性基因型沒有跟著增加

漢人族群和氐羌族群史詩般的南遷，用差不多千年的時光，徹底改變古代中國經濟、人口「北強南弱」的格局，到唐代後期，在北方遭受安史之亂的巨大打擊時，南方在經濟、人口方面已經不遜色於北方了。經歷短暫的唐末五代的混亂，中華大地迎來宋朝，不論是經濟還是人口，南方甚至已經開始領先於北方。

根據北宋太平興國五年（西元九八〇年）的統計，南方戶數為三百八十七．四萬，達到全國總戶數的六〇％，徹底反超北方，從此之後北方再也沒能奪回人口的優勢。

在戰亂的威脅下，北方人口大量南遷，成為南方人口和經濟快速增長的「第一推動力」。但是，如果南方本來就具備養活那麼多人口的自然條件、增長潛力，為什麼一定要等到一撥又一撥的北方族群南遷，才逐步實現了人口和經濟的發展？

學者認為，答案在技術和物種上。北方農耕社會積累先進的農耕技術和設備，這

些技術和設備隨著南遷人群被帶到了南方，從而把南方原本的農耕潛力挖掘了出來。再加上宋朝時期從東南亞引入高產的占城稻[75]，優質的農作物品種讓農民們如虎添翼。

這樣的解釋比較合理。只是如果我們從基因的線索重新審視南方崛起的現象，會有更加細節，甚至是稍有不同的解釋。

學者往往把萬年以來人口的增長歸因於農業的進步，但我們的基因不這麼堅信。從全球人群的粒線體DNA的基因型數量看，世界人口的母系大擴張最早發生於距今一．五萬年前或稍晚一點，但是肯定比最早的農業出現的時間早。

所以，**農業起源**的故事版本應該修改為，**人類社會先是出現較大幅的人口增長，在人口壓力下，古人開啟農業，隨著農業的進步，人口也不斷增長**。也就是說，首先出現的是一次人口增長，而不是因為農業。

為什麼一．五萬年前人類出現一次人口增長？我們前面曾經談到，當時正處於冰期即將結束的日子，很多部落可能喪失遷徙能力，只能固守原地自力更生。在過去狩獵

75 出產於中南半島的高產、早熟、耐旱的稻種。一般認為是在宋朝以前由占城（占族人於今越南中部地區建立的古國）傳入中國，故名為占城稻。

採集的日子裡，部落成員往往聚少離多，尤其是男性狩獵團隊外出一次，也許要幾天甚至更久才回來。正是因為冰期中他們被迫定居，較多的男男女女聚集在一起，男歡女愛引發了一次人口快速增長。

按理說，在女性人口快速增長的同時，男性人口也在快速增長。按照人類生育的自然規律，母親們生男生女的比例大概是一〇六：一〇〇，如果有兩百零六個新生兒降生，其中會有一百零六個男孩、一百個女孩。男孩出生數量比女孩稍微多一點，這是因為在卵細胞受精過程中，攜帶Y染色體的精子比攜帶X染色體的精子稍占優勢。

然而，Y染色體基因研究讓學者們大跌眼鏡。從父系追蹤全球人口增長，會發現世界各地的人群，在距今六千五百年前至兩千年前，經歷明顯的人口增長，人口規模增加了十至一百倍。人類人口的男性快速增長期與女性快速增長期並不一致。

從基因型數量來看，亞洲地區女性人口急劇增長最早發生在距今三．五萬年前至三．三萬年前，這個時間剛好是現代智人已經在南亞、東南亞扎根已久，準備向北進軍東亞的時刻，反映了那個時期亞洲人口大爆炸。顯然那個時候，男性人口也經歷了急劇增長，但是並沒有反映到基因型數量大增上。從人口增長率上看，女性人口增長率最高的時期，出現在距今一萬一千年前至九千年前，這與大冰期結束後全球溫暖期到來以及農業已經開始發端一致。而男性人口增長率最高的時期，卻是距今三千三百年前至一千五百年前。

既然男性、女性的人口數增長應該同步，為何基因顯示卻出現不同步的現象呢？我們不能只考慮出生率，還要考慮死亡率。

在狩獵採集時代，男性的死亡率很高。狩獵固然能讓男性展現他們的英雄氣概，但絕對沒有什麼浪漫氣息，攻擊性弱的獵物跑得飛快，攻擊性強的獵物在生死存亡之際反噬，足以讓孔武有力的男性人類付出生命的代價。他們並不會每天都背著梅花鹿、野兔回家。女人煮好果蔬湯，在家門口等待英雄凱旋。狩獵採集時代的家庭主婦想最多的事，不是男人今天打到什麼好吃的獵物，而是男人今天能不能平安歸來。

即使是農業時代開啟很久，人類社會仍然高度依賴狩獵採集和畜牧經濟來養活人口，男性死亡率仍然遠遠超過女性。這也是為什麼從基因上看，幾萬年來，現代智人在地球上大擴張，女性基因型增加很多，但男性基因型遲遲沒有增加多少。很多男性在把自己的基因型傳遞下去之前，就死了。

距今三千三百年前至一千五百年前，情況發生了變化，男性基因型出現了大增，這代表著男性人口快速增長，當然也代表女性人口同步快速增長。這個時間正是中華大地掀起南遷大潮，南方人口和經濟快速上升的時代。除了農業技術越來越進步，農作物品種品質更好外，還有沒有什麼其他原因讓南方崛起呢？

男性基因型大增，說明男性的死亡率大大降低了。因為農業技術的進步，讓男性更常俯身躬耕於田野，而不是張弓搭箭於叢林，遠離了狩獵活動，他們的死亡率自然就下降了。對中國南方地區來說，農業能夠發展、人口能激增，還有一個因素不能不提，那就是鐵器的使用。

對南方地區來說，開展古代農業最大的麻煩，不是平原少、農作物產量低，而是南方的氣溫和降水量非常適合植被生長，肆意蔓延的野樹、野草、野花會迅速吞噬古代先民辛苦開闢的那一小塊田地，讓他們的莊稼難以生長。

人們習慣把原始農業稱作「刀耕火種」，透過焚燒叢林來開闢田地。這種方式其實只適合北方較為乾燥的地區，在南方地區很難推廣。在古代，放火燒樹林並不容易，潮溼環境中活著的樹木水分很多，難以點燃。因此，古人必須先把樹木砍倒，讓它們死掉，水分蒸發後，才可以放火燒出一塊田。

但是，在鋒利的青銅刀斧和鐵製刀斧發明前，用石斧砍樹比想像的還難。有人曾在亞馬遜雨林做實驗，讓原住民使用石斧砍樹，結果砍倒一棵直徑一．二公尺的大樹，需耗費一百一十五個小時，相當於每天砍樹八個小時，要連續砍兩週。以這個速度在雨林中砍出一畝地，需要將近半年。而半年時間足夠長出很多新的灌木了。

使用鐵斧後，原住民只用三個小時就砍倒大樹。如果要砍出一畝地，只要一個多星期就能完成工作。實際上，亞馬遜人是在歐洲人把鐵斧傳輸到美洲後，才開始了刀耕火種、定居生活的。在此之前，他們基本上依賴狩獵採集獲得食物。

中國南方地區的情況是類似的。只有鐵器技術普及後，南方地區的農田開墾才能迎來新的時代，鐵器不僅可以用來開墾出田地，而且可以用於製造鋒利的耕田工具等。

冶鐵術最早產生於西亞（對，又是西亞），具體的地點可能是在高加索山脈一帶。歷史上，西亞的西臺（Hittite）人是確鑿的鐵器族群，他們也努力保守先進的技術祕密。隨著三千多年前西臺帝國滅亡後，工匠四散，冶鐵術迅速傳向歐亞大陸各地，包括古代中國境內。新疆和甘肅都發現三千年以上的鐵器。不過，鐵器傳入中原地區可能要到春秋時期了，很有可能也是通過草原之路輸入的。到秦漢時期，中國先民發明了鑄鐵技術，從而青出於藍而勝於藍，使古代中國的冶鐵術超越了當時的西方世界，直到工業時代來臨之前一直領先全球。

正是在這樣的技術背景下，北方漢人、氐羌人群不斷南遷，用先進的工具開墾南方農田，刺激南方人口增長和經濟崛起。不論是南方原來的主人百越、百濮人群，還是北方來的客人漢人、氐羌人群，生產方式和生產技術的改變，大幅降低他們的男性成員的死亡率。

也許有人會說，鐵器技術也刺激了武器的進步，在戰鬥中死亡的男性也增加了。

這的確是事實，不過從基因型的變化看，戰鬥中死亡的數量顯然影響有限，並沒有阻擋男性死亡率下降以及糧食增產帶來的人口大增長趨勢。其實，在鐵器時代之前，人群之間的殺戮也一直存在，阿爾卑斯山中發現的四千年前的「奧茲冰人」（見圖28），就是被同類殺害後冰封於山中。

伴隨鐵器南下的還有語言與文化，族群的南遷不僅是生物基因的擴張，還是文化基因的擴張。南下族群的Y染色體與其語言的傳播同步，而粒線體DNA卻與語言的傳播，沒有明確的同步聯繫。這正是本章屢次強調的「男客女主」的遷徙模式造成的，語言和文化是不同族群男性固守的根脈，他們很難融入其他族群，而不同族群的女性卻容易跨族群融合，同時也跨越了語言和文化的障礙。

所以，雖然我們把自己講的語言說成「母語」，但從基因的角度來看，我們的語言其實是「父語」，是一代代的父親把語言傳給了自己的孩子。壯闊的南遷史詩的字裡行間，閃耀著父輩的堅守和母輩的包容。

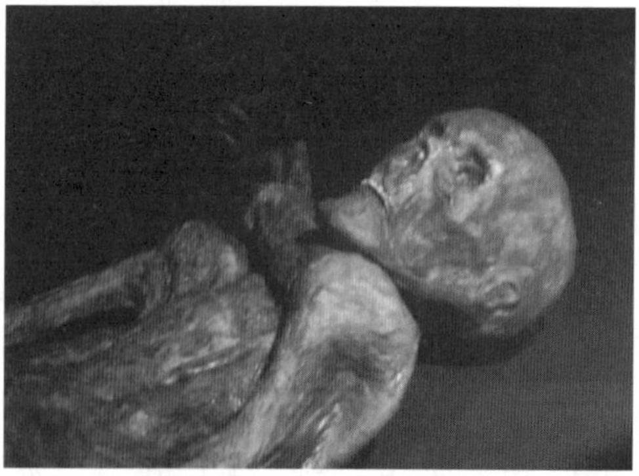

圖28　阿爾卑斯山中發現的4,000年前的奧茲冰人，被同類殺害後冰封於山中（圖片為120所有，CC BY-SA 3.0）。

遷移番外篇

人從千年起，就帶著狗旅行

在本書第三章中，我們已經了解，家犬起源於中國長江流域，最早的狗是作為肉食而被飼養。那麼，中國家犬如何從長江流域擴張到整個東亞，甚至奔向更遠處？

中國學者對比二十六例古代家犬粒線體基因資料，發現其中三分之二都屬於一類單倍型[76]，從長江流域一直分布到黃河流域的中上游，距今七千年前的浙江田螺山遺址中的家犬，即屬於此類，這個遺址所在的區域，很可能是這類古老家犬的誕生之地。

基因分析表明，大概在距今一千五百年前，中華大地上的家犬有一次明顯的種群數量激增過程，這類家犬迅速占領北方的黃河流域和南方的長江流域。狗的數量增加和

76 haploid genotype，單倍體基因型，在遺傳學上，是指在同一染色體上，進行共同遺傳的多個基因座上等位基因的組合。

擴張，也暗示人的數量增加和擴張，應該都是農業發展、糧食增加帶來的結果。

此後，這類家犬又擴散到中國南方地區，甚至走向東南亞的中南半島、新幾內亞島、澳大利亞大陸以及太平洋的一些島嶼上，最遠到達北太平洋的夏威夷群島和南太平洋的紐西蘭南島。這樣的遷徙路線和下一章談到的南島語系族群擴張路線十分吻合，古人帶著心愛的家犬一起遠足。

距今七千年前至兩千年前，中國的長江流域到黃河流域的廣大區域，至少生活四類單倍型的家犬，上面談到的那種單倍型是最主要的類型。然而，今天卻是另一種單倍型的家犬占絕大多數。也就是說，兩千年來，中華大地上的家犬經歷一次「狗群更替」。結合以客家人為代表的漢人群體的南遷歷史，我們可以推測這次狗群更替的劇情：

兩千多年前的南方大地上，百越人、百濮人飼養著自古以來的主要類型家犬，而北方地區的家犬在基因型比例上已有了改變。然後，漢人族群以及藏羌族群帶著自己北方的獨特基因型家犬南下，他們的農業技術更加先進，因此有更多的糧食來餵養人口以及餵養家犬。最終，來自北方的家犬取代了南方的家犬，構成南方地區新的主流狗群。在南方地區狗群更替前，昔日的主流家犬已擴張到海外，所以今天中國的家犬基因型與東南亞、澳大利亞乃至太平洋島嶼上的家犬基因型有著明顯的不同。

狗是人類的好朋友，兩者結伴而行幾千年。只是狗的遷徙與人的遷徙，在性別上不太一樣。那些以男性為主體南下的漢人群體在帶著狗一起走時，可能不會刻意挑選狗的性別，因此南下的狗群中，可能雌性與雄性的比例是符合自然比例的。如果說今天南方地區人群的祖先是「男客女主」的，那麼今天南方地區的狗群的祖先，則應該是「雄客雌客」的，基本上都來自北方。

第八章

跨越滄海，基因就這樣飄向遠方

復活節島孤懸在南太平洋的碧波中，距離最近的有人居住的島嶼有兩千多公里，距離最近的大陸海岸線有三千五百多公里。鳥瞰該島，可以看出這個三角形島嶼的三個角，實際上是三個大火山噴發形成的，在大火山之間還分布著一些小火山口。

復活節島完全是火山噴發形成的島嶼。

一七二二年，荷蘭航海家在西方復活節那天發現並登陸該島，因此將其命名為復活節島。

當地原住民則對該島有自己的稱呼——拉帕努伊島。拉帕努伊島上矗立著巨大的石頭人像（見圖29），為這個島嶼添加了神祕的色彩，並被世人津津樂道。實際上，「拉帕努伊」的原住民語言含義，就是「石像故鄉」。

拉帕努伊島上的原住民波里尼西亞人屬於航海族群。也有學者認為，在歐洲人發現該島之前，曾有美洲印第安人融入當地原住民之中。從語言學分類來說，島民們屬於南島語系族群中的一員，南島語系族群生活在分散於整個太平洋的大量島嶼上，他們說著相近的語言。在歐洲殖民擴張活動開始之前，南島語系是世界上分布最廣泛的語言。

波里尼西亞人、南島語系族群源自何方？拉帕努伊島原住民來自何方？他們與萬里之遙的中國有沒有一絲絲聯繫？這些問題最終都要靠基因研究來提供答案。

圖29　拉帕努伊島上矗立著巨大的石頭人像，為這個島嶼添加了神祕的色彩（圖片為Horacio_Fernandez所有，CC BY 3.0）。

豬能告訴你南島語系人群怎麼移動

今天的南島語系族群總人口達二．五億，地理分布極其廣闊，最東邊抵達東南太平洋中的拉帕努伊島，最西邊在非洲東南部的馬達加斯加島，向南到達紐西蘭，向北則分布在臺灣，他們的分布範圍東西跨度超過了地球周長的一半。

面對如此廣布的海島人群，其起源和遷徙歷史吸引各個領域的學者一探究竟。

拉皮塔文化（Lapita culture）是大洋洲及太平洋地區新石器時代的一種史前文化，分布於南太平洋的美拉尼西亞群島及波里尼西亞群島西部，活躍時期在距今三千五百年前，這些古人會製造繪有複雜圖案的陶器，還用貝殼製作一些飾品。他們曾駕著獨木舟，勇闖整個太平洋。今天分布在太平洋海島上的島民們，很多都是拉皮塔人的後代。

拉皮塔人曾經在距今三千年前，抵達位於南太平洋西部的萬那杜（Republic of Vanuatu），今天美拉尼西亞群島中的一個島國。過去的理論認為，拉皮塔人從澳大利亞大陸、巴布亞紐幾內亞島啟航，向東遷徙到萬那杜和其他太平洋島嶼上。後來，科學家從萬那杜的考古遺址中，找到了古人遺骸，能用於基因分析。他們對比來自亞洲、大洋洲總計八十多個族群，近八百人的DNA樣本，結果發現，萬那杜古人的祖先與亞洲族群基因聯繫緊密，特別是與臺灣族群的聯繫更近。基因研究一舉推翻了萬那杜古人來自澳大利亞大陸的猜想，證明他們來自亞洲。

基因描繪的拉皮塔人航行路線是這樣的：其祖先很可能從樹影婆娑的臺灣島出發，跨過臺灣島與菲律賓群島間的巴士海峽，進入菲律賓群島，然後繼續南航，到達了一個比較大的島嶼——新幾內亞島，這個島如今行政區劃一分為二，東部屬於巴布亞紐幾內亞，西部屬於印尼。在拉皮塔先民來到這個太平洋第一大島時，古巴布亞人已經在島上生活了，如今南太平洋的人口中，四分之一有巴布亞人基因。照理來說兩個族群相遇，應該會發生基因融合現象。然而，奇怪的是，萬那杜古人基因中，幾乎不含有任何巴布亞人基因。

也就是說，那些從臺灣島一路南航而來的拉皮塔先民，沒有與島上原住民發生什麼情感關係，而是毫不留戀的從新幾內亞島北岸掠過，向東前往所羅門群島，然後繼續向廣闊大洋中的島嶼遷徙。

學者把以拉皮塔先民為代表的南島語系族群的遷徙，總結為「快車模式」，他們更像是一種海洋上的游牧族群，他們發現一個海島，生活若干代，把上面容易獲得的資源消耗得差不多時，就乘船離開，尋找下一個海島，就好比草原上的游牧族群，從一片草原遊走到另一片草原。他們不習慣像巴布亞人那樣從事定居農業，因此，生活方式和文化的差異，讓兩者沒有發生什麼浪漫故事，也沒有基因交流。

有趣的是，另一項基因研究對拉皮塔先民的起源地問題，給出更複雜的答案。這項研究的物件不是人的基因，而是豬的。

考古學家發現，拉皮塔先民雖然是航海族群，但同時也是擅長養豬的族群。人們可能會簡單的認為，海洋中到處都有魚，只要擅長捕魚，就不會缺少肉食。其實並非如此，正如大陸上很多地方並沒有野獸供獵人們狩獵一樣，海洋裡也有很多地方並沒有魚類生活，或魚類資源十分缺乏。魚類在海洋中的遷徙有相對固定的路線，有特定的生活區域，在路線與區域之外的海域，就如同大陸上的荒漠一樣貧瘠。遇到這樣的海域，拉皮塔先民的養豬技能就無比重要了，能給他們補充食物，特別是珍貴的肉類營養。

而且，由於豬不會游泳，所以豬的太平洋之旅與人的太平洋之旅應當是重合的。科學家從太平洋不同區域採集了現代野豬的基因，許多島嶼上的野豬其實是跑掉的家豬之後裔。他們還採集亞洲大陸上的一些野豬基因，以及博物館中古代野豬牙齒上的基因。結果很神奇，所有這些地方的野豬都與越南的一種野豬有親緣關係，這說明越南野豬是所有太平洋地區野豬的共同祖先。

野豬的基因是否證明了，拉皮塔先民最早的揚帆之地並不是臺灣，而是越南呢？

幾千年的太平洋島民航海遷徙歷史可能非常複雜。在距今四、五千年前，由於航海技術的進步，可能有很多批航海人群都在嘗試向太平洋深處遠航，尋找適合生活的海島。這些人群中，有些運氣很好，不斷的找到合適的海島定居，最終把基因傳遞給了現代島民；另一些人群可能運氣較差，在變幻莫測的海洋氣候中徹底迷失，全部滅亡了，並沒有把基因傳遞給現代人。豬的遭遇與人類似，但是有些時候，即使島民們離開了或全滅亡，說不定也會有跑到野外的豬存活下來，或被後來更為成功的人群再次發現並捕獲，牠們的基因重新回到太平洋「島豬」的大家庭裡。

豬的基因研究還揭示，牠們在東南亞和大洋洲的擴散似乎分成兩個區域：一個區域以新幾內亞島為中心，那裡的豬可能是由從事農業的古巴布亞人從東南亞帶過去的；

另一個區域分布在臺灣、菲律賓和密克羅尼西亞的西部，這裡的豬可能與拉皮塔人及其後裔波里尼西亞人的遷徙有關係。看上去，當拉皮塔先民掠過新幾內亞島時，他們沒有帶走島民的基因，而是帶走了島民的豬。

這是什麼情況？從事農業的古巴布亞人可能擁有很多數量的豬，遠比在大海上流浪、打一槍換一個地方的拉皮塔人多。也許拉皮塔人垂涎古巴布亞人的豬群，或透過商品交換，得到島民養的豬，也可能趁人不備搶了幾頭豬，就乘船跑掉了。

所以，拉皮塔先民從臺灣啟航，而他們的豬從東南亞的越南出發，在太平洋的某個島嶼上，人與豬相遇並結伴而行。

這個故事是合理的。

另一個支援南島語系族群起源於臺灣的證據，來自語言研究。由於海島與海島之間的地理阻隔，南島語系這個大語言王國裡實際上包含多達一千兩百種分支，語言學家將其歸類為十個語系。其中，臺灣少數民族中保留其中的九個語系。正如基因多樣性多的非洲是人類的起源地那樣，語言多樣性多的地方，一般來說，就是語系的起源地。因此，學者一般認為，**臺灣可能是南島語系族群的發源地，或者至少是重要發源地之一**。

（按：在二〇一七年，臺灣墾丁鵝鑾鼻公園進行老舊店鋪改建工程時，意外發現石棺、貝塚及大量考古遺物。於是清華大學邱鴻霖副教授和李匡悌教授率領清大考古團隊，於二〇一九年至二〇二一年間，在鵝鑾鼻第一遺址進行搶救考古發掘，挖出極具研究價值的文資寶藏。

（在二〇二二年七月，考古團隊的研究報告指出，該遺址有密集人類活動，時間距今約四千年前，且出土五十一具人骨、大量貝器、加工廢料和相關工具，因數量大，而推測這裡極可能是貝器加工廠，史前鵝鑾鼻具有一套獨特具器加工藝技術。此外，這些大量貝器為臺灣首見，型態與太平洋島嶼發掘到的貝器相似，且年代古早，對臺灣史前時代的海外互動證據上具重要意義，有待進一步研究比較。）

人太多，所以南島語系群開始南下

提起東南亞，中國人往往會想到「下南洋」一詞。

南洋，是明清時期中國人對於東南亞地區的稱謂，特別指菲律賓群島、馬來群島、印尼諸島以及中南半島的沿海區域。明清時期中國人口暴增，南方地區人多地少，有大量的南方人遠渡重洋，到南洋謀生和發財。

從現代智人遷徙路線來看，他們先到東南亞地區，稍事休整之後，再北進東亞，進入中國。這些海岸暴走族構成中國祖先中的大部分成員，中國人基本上都是南洋先民的後代。我們從南洋來，我們也到南洋去，「返程」的時間遠比明清下南洋的時代，還要悠久得多。

臺灣只是南島語系族群遷徙途中的一處中間站，臺灣歷史可以繼續回溯到東亞大陸上。分子生物學家發現，南島語系族群不僅與中國南方地區的壯侗語系族群在語言上接近，在Y染色體基因也共用特殊的突變基因。這種特殊的基因型最早出現在浙江的新石器時代的古人身上。另外，在福建發現的一具距今八千四百年前的古人遺骸上，分子生物學家提取到基因資訊，發現他與東亞中部和南部的人群親緣關係很近，與臺灣的阿美族、泰雅族的親緣關係最近，而與東南亞各人群的關係較遠。

對比多項基因和基因突變速率的研究發現，南島語系族群的祖先應該生活在中國江浙一帶，然後從距今五千九百年前開始，較大規模的向南方的陸地和海洋遷移。

這些先民分化出很多人群。比如在華南地區逐漸演化成壯侗語系族群，其中的一部分壯侗語系族群向東跨海，遷入臺灣，經過一段時間的演化後，南下菲律賓群島和印尼諸島的東部，形成前面談到的拉皮塔文化，然後繼續擴散到太平洋深處；另一部分壯侗語系族群沿著大陸南下，進入中南半島，再進入印尼諸島的西部，形成馬來人群。在距今約兩千三百年前，馬來人群向東滲透到新幾內亞島，與古巴布亞人發生基因交流，然後也向太平洋深處擴散。

整個南海就好比歐洲與非洲之間的地中海，南下的壯侗語系族群或叫作南島語系族群，沿著南海的東西兩側自北向南擴散，把南海及周邊變成亞洲的「地中海文明圈」。

基因告訴我們，距今五、六千年前，中國江浙一帶的古代人群有成規模的向華南以及東南亞的遷徙趨勢。為什麼會在那個時間、那個地點發生那樣的遷徙？

在那個時期，北方的漢人族群還沒有展開南遷之旅，因此南島語系族群的祖先並不是在外族壓迫下遠走。可能的解釋是，當時正處於農業社會初現興盛的時代，北方的粟、黍以及南方的水稻，都基本完成了馴化過程，可以給中華大地的農民們提供更多的糧食。於是，很多適宜農耕的區域，人口都較快增長，比如江浙地區就是水稻重要的早期馴化地之一，也是南方地區遠古文化較為發達的區域。所以，這次孕育了南島語系族群的大遷徙，可能是人口增長驅動的事件。

這個猜測得到了來自水牛的支持。前文介紹了黃牛起源於西亞和印度，在距今四千五百年前，黃牛廣泛分布於黃河流域。水牛則是中國南方地區的重要家畜，是耕種水田的主要畜力，在稻作文化的發展中起到了關鍵性的作用。

水牛可以分成沼澤型水牛和江河型水牛兩大類，前者現在主要分布在中國南方和東南亞，後者主要分布在南亞和地中海地區。所以，對中國人來說，日常生活中接觸到的基本上都是沼澤型水牛。

沼澤型水牛和江河型水牛野生種類分化的時間，要追溯到幾十萬年前，至少在現代智人走出非洲之前。沼澤型水牛具體的馴化時間，基因顯示在距今七千年前至三千年前，最初的馴化可能是在中國長江中下游地區。然後，馴化水牛沿著兩條路線擴散，一條是逆長江向上游走，另一條是向南走。在遷徙的過程中，四千一百年前在長江上游，三千三百年前在中國西南地區到東南亞北部一帶，發生了若干次馴化過程，而且在這時，沼澤型水牛出現大規模擴張現象。

從沼澤型水牛的馴化地點、時間以及擴散路線看，與水稻在中國南方地區的馴化以及擴散路線比較吻合，都是在長江下游得到馴化，然後向南方擴張。所以可以推論，在遷徙的路上，南島語系族群的祖先們帶著水稻種子、趕著水牛，從江南走向華南、西南，然後走向南洋。

當然，南島語系族群南下的過程，並不是向荒無人煙、未經開發的土地殖民，而是遊子在外漂泊幾萬年的「尋根之旅」，追溯南島語系族群祖先的祖先，他們是幾萬年前來自東南亞的海岸暴走族。因此，南島語系族群回到東南亞，然後遇到一批長期居留在東南亞的「親戚」，也就是另一些海岸暴走族的後代。

尋根的遊子們可謂「衣錦還鄉」，他們給東南亞帶來珍貴的馴化水稻，以及身強力壯的好幫手水牛，可能還有好吃的家畜，豬、狗，說不定還有家禽之一——雞。

在此我們介紹一點關於雞的起源。姑且不論西方人在耶誕節吃的火雞起源於美洲大陸，目前已知普通家雞從自然界的紅原雞馴化而來，但其起源地仍存在爭論。

考古發現，在距今三千三百年前的殷墟裡就出土雞骨頭，透過形態分析，證明屬於家雞。殷墟甲骨文中已有區分雞和雉的寫法，前者應指家雞，用來食用和祭祀；後者是指捕獲的野雞。

中國境內最早的可靠家雞骨骼則出土於內蒙古，年代在距今三千六百年前。有學者分析大量家雞的粒線體DNA樣本，從中找出中國北方家雞共有的基因型，並發現這種基因型在中原地區的多樣性最高，也就是說，該基因型可能在中原產生，然後在距今兩千五百年前擴散到北方地區。有趣的是，《左傳》中記載，昭公二十五年（西元前五一七年），季氏與郈氏鬥雞，這個時間和家雞在北方地區擴散的時間很接近。

但是，相對於很多家畜家禽的馴化，這幾個時間顯然都太晚了，不太可能是家雞最早的馴化時間。自然界的紅原雞主要生活在亞洲的東南部區域，北回歸線以南的熱帶地區，所以牠的最早馴化可能與豬類似，先是在南亞印度河流域馴化，然後擴散到東南亞，被現代智人從大陸帶到東亞，在這個過程中隨著定居農業的發展又多次被馴化，品種最終定型。所以，當南島語系族群衣錦還鄉時，家雞也衣錦還鄉了。

從分布上看，南島語系族群似乎更善於航海而不善於在內陸扎根，在東南亞大陸區域，南島語系族群分布十分有限，從語言和基因上看，主要融入了占族人群中。占族人群分布在越南的中南部，在歷史上曾經建立過占婆王國，是東南亞地區古老文明的締造者之一。占族人群的粒線體DNA表明，他們的母系是由南島語系族群與東南亞本地人群——孟高棉人群融合而成；從Y染色體分析看，他們的父系來源複雜，有來自馬來群島、中南半島甚至南亞的基因。歷史上的占婆王國信奉印度教，與南亞聯繫緊密，有些宗教和貿易人員來自南亞。

南島語系族群沒能深入東南亞內陸地區，他們的擴張腳步也許是被本地孟高棉人群的強大實力阻攔住了。

比秦朝徐福東渡更早，三萬年前就有人到日本生活

「海內存知己，天涯若比鄰」，就在南島語系族群把南海變成自家後院池塘時，中國北方的古人也掀起跨海擴散的浪潮。

提起日本，中國人最常用的詞彙就是「一衣帶水」，意思是兩個國家中間只有一條衣帶那麼窄的水相隔。從地理上講，中國海岸線與日本海岸線之間隔著黃海、東海，大海並不狹窄，造成歷史上兩國民眾往來多有不便。「一衣帶水」更多表達的是當時兩

國之間文化與思想上的親近感。

當我們談到古代兩國之間的族群和基因交流時，一衣帶水是非常貼切的比喻。面對大海，古人的航海能力有限，好在他們能夠「以時間換空間」，他們有數千年、數萬年的時光，可以慢慢探索，把寬闊的黃海、東海化作一衣帶水。

古代日本列島上的族群，幾乎必然來自今日中國的版圖。

因為日本列島的東方和南方是浩瀚無垠的太平洋，而西北方的朝鮮半島和東方的山東半島距離日本近得多，朝鮮半島的北方正是今日中國的東北地區；其次是現代智人走出非洲的旅程是自西向東、自南向北挺進的，先要經過中國境內，然後再跨海奔向日本列島。

一談到日本人的祖先起源，中國人往往會想到「徐福東渡」傳說。秦始皇派遣徐福帶著童男童女入海，尋求長生不老藥。剛好在西元前三至二世紀，日本族群發生一次巨變，於是人們把這兩件事聯繫在一起，認為徐福東帶了中國文化甚至中國族群渡給日本，改變了當時原始狀態的日本。

不過，從現代智人的擴散角度來看，中國與日本的族群聯繫比秦始皇的時代久遠。幾萬年前，那些從東南亞來到中國東南沿海的海岸暴走族，並沒有停下腳步，而是一路向北。在今天朝鮮半島和日本九州之間，有一條寬四十多公里的對馬海峽，海深只有數十公尺，在大冰期中，海平面比現在下降很多，海底大片裸露，海峽變窄，當時的對馬海峽對具有一定航海能力的古人類來說，根本不是阻礙。海岸暴走族很可能抵達朝鮮半島和日本列島。他們應該算是遠古時代第一批從中國到日本的人群吧。

從出土的石器看，日本列島上距今三萬年前就已經有人類生活了。石器的類型主要是一些用於狩獵的工具。那個時期，正是山頂洞人在周口店龍骨山活動的日子。我們可以猜測，這些日本早期古人類可能是在冰河時代遷移過來的草原狩獵族，他們與山頂洞人的基因關係可能比較近，可惜科學家沒能發現這些古人類的遺骸，無法使用基因手段來判斷。

日本境內最早的古人類遺骸發現於琉球群島，該人群生活的年代距今有一．八萬年了，可惜這一人群同樣沒有基因可以分析，只能從骨骼形態上進行比較。考慮到琉球群島地處亞熱帶，孤懸在日本本州以南至少三百公里的大海中，在冰河時代琉球群島與九州應該沒有陸橋聯繫，地理阻隔嚴重，這批最早的古琉球人可能是海岸暴走族的後裔，他們是從東南亞經中國東南沿海而來的。

大概在距今一萬六千年前，地球還處於末次冰期的時代，日本列島上迎來了一撥新的古代人群。這撥古代人群以狩獵、捕魚、採集為生，還能製造草繩樣花紋的陶器（見下頁圖30），因此被稱為繩紋人，他們的文化則被稱為繩紋文化。

圖30　繩紋時代早期陶器。

這些繩紋人是從哪裡來的呢？

繩紋文化從距今一萬六千年前一直延續到距今約兩千三百年前，時間跨度長達萬年以上，從古人類的狩獵採集時代過渡到農耕時代。按理說，在這段漫長的時光中，日本列島與鄰近大陸的人群可能發生過不只一次交流。但是，觀察繩紋人的生活方式，他們似乎一直沒獲得農耕技術和合適的農作物，雖然看起來他們也曾嘗試馴化野生植物，但是沒有實質性的進展。

可以想見，繩紋人遷入日本列島後不久，末次冰期結束，春回大地、萬物復蘇，連接日本列島與朝鮮半島的陸橋消失了。氣候變暖的有利之處在於，日本列島變得更加生機勃勃，適宜生存；不利之處在於，繩紋人所處的島嶼與大陸分離了，變成了大型塔州，繩紋人面臨著塔州技術悲劇的威脅，沒有外來基因融入，也沒有外來技術輸入。

他們的命運會越來越糟糕嗎？

我們先來看看繩紋人的基因吧。日本科學家曾經在北海道發現一具繩紋時代女性的遺骸。根據碳十四測年，她在距今三千九百六十年前至三千五百五十年前間去世，最有可能屬於三千八百年前的人類。科學家從她的臼齒中提取DNA進行分析，發現她擁有一種特殊的基因，能幫她消化高脂肪的食物。

今天七〇％北極地區人群中有這種基因。當然，這不是說這位北海道女性來自北極人群，而是說她與今天的北極人群有共同祖先。至少從這種基因來看，這位繩紋時代的女性應該來自亞洲的北部地方，她與今天生活在俄羅斯東部的原住民人群血緣相近。

這位女性的基因還表明，以她為代表的繩紋人群的祖先在距今三．八萬年前至一．八萬年前，與亞洲其他人群分道揚鑣，獨立進化了。所以，這批繩紋人群的祖先很可能就是在那個分離時期，通過朝鮮半島遷入日本列島。

在日本福島也發現了兩具繩紋時代的古人遺骸，透過分析從他們牙齒中提取的DNA，科學家發現這批繩紋人群與東亞和東南亞的人群，存在很大的基因差異。現代日本人中，與這批繩紋人群親緣關係最近的是愛奴人，其次是琉球人，再次是東京周邊的日本人。

這個發現也許說明，繩紋人群在日本列島相對封閉的環境中獨立進化，與大陸人群之間幾乎沒有基因交流，於是逐漸積累了很大的基因差異。

對於現代日本人Y染色體基因的研究，支持了這個猜測。學者們從三百多個日本人體內提取Y染色體基因，然後與東亞其他國家的男性Y染色體進行比較，發現所有日本人都有一組非常獨特的基因，而這種基因應該是從繩紋人群遺傳而來的。

日本繩紋時代晚期，也就是中國歷史上的戰國時期，當時東亞地區正處於寒冷氣候，當時的繩紋人群人口急劇下降。

學者計算擁有繩紋人獨特Y染色體基因的人的基因突變速率，從而反推古代的人口數量。結果表明，在距今三千兩百年前至兩千年前，繩紋人群的人口從高峰時期約二十六萬減少到八萬。雖然比起島上的幾千人原住民的規模，日本列島上的繩紋人群規模還算好，但是如果情況不發生變化，繩紋人群未來仍可能緩緩陷入塔州技術悲劇裡。

氣候變暖和變冷，對於繩紋人群而言都是雙刃劍。就在繩紋人群苦苦掙扎時，突然之間，一群意氣風發的「新」人類穿過陸橋趕來了。

人們很早就發現，古代日本在西元前三世紀發生一次巨變，出現青銅器、鐵器，還有新的陶器風格，而且人們開始種植水稻。由於代表這個「新」時代特徵的陶器，首先發現於東京彌生町，所以學者把這批新闖入日本列島的人群，稱為「彌生人」，稱呼其文化為「彌生文化」。

即使從體型和牙齒上，人們也能明顯感覺到，新來的彌生人與古老的繩紋人很不同。彌生人的身材比繩紋人高大，從頭骨看，兩者相貌也有所不同。牙齒形態上，繩紋人以異他型牙齒為主，而彌生人則是中國型牙齒。本書第二章曾經介紹，異他型牙齒出現得早，沿著東亞的海岸線擴散；中國型牙齒出現得晚，在東亞、亞洲北部內陸擴散。

從基因上分析，現代日本的主體族群——大和民族的基因中，約有一二%來自古代的繩紋人，大部分基因來自古代彌生人。

對比大陸上的人群，會發現現代日本大和民族與中國北方漢族人群、一些北方少數民族人群基因較為接近。這些基因上的研究表明，彌生人的確是從亞洲北部、中國東北地區，經朝鮮半島進入日本列島。

彌生人遷入日本列島的時期，正是古代中國的一段激烈動蕩時期，即從戰國時期到秦末漢初。比如戰國時期，燕國曾經向東北方向擴張，擠壓了原本生活在那裡的各個部落，這些部落四散，有一部分就進入朝鮮半島；秦滅六國時期，齊國作為東方大國，受了很大的衝擊，也有大量人口逃難；此後秦末動蕩，《三國志》曾經記載，「陳勝等起，天下叛秦，燕、齊、趙民避地朝鮮數萬口」。

相對於古老的繩紋人，彌生人在武器技術和生產技術乃至農作物方面，都占據很大的優勢，很快就反客為主，人口規模超過繩紋人。一部分繩紋人被彌生人吸納進自己的社會中，還有一部分繩紋人且戰且退，向北方寒冷的北海道島方向遁走。

不過，也有學者提出，彌生人種植水稻，而水稻是中國南方地區的特產，所以彌生人的源頭也許不在中國北方，而是在中國南方。特別是對於日本特有的兩種水稻的基因研究發現，其中一種水稻沒經過朝鮮半島傳播，因此只能是經由其他路徑進入日本。也許有長江流域的中國古人攜帶著水稻，直接跨海抵達日本列島，說不定彌生人的祖先是中國南方地區的古人。

確實有這種可能性，不過綜合來看，彌生人來自北方的概率更大。比如，在彌生時代早期，日本出現了重要農作物小麥，而在同一時期，中國的長江流域還沒有種植小麥，因此小麥只能是從中國北方地區輸入日本。可是，當時水稻在中國的分布比小麥更廣泛。我們已經知道，在距今六、七千年前，黃河下游地區就已經在種植水稻，在小麥輸入前，水稻是北方農作物三強之一。山東地區地處黃河下游，在歷史上也長期種植水稻。

日本農作物的輸入路徑，除了通過朝鮮半島外，還可以從山東半島輸入過來。所以，日本水稻也許來自地處北方地區的山東區域，而非長江流域。進一步推論，也許有一部分彌生人從山東半島啟程，跨海而來。

有趣的是，動物學家發現，日本東北部地區的狗和老鼠，是在繩紋時代或更早的時期，從亞洲南部起源和引進的，而在彌生時代或更晚，日本西部地區出現了來自亞洲北部的狗和老鼠。繩紋時代的狗和老鼠，也許是更早的古人類帶來並留下的動物；彌生時代出現的狗和老鼠，顯然是彌生人從亞洲北部帶過來的。

更有利的證據是來自韓國的基因證據。一項研究一百八十五名彼此沒有血緣關係的韓國人之基因，結果發現其中四〇％的人，具有來自中國中原地區人群的基因，這說明韓國人祖先中，來自中國北方的人群占有相當大的比例。

另外，在對馬海峽靠近朝鮮半島一側的海島上，出土二十五具古人的骨骼，學者提取其DNA。這些人生活的年代大概在距今兩千一百年前，基因顯示他們與今天的韓國人、日本人關係密切。

此外，這些古人還使用與彌生人類似的陶器。綜合這些基因研究的蛛絲馬跡，我們大致上可以認為，彌生人祖先大概率是從中國北方或亞洲北部出發，以朝鮮半島為跳板遷入日本列島。

除了大和一族外，日本還有人口很少的兩類人群，愛奴人和琉球人。愛奴人與繩紋人在基因上更為靠近，所以屬於被彌生人驅趕到日本列島北方的後裔，當然，在兩千年間，他們也會與彌生人發生一定的基因交流。琉球人與愛奴人在基因上也較近，說明琉球人也是繩紋人的後裔之一。不過，琉球人還與東南亞人群、臺灣的少數民族有相近基因，這也表示，南島語系族群在擴張時也影響到琉球人。

所以，雖然水稻的輸入略有疑雲，但總體上看，彌生人的祖先應該是來自中國北方地區的古人。更古老的繩紋人也主要來自亞洲東北部，只是陷入「孤島」上萬年，獨立進化了。今天的日本人是彌生人與繩紋人融合的後代，他們的祖先最大可能來自中國的北方地區、東北亞，來自一衣帶水的鄰近大陸。

古美洲人有亞洲血緣

「雖然亞洲與美洲完全分離，但是，中間只有一個狹窄的海峽；美洲印第安人與亞洲東部的居民之間相似的外貌，使我們產生一個猜測，要麼前者是後者的後裔，要麼後者是前者的後裔……」

一七八五年，美國總統湯瑪斯．傑弗遜（Thomas Jefferson）在其著作《維吉尼亞州筆記》（*Notes on the State of Virginia*）裡表達自己的觀點：印第安人與亞洲人有血緣關係。傑弗遜的思考很合理，美洲原住民不僅與亞洲東部人群有血緣關係，而且與中國古人類有確鑿的血緣聯繫。

除了相貌特徵相似，人們很早就發現印第安人與西伯利亞原住民的文化也很相似。比如一九五〇年代，考古學家在美國新墨西哥地區的克洛維斯（Clovis）遺址發掘出大量文物，尤其是數以千計的尖銳石器克洛維斯矛尖（見圖31）。很多石製矛尖殘留在猛獁象屍骨裡。在美國亞利桑那州的另一處遺址中，一頭猛獁象屍骨上竟插著八個克洛維

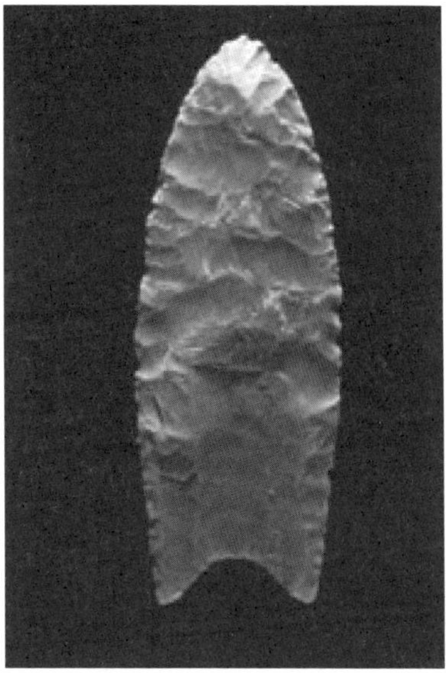

圖31　很多尖銳石器克洛維斯矛尖留在猛獁象屍骨裡（圖片取自維基百科）。

斯矛尖。

印第安人並不是唯一使用這種尖銳石器的人群，實際上，西伯利亞古人使用的尖銳石器與克洛維斯矛尖幾乎一模一樣，這種石器技術應該是從西伯利亞傳入美洲大陸。

碳十四測年發現，美洲的克洛維斯文化活躍在距今一・一萬年前，而古人類遷入美洲大陸的時間可能還要早一些，目前估計可能在距今一・五萬年前甚至更早，與繩紋人祖先遷入日本列島的時代差不多，都在末次冰期的時代。寒冷氣候把地球上大量的水變成了冰，海平面大幅下降，於是亞洲與美洲之間狹窄的海峽——白令海峽變成一座陸橋，在距今三・四萬年前至一・一萬年前，這座陸橋基本上一直保持暢通。西伯利亞古人類追逐獵物一路向東，無意之中走入了美洲大陸。

我們知道，現代智人中的草原狩獵族擅長捕獵，他們沿著歐亞草原帶一路東進，穿過天山、阿爾泰山中的山口，進入中國境內，山頂洞人可能就是草原狩獵族的後代。

可以想見，這些擅長狩獵的人群，在廣闊的西伯利亞草原和叢林中長期生活。那些繼續追逐進入美洲大陸的獵人，就是草原狩獵族的後代。

所以，從這個角度來說，進入美洲大陸的古人類與山頂洞人有共同祖先；美洲大陸古人類的後代印第安人，也與今天很多中國人有著共同祖先，這一共同祖先就是草原狩獵族。

在亞洲北部貝加爾湖南部的一處遠古遺址中，出土了距今一．四萬年前的古人破碎牙齒樣本，科學家成功的從牙齒上獲取古人的基因資訊。分析發現，那裡的古人與美洲原住民擁有共同的基因成分，說明兩類人群擁有共同的祖先。他們的共同祖先可能在亞洲北部生活，分布範圍很廣泛，其中的一部分跨過白令海峽成為美洲原住民的祖先。

仔細區分，美洲原住民的基因成分主要由兩大古老人群基因組成，其中之一就是亞洲北部古人群，另一支則是古東北亞人群。這個距今一．四萬年前的亞洲北部人群古人，與距今將近一萬年前的東北亞人群的一個古人，有共同的特殊基因。這說明亞洲北部古人群與古東北亞人群，在狩獵採集活動中發生了較多的基因交流，使得進入美洲的那些分支人群攜帶了兩類人群的基因。

根據在北美洲生活的原住民的基因分析，他們的祖先可以追溯到的一群人，其總數只有一、二十人，今天美洲大陸的絕大多數人都是他們的後代。當然，在一．五萬年的時光中，很多早期古人類沒有留下後代到今天。考慮到這個因素，分子生物學家認為，最初到達北美地區的古人類可能只有幾十人到幾百人。

因此，美洲原住民的基因多樣性是非常低的，遠遠比不上人群混雜的歐亞大陸的人群，更比不上現代智人的故鄉——非洲大陸的人群。

人數雖少，但美洲先驅人類顯然擁有堅強的意志和持續的勇氣，支撐著他們跨過冰天雪地的白令海峽陸橋，那並不是一段很短的路程。當他們終於脫離冰凍帶，向南深入美洲腹地時，綿延不絕的北美大草原向這些勇士張開熱情的懷抱，草原上成群結隊的野獸，就像是行走的肉罐頭，等著他們去大快朵頤。

手握從亞洲家鄉帶來的尖銳石器矛尖，最初的美洲古人類度過了日日盛宴的快樂時光。只花一千年，他們就從北到南貫穿了美洲大陸。大陸上四分之三的哺乳動物被他們殺死並吃掉了，其中就包括寶貴的馬。

距今幾百萬年前的上新世，北美地區就有一種上新馬（*Pliohippus*），後來演化成真馬（*Equus*）。然後，真馬從北美洲擴散到了南美洲，也通過白令海峽擴散到了歐亞大陸。是的，**歐亞大陸的真馬是從美洲大陸跑過來的，而留在美洲大陸的真馬在距今一萬年前至八千年前滅絕了**，這個時間正是古人類在美洲大陸大擴張的時代。

所以，基本可以斷定，美洲大陸的真馬都是被印第安人的祖先捕獵並吃掉，正如歐亞大陸古人類一開始也是把馬作為食物來捕獵的那樣。只不過歐亞大陸上的馬並沒有全部被吃光，而是挺到了農耕時代和游牧時代，被馴化成了人類的好幫手。十五世紀，西班牙殖民者帶著戰馬進入美洲大陸，給美洲的幾個文明古國致命一擊。當時的美洲人並不知道，自己的祖先見過這種高大神奇的動物，只是把牠們都吃掉了。

比馬更慘的動物是猛獁象，馬好歹在歐亞大陸倖存下來，迎來了自己揚眉吐氣的戰馬時代，而不論是歐亞大陸上的猛獁象，還是美洲大陸上的猛獁象，最後的命運都是被古人類全部殺死並吃掉了，徹底滅絕。

不過，猛獁象和真馬在美洲大陸的消逝，那些闖入美洲的草原狩獵族後代，並不是唯一要負責的古人類。他們很可能不是美洲原住民的唯一祖先，甚至不是最早進入美洲大陸的古人類。最早進入美洲大陸的古人類，也許是現代智人中海岸暴走族的後代。

本書第二章介紹，學者比較距今四萬年前中國的田園洞人，與今天美洲大陸的各個原住民人群基因，發現今天生活在南美洲的亞馬遜人與田園洞人的遺傳關係最近。這個發現說明，美洲原住民並不是一次遷徙形成的。在遠古時期，有一支與田園洞人血緣關係很近的現代智人，他們遷入美洲大陸，並擴散到南美洲的亞馬遜雨林裡。美洲大陸其他原住民人群的祖先來自其他的遷徙事件，因此與田園洞人的血緣關係比較遠。

而且，田園洞人可能並非亞馬遜人祖先的唯一遠親。另一項基因研究搜集九個巴西原住民人群的DNA訊息，並對比美洲以外的兩百個原住民人群的DNA。結果令人驚訝，一些亞馬遜原住民人群，擁有二%的大洋洲原住民基因，這些南美叢林中的部落，竟然與澳大利亞、新幾內亞島和印度洋裡的安達曼群島部落的基因相似。我們知道，澳大利亞原住民是七萬年前走出非洲的那批現代智人的後代，難道一、兩萬年前，他們曾經從澳大利亞、新幾內亞島揚帆起航，跨過整個太平洋來到了南美洲？

考慮到澳大利亞原住民一直被困在澳大利亞大陸和少數幾個島嶼上數萬年，他們應該沒有橫跨太平洋的航海能力，亞馬遜人體內的大洋洲原住民基因，只能透過白令海峽的陸橋而來。我們可以據此猜測，既然澳大利亞原住民和田園洞人都屬於海岸暴走族的後代，那麼，遠古時代應該有一支海岸暴走族順著海岸線挺進東亞，進而挺進亞洲北部，並跨過冰河時代的白令海峽，進入美洲大陸，繼續不斷前行，最終到達了南美洲的亞馬遜雨林。

這就是為什麼，亞馬遜原住民人群體內會有田園洞人和澳大利亞原住民的基因，因為這些人群有一個航海能力和遷移能力出眾的共同祖先海岸暴走族。

顯而易見，那些海岸暴走族的後代很早就進入美洲大陸，甚至可能比草原狩獵族後代進入的時間還早，而且與後者類似，他們也曾經大量捕殺大型哺乳動物，因此也要為猛獁象的消失負一定的責任。

即便萬年之中有若干次從亞洲大陸向美洲大陸的小規模人口遷移，哥倫布時代之前的美洲人，仍是所有大洲中基因多樣性最少的人群，他們的基因來自歐亞大陸基因庫中分離出來的一小部分，雖然萬年的美洲生活期間，他們也在進化，也發生基因突變，改變自己的基因型，但與歐亞大陸的親戚相比，他們的基因型同質化非常嚴重。

這就帶來了一個十分嚴重的潛在威脅：如果有一種疾病能帶給美洲的一個部落嚴重健康損害，那麼，這種疾病很可能會給整個美洲大陸的原住民帶來損害，因為他們的基因型太相似了，一損俱損。

後來的歷史也正是這樣演進的，哥倫布發現美洲後，歐洲殖民者帶來了肆虐歐亞大陸很久的各種疾病，天花、痲疹、流感等在美洲大陸瘋狂傳播，美洲原住民人口銳減。學者估計，西元一四九二年至一六五〇年，美洲各種流行疾病反覆發作，導致美洲人口損失了五〇％至九〇％，不同學者的估算比例有所差別。**歐洲殖民者能迅速擊潰美洲大陸上的阿茲特克帝國、印加帝國以及各瑪雅城邦聯盟**，火槍和戰馬只能算是常規武器，**歐亞大陸病菌才是大規模殺傷性武器、真正的大殺器**。

所以，**歐洲殖民者能戰勝美洲原住民政權的最大優勢，並非技術優勢，也非所謂的文化優越，而是他們體內的基因型**。

西班牙人、葡萄牙人體內的基因並不使他們比美洲原住民更聰明，大家都是現代智人，智商沒有差別，而是使他們更容易抵抗病菌的侵害。

那些遷入美洲大陸的人群並非一去不回，他們也曾經透過白令海峽陸橋返回歐亞大陸，語言學家已經找到了西伯利亞中部原住民語言，與北美原住民之間的語言相似之處，有些語言元素是從美洲先創造出來，然後傳輸回西伯利亞。古人類的遷徙毫無約束，各個方向都是他們遠行的目的地選項。那些又回到歐亞大陸的美洲先民，應該融入了當時的歐亞大陸人群之中。

不論是遠隔重洋的復活節島上的波里尼西亞人，還是相距半個地球的亞馬遜雨林原住民，都與當時古人有著基因上的些許聯繫。從基因上說，地球的確是一個大的「地球村」，地球上的所有人都是地球村的「村民」，我們彼此之間有著廣泛的基因交流，這種聯繫與交融從古至今，及至未來。

故鄉番外篇

番薯的內心話：哪裡才是我家鄉？

中國人對於番薯有很多種說法：紅薯、甘薯、白薯、地瓜……如此繁多的稱呼，暗示番薯傳到中國的路徑可能很複雜。番薯的故鄉在美洲，人在幾千年前馴化番薯。在大航海時代開啟後，歐洲探險家把大量的美洲作物推廣到全世界，番薯是其中之一。

十八世紀，歐洲學者在復活節島發現一個奇怪的現象，在歐洲航海家來到該島之前幾百年，島上原住民就已經種植番薯作為糧食了。這些番薯是誰帶到復活節島的？

學者不禁猜測，古代有美洲居民攜帶經馴化的番薯，跨海來到復活節島，很久以前這種高產作物就在島上落地生根了。但美洲印第安人不擅長航海，似乎也不熱衷航海。因此出現另一個說法，復活節島的島民認為，自己的祖先曾渡海到美洲大陸去，帶回珍貴的番薯作物。不論哪個版本，都表示在大航海時代前，復活節島與美洲大陸之間曾有往來，這使學者對於美洲人都是透過白令海峽而來的觀點有所動搖。

對番薯的基因研究，撥開了復活節島上的番薯疑雲。分子生物學家分析近兩百份番薯的DNA樣本，及三十多份番薯的野生親緣種的樣本。他們發現，與番薯親緣關係最近的植物是大星牽牛，與牽牛花有點像。最遲在八十萬年前，番薯起源於大星牽牛物種。復活節島上種植所謂的波里尼西亞番薯品種，在距今十萬年前就已經與美洲番薯品種分離了，也就是說，**在現代智人還在非洲大陸內轉悠時，番薯就已經走出美洲**，傳播到南太平洋島嶼上，並獨立為新品種了。所以，復活節島上的番薯，並不是美洲印第安人或島民祖先往返美洲帶來的，而是大自然帶來的。美洲的番薯種子可能是被颶風、洋流或鳥類輸送到太平洋島嶼，獨立演化成波里尼西亞番薯。

十八世紀下半葉，英國航海家詹姆斯・庫克（James Cook）船長遠航南太平洋時，隨船攜帶的番薯其實是北美洲番薯品種，與南美洲的番薯品種不一樣，今天太平洋諸島上種植的番薯，主要是歐洲人帶來的北美洲番薯品種。

波里尼西亞番薯並不是大自然「快遞」的唯一品種，生物學家發現，幾百萬年間，至少還有兩種番薯屬品種跨越太平洋，其中一種到達夏威夷群島，而另一種竟然經過波里尼西亞群島跨越太平洋，再跨越印度洋，傳播到非洲馬達加斯加島上。

復活節島番薯的故事似乎講完了，但語言學家又發難了。語言學家發現，波里尼西亞語中的「塊莖」一詞，發音上與南美安第斯山原住民的克丘亞語的發音，極為相似，這絕非巧合。在古代，美洲大陸與復活節島之間到底有沒有過交流？

後記
基因一路流動，從祖先到你我

祖先的很多基因仍寄居我們的細胞中，每一代的祖先也會「製造」（突變）一些新的基因，人類的基因在傳承，也在進化。長達百萬年的進化與遷徙歷史，宛如一條條奔騰不息的基因之河，流過一年年春秋冬夏、東西南北。

若你問我：「我們的祖先是誰？」我會反問：「你問的是何時何地的祖先？」祖先是由一代又一代的古人構成的，每一代祖先都生活在具體的時空中。站在基因的角度，來看中國祖先繁衍與遷徙的歷史，我們大致上可以用一種「祖先層序」的思維，把百萬年以來的各代祖先劃分為若干層次（見下頁表2）。

最遠古的一層是第零祖先層，也就是直立人時代。中華大地最早的直立人來自非洲，他們經由西亞、中亞一路而來。他們來到東亞時，可能已經步入直立人發展的後期了，而且他們很可能從北方地區進入中國，周口店北京人就是中國直立人的典型代表，甚至可能是最早的那批中國古人類之一。雖然他們不是中國人直系祖先，但他們的

表 2 祖先層序

祖先層序	年代	遷徙驅動力	擴張趨勢
第四祖先層	4 千年前至今	文明、文化	東西人群交互，北方人群南下
第三祖先層	1 萬年前至 4 千年前	農業	農耕人群擴張
第二祖先層	1.9 萬年前至 1 萬年前	漁獵採集	南方人群北上
萎縮期	2.65 萬年前至 1.9 萬年前	嚴寒氣候	人群向南方退縮
第一祖先層	5 萬年前至 2.65 萬年前	漁獵採集	智人從南北兩個方向進入東亞
第零祖先層	遠古至 5 萬年前	狩獵採集	直立人從西方進入東亞

到來，就表示即使在古人類石器技術如此落後的時代，他們也能跨越亞洲大陸山重水複的地理阻隔。中華大地從有古人類的那一刻起，就與全世界建立聯繫，只是聯繫有時如滔滔洪流，有時又細若游絲。

東亞的直立人時代，即是歐亞大陸東西方的基因與技術交流細若游絲的日子。東亞直立人群體彷彿陷入一個巨大的孤島中，和外界缺乏交流，與歐亞非大陸西部更是沒什麼接觸，幾乎只能依靠最初帶過來的粗糙石器技術，加以若干本土化技術改進，在幾十萬年中孤獨而艱難的生活，最終他們全消失在歷史的長河，基因之河也斷流了。正因其基因沒有留給後人，所以我用第零祖先層來描述他們。

之後從距今五萬年前起，東亞古人類進入第一祖先層——智人擴張的時代。東亞的智人擴張時代，從南方拉開序幕，然後南方與北方的現代智人祖先，連袂上演了蹺蹺板式的遷徙大戲，中華大地變得熱鬧起來。智人個體和群體的智慧賦予他們卓越的遷徙能力，不論是面對廣闊的大海或宏偉的山川，他們都有足夠的技術和勇氣跨越阻隔，打破孤島之魔咒。

在智人擴張時代，大陸上的地理阻隔已經失效，面對近乎空空蕩蕩的原野、叢林、山嶺甚至近海島嶼，古老祖先的遷徙奏響了填空模式，智人的基因之河肆意漫流，沖向地球上每個適宜生存的角落。具體到中華大地上，他們沿著海岸線暴走，從熱帶的南海海岸北進到溫帶的渤海灣，並深入陸地；循著草原帶的野獸腳印狩獵而來，從西到東席捲北方的山崗與平原……。

冰盛期從距今二．六五萬年前一直持續到距今一．九萬年前，這是古老祖先艱難的一段萎縮期。北方古老人群損失慘重，也許有少部分人群向南轉移退卻；南方古老人群則利用海平面降低帶來的大陸與島嶼連成一片的有利條件，休養生息，養精蓄銳。

熬過了冰盛期後，來到第二祖先層，在南方蟄伏了數千年的祖先們抓住溫暖間冰期的大好機會，揮動著長矛向北挺進，追逐繁盛的野生動物，採摘滿山的野果野菜。第二祖先層的古人類遷徙方向，主要是自南向北的，他們的擴張過程反映到基因型上，就造成了今日南方人群基因型多於北方人群基因型的面貌。

從百萬年前的第零祖先層到第二祖先層，古人基本上以狩獵、採集、捕魚為生，這樣的謀生手段驅動他們走南闖北。從距今一萬年前起，中國人祖先進入第三祖先層，他們的謀生手段有了翻天覆地的變化——農耕時代來臨了。東亞的農耕時代絢麗且魔幻，不論南方還是北方，中華大地似乎被施加了豐饒的魔法，魔法棒點撥之處，各種農作物和馴化動物紛紛湧現。第一批從事農業的祖先。他們在末次冰期「黎明前的黑暗」中，對動植物馴化的各種嘗試，在冰期結束後激發了改天換地的農業革命。

農耕時代也是人口暴增的時代，伴隨著糧食產量激增，大地上的人口快速增長，中華大地上的人們第一次感受到什麼叫擁擠。一撥又一撥的人群帶上小米、黃米或大米種子，趕著豬、狗、雞、鴨，前往適合農耕的新天地，把東西南北廣闊的大地變成農耕魔法的舞臺。

相對於狩獵採集人口，農耕人口在數量上有壓倒性優勢，反映在基因型種類上也有壓倒性優勢。從基因擴張的角度講，雖然彼此同屬於現代智人之列，但這個時代的人群遷徙，主要以群體替代模式展開，尤其是農耕群體替代了狩獵採集人群。所以，農耕的傳播，意味著農耕人口基因的廣泛傳播，和吸收少量狩獵採集人群的基因。

距今四千年前以來的較為晚近的祖先，可以統一歸入第四祖先層，那是屬於文化基因傳播的時代。東亞的文化基因時代在文明的鐘鼓禮樂聲中翩翩而至。祖先以中華大地豐厚的農耕社會為基底，接納了來自大陸西方的各種物產與技術，尤其是對國家制度建立與維繫至關重要的青銅技術、馬車技術，然後再加以創新，終於奏響中華大地獨特的文明古國序曲。

文明的序曲並非中原地區的獨奏，而是大江南北各個文明政權的合奏。每個政權固然是以某個族群為核心建立起來的，但在族群交融如此頻繁和充分的環境中，真正區分不同政權的並非族群的生物基因，而是他們的文化基因。生物基因混雜的群體擁有近似的文化認同，從而構建了文化共同體，部族或宗族、政權或國家。他們之間的協調與競爭，已經不再只是生物基因的交流，而是文化基因的交流與碰撞。

在第四祖先層的早期，由於草原帶西部接觸一些重要技術的時間略早，率先崛起，因此生物基因和文化基因的流動、傳輸，有自西向東的趨勢。一旦東亞地區吸收了來自西方的文化元素，整合了內部之後，趨勢就發生了逆轉，以中原的秦漢王朝和東方草原的匈奴為代表的東亞古代帝國力量，又開始自東向西擴張，把東亞人群的生物基因和文化基因輸入了西北地方。

與此同時，北方地區的漢人群體及其他區域性的群體，如南島語系族群的祖先人群，以龐大的農業人口優勢向四周擴散，尤其是向南方地區挺進，把本群體的生物基因和文化基因撒向南國、東亞和東南亞的島嶼，甚至跨海揚帆至星辰之下的大洋深處。

我們粗略回顧積累於歷史長河中的祖先層序，這是各個領域的學者從祖先及動植物基因中讀出「無字史記」的內容梗概。翻閱由基因寫就的這本《無字史記》，中華大地上祖先的遷徙史跌宕起伏、波瀾壯闊，後人能從中得到什麼啟示？

首先，我們不是東亞細亞的孤兒，祖先、文明都是交融的產物。

雖然仍有部分學者堅持中國人祖先的本土起源（連續進化附帶雜交），堅持中華文明的單純的本土起源，但透過比較古代各個人群的基因以及研究動植物的基因，可以推斷**中國人祖先最初來自非洲**，然後四面八方各個古代人群融合在一起，形成中國人；中華文明既是祖先立足東亞沃土辛勤耕耘、智慧創造的結晶，也是大量外界的物產、技術乃至各種思想輸入東亞，落地生根結出的碩果。

現代人所熟知的大洲之間的邊界、國家之間的邊界，都是遲至幾百年以來的近代逐漸定型的人為界線，並不存在於古代人群遷徙的路途上。古代人群並不會用近代、現代的界線「畫地為牢」，限制他們的基因交流和文化交流。

其次，基因趨於天下大同，文化邁向美美與共（指各民族、國家的優秀文化相互包容和學習，以展現多彩、多元的世界）。

人口數量和人口密度，是決定古代各個人群基因交流的關鍵因素。直立人時代人口稀少，部落規模也很小，很多部落會在自然環境波動中自生自滅，他們比周圍的靈長類如猩猩、猴子群體強不了太多。因此，基本上不存在遠距離基因交流，散落在大陸各個角落的直立人，大致上獨立進化。「認為各個大洲的直立人，會邁著同樣的進化步伐變成相同的現代智人」的觀點，不太可能是事實。

當現代智人走出非洲向全世界擴張時，人口數量比直立人時代明顯更多了，遷徙能力卓越的智人，一路上甚至與尼安德塔人、丹尼索瓦人進行雜交，更不用說現代智人不同群體間的雜交了。當農耕傳播時代來臨時，相比之前的狩獵採集時代，人口數量增加幾十倍，甚至上百倍。不同族群間的基因交流更為頻繁，昔日因人煙稀少而相對獨立進化的各個人群，此時彼此交換著自己的基因型，於是不同人群之間在基因型上逐漸你中有我、我中有你，假以時日，全世界的人類在基因上將趨於天下大同。雖然人群與人群之間仍然會有分野，但這種分野主要是各自文化基因的差異，而非生物基因差別。

最後，基因屬於生命科學，祖先屬於文化情感，在認識祖先與自我的路途上，都需要理智與情感。

科學是理性、理智的，不論人們願不願意接受，科學用證據說話，揭示出祖先的祕史。沒有科學成果的支撐，人們連自己的祖先是誰都搞不清楚。對祖先最大的不敬，莫過於認錯了祖先是誰，所拜非本尊。要清楚的知曉自己的直系祖先是誰，生命科學是最重要的工具，隱藏在細胞中的肉眼不可見的基因上，鐫刻著古人的生命資訊，那些資訊把現代人與祖先之間的血脈真正聯繫了起來。

中國人自古以來非常尊敬祖先，商周的甲骨文中包括大量祭祀祖先的內容。可以想見，在商周之前的很長時間裡，中華大地上的人們就已經建立起了對於祖先的尊崇意識和祭拜儀式。這個方式讓古人在面對危險重重的外界時，能有效提高族群凝聚力，也是一個給身處凡世間的自我確定性的「錨」，讓渺小的個體知曉自己在歷史時空長河中所處的位置，獲得自己作為個體的存在感和價值感。

中國乃至東亞文明圈悠久的祖先崇拜傳統，源自古老的農耕聚落結構，是中國人獨特的重要文化基因，區別於歐美古代文明圈流行的宗教傳統。時至今日，對祖先的尊崇乃至祭拜，仍然是很多中國人重要的情感表達方式，是人們生活與生命中難以割捨的精神園地。

面對祖先，**我們接受基因證據，也珍視精神傳統**。但是，我們應該反對任何以基因之名打造的民族主義和民族歧視，那些論調並沒有科學依據。

所有人都是現代智人，有十四萬年前的共同祖母粒線體夏娃，有六萬年前的共同祖父Y染色體亞當。對現今中國人來說，所有人的共同祖先不會早於三萬年前。要追溯絕大多數中國人的共同祖先，也許只要把時鐘向過去回撥幾千年就能成功找到。

也許有細心的讀者會注意到，除非引用早期學者的觀點的需要，本書盡量避免使用白色人種、蒙古人種、雅利安人種、尼格羅人種這類有著種族味道，甚至種族歧視味道的詞彙。因為這些詞混淆現代民族概念與古代人群稱謂，它們往往是臆想出來的名詞，並無基因科學的支援，干擾人們理解人類歷史。

本書在描述古代人群時，更多地用中性的大洲和大洲方位的地域名稱來表示人群，比如東亞人群、草原帶西部人群。有時也會使用氐羌族群、藏緬語系族群等包含民族名稱的詞，這些詞已被學者長期使用，它們要麼是對古代人群的描述，不會引起古今混淆，要麼是語言學的中性描述，不會引起種族歧視。

必須強調，**今天我們所談論的民族，是近代民族國家興起後才出現的概念**，是一種想像的共同體、文化基因的產物。基因告訴我們，早在一萬年前農耕時代來臨時，生物基因意義上的族群界限開始變得模糊，人群與人群之間的基因交流變得越來越頻繁。

以「民族」這個幾百年前學者構想出來的文化概念，來向遠古反向推演，認為人類幾萬年的遷徙歷史中，數以千計的族群之間有著明確的基因阻隔，族群之間有著本質的基因差別，進而判定族群與族群在智力、文化上有高低之分，這些觀點是毫無科學基礎的臆想。

例如歷史上，漢人有自己的族群認同，匈奴人有自己的族群認同，羌人也有自己的族群認同，這種認同正是不同族群透過對各自祖先、神靈的界定和崇敬來強化的情感。這是歷史形成的情感，並沒有多大的基因依據。民族主義與族群情感之間的本質區別在於，前者宣揚對外歧視，後者追求自我欣賞。

族群內部的自我欣賞只要不滑向對外歧視，就無傷大雅、無可厚非。只是我們應當警惕這種自我欣賞的潛在危險：族群滑向塔州技術悲劇。

在復活節島的傳說中，第一批移民中有一位建築師努庫·柯胡，他是移民中唯一會建造房屋的人，跟他學習的移民都沒有掌握建築精髓，特別是沒有學會如何蓋屋頂，於是在努庫·柯胡死後，復活節島上的房子很容易被大風吹掉屋頂。

努庫·柯胡離開故鄉駛向復活節島的航行中，沒有帶妻子同行，到了復活節島後，卻無力再回到故鄉。因此，每當日落時，他就很悲傷，因為太陽落下的位置，正是故鄉和妻子所在的方向。

由於地理阻隔，復活節島、塔州、日本列島、澳大利亞大陸、中華大地，以及美洲大陸在遠古時代，許多地方都曾一度形成塔州技術悲劇，令深陷其中的古人類、古代族群生計艱難。

站在二十一世紀科技如此發達的今天，我們絲毫不用擔心自然界的地理阻隔，會把中華大地與世界的其他部分再次分開。但我們要警惕，那些族群內部自我欣賞所形成的某些消極的文化基因，會在族群與族群之間製造新的阻隔。

比如，以獨立自主產生的本土人群進化、本土文明起源為驕傲，以吸收外來人群基因和文化元素為恥辱，這種本族群「情感迷戀」是對純正血統的迷信，是對自身文化的自大，在本族群、本國度與外部世界間人為製造障礙。

另一種讓群體陷入封閉狀態的文化基因，是迷信叢林法則（或稱黑暗叢林法則）這類法則的信徒們認定，他人就是地獄，別的文化和文明是自己必然的敵人，為了保護自己，要杜絕與其他文化、文明的接觸。歷史確實存在一定的叢林法則現象，比如漢朝、匈奴對於西北地方弱小文化的衝擊、歐洲殖民者對於美洲原住民文明的傷害和瓦解。

但人類遷徙歷史浩蕩的主流是彼此開放而非封閉，東亞直立人因被動的封閉而陷入石器技術停滯的境地，中原各文化因為主動的開放，吸納了大量外來物產、技術乃至思想，站上了古代文明的舞臺中央……隨著農耕時代後人口增長和族群融合，黑暗叢林法則早已失效，因為越封閉，越落後，越無法阻擋打破封閉的力量。

一旦拒絕外界交流，每一個人、每一個族群、每一個國家都會變成孤島。幾萬年來，人類透過生物基因的突變和擴張、文化基因的創造和交融，最終擺脫了個人的孤島、族群的孤島，避免了塔州技術悲劇。我們需要擁抱那些讓各個族群能平等走到一起的文化基因，抵制那些分裂各個族群，在各個族群間製造歧視鏈的文化基因。

國家圖書館出版品預行編目（CIP）資料

無字史記：沒有文字佐證的年代，怎麼證明歷史存在？
基因可以！史學與生物學合作，解開華夏文明之謎。
／波音著. -- 初版. -- 臺北市：大是文化有限公司，
2022.11
352面；17×23公分. --（TELL；41）
ISBN 978-626-7192-04-7（平裝）

1. CST：中國史

610.9 111012489

TELL 041

無字史記

沒有文字佐證的年代，怎麼證明歷史存在？基因可以！
史學與生物學合作，解開華夏文明之謎。

作　　者／波音
責任編輯／陳竑悳
校對編輯／楊皓
美術編輯／林彥君
副總編輯／顏惠君
總 編 輯／吳依瑋
發 行 人／徐仲秋
會　　計／許鳳雪
版權主任／劉宗德
版權經理／郝麗珍
行銷企劃／徐千晴
行銷業務／李秀蕙
業務專員／馬絮盈、留婉茹
業務經理／林裕安
總 經 理／陳絜吾

出 版 者／大是文化有限公司
臺北市衡陽路 7 號 8 樓
編輯部電話：（02）23757911
購書相關資訊請洽：（02）23757911 分機 122
24 小時讀者服務傳真：（02）23756999
讀者服務 E-mail：dscsms28@gmail.com
郵政劃撥帳號：19983366　戶名：大是文化有限公司

法律顧問／永然聯合法律事務所
香港發行／豐達出版發行有限公司
Rich Publishing & Distribution Ltd
香港柴灣永泰道 70 號柴灣工業城第 2 期 1805 室
Unit 1805, Ph.2, Chai Wan Ind City, 70 Wing Tai Rd, Chai Wan, Hong Kong
Tel：21726513　Fax：21724355
E-mail：cary@subseasy.com.hk

封面設計／孫永芳
內頁排版／邱介惠
印　　刷／緯峰印刷股份有限公司
出版日期／ 2022 年 11 月初版
定　　價／新臺幣 450 元
I S B N ／ 978-626-7192-04-7
電子書 ISBN ／ 9786267192191（PDF）
9786267192207（EPUB）